民主主義の経済学

社会変革のための思考法

北村周平

The Economics of Democracy

Kitamura Shuhei

日経BP

民主主義の経済学

――社会変革のための思考法

目次

Contents

第2章 大きな政府と小さな政府

第3章 選挙で最も影響力があるのは「真ん中の人たち」？

第4章

民主主義は政府を大きくする？

第5章

選挙で最も影響力があるのは「偏りのない人たち」？

第6章 誰が政治家になるのか？

第9章 政治家たちの駆け引き

第10章 民主主義におけるメディア報道

はじめに

「日本は沈みゆく泥舟」

先日、国際的に有名なとある建築家の方が、兵庫県立美術館での講演会で、今の日本を指してこのように表現されていました。なかなか過激ですが、当時の私にとってしっくりくる表現でした。

しかし、同時に反発したくなりました。自分自身のことに限らず、家族や友人のこと、あるいは次の世代のことを考えたときに、その「泥舟」に乗り、沈みゆくさまを単に眺めているのは嫌です。

それでは、この「泥舟」を「最新鋭のクルーザー」か、あるいはせめて「木製の舟」に作り替えるにはどうしたらよいでしょうか。

そうするためには、「泥舟」の乗組員である私たちが、何らかの方法で社会を変えるしかありません。誰かがやってくれるというより、一人一人が携わらないといけません。一朝一夕ですぐ変わるものではないかもしれませんが、例えば、五年後、十年後、あるいは二十年後のためには、今から動き出す必要があります。

この本では、社会変革のための1つの思考法を学びます。

本のタイトルにもある通り、この本のテーマは民主主義です。民主主義に関しては、これまで政治学や法学、思想史など、さまざまな分野の専門家が本を書いてきました。この本の読者の中にも、すでにそれらをお読みになった方がいらっしゃるかもしれません。

一方、この本では、それらの本とは少し違った切り口から、つまり私の専門である経済学の視点から民主主義を眺めます。

経済学と聞くと、企業や労働者や景気の話など、経済に関する研究をしている学問というイメージを持たれるかもしれません。しかし、実は政治も扱う学問なのです。例えば、税金や社会保障は経済活動と深く関係していますが、それらの政策を最終的に決めているのは政治です。こう考えると、政治と経済は切っても切り離せない関係にあることがわかります。

なお、あらかじめお断りしておくと、この本の主眼は、民主主義の歴史・理念を解説することや、好ましい政治制度を議論することではありません。むしろ本書の中では、経済学という

1つのレンズを通して目の前に存在している民主主義を論理的に理解します。

例えば、民主主義の根幹である選挙制度について考えてみます。

そもそも、私たちはどうして選挙に行く必要があるのでしょうか。仮に誰かに選挙に行く理由を聞かれたら、読者の皆さんは何と答えますか。

学校や家庭では、選挙に行きなさいと教わることがあるかもしれません。しかし、その理由、まで教えてくれたでしょうか。少なくとも私の場合は、誰も納得のいくかたちで教えてくれませんでした。そして、ようやくその理由を教えてくれたのが、私が大学院時代に出会い、この本でご紹介する、**新しい政治経済学**（Political Economics、あるいはPolitical Economy）なのです。

本書の中で一つ一つ解説していきますが、選挙にはいくつかの役割があります。そのうちの一つが、政治的アカウンタビリティ（政治的説明責任）を機能させるというものです（詳しくは、第7章でお話しします）。これが上手く機能していれば、政治家にきちんと有権者の代表として働いてもらうことができます。そして、上手く機能させるためには、読者の皆さん一人一人の力が必要になります。

このように、本書では、私の専門である新しい政治経済学の助けを借りて、民主主義の仕組みについての理解を深めます。その中で皆さんにお伝えしたいのは、

民主主義にはクセがある

ということです。そのようなクセを理解することは、民主主義を上手く機能させることにも繋《つな》がります。この意味で、本書は、民主主義のある種の「攻略本」と言えるかもしれません。

さて、本書で扱う新しい政治経済学について少しだけお話しします。「政治経済学」という言葉自体は、これまでさまざまな文脈で使われてきました。今は経済学と呼ばれている学問も、昔はそのように呼ばれていたこともあります。また、少しややこしいのですが、政治学にも同じ名前の分野があります。より身近なところでは、インターネットで「政治経済学」と検索をかけると、「〇〇の政治経済学」という本がたくさん出てきます。

新しい政治経済学は、それらとは少し意味合いが異なります。以降は、この「新しい政治経済学」を単に**政治経済学**と呼びますが、これは、比較的新しい経済学の一分野です。一言で言えば、経済学のツールを使って、さまざまな政治的な事象を分析する分野です。経済学は、例えば、労働について分析する労働経済学、発展途上国の諸問題について分析する開発経済学、人間の行動について分析する行動経済学という感じで、いくつかの分野に分かれています。同じように、政治的な事象について分析するのが政治経済学です。具体的な分析対象は、選挙であったり政治家であったり、あるいはメディアと政治の関係であったりします。数理モデルを使って理論的に分析したり、データを使って実証的に分析したりします。政治学との接点が多い分野でもあり、学問をまたいだ交流もあります。

この政治経済学、私自身はとてもおもしろい分野だと思っていますが、日本ではまだあまり知られていません。その意味で本書は、政治経済学の包括的な入門書としては、初めての試みと言えます。主な読者として想定しているのは、政治や経済を学んでいる学生さんや、これらについて強い関心のある一般の方です。このため本書は、可能な限り難しい表現は避けつつも、政治経済学の最低限の知識をカバーできるように構成されています。読み終わる頃には、大学の学部生ぐらいの政治経済学の知識が身についているはずです。授業の教科書としても使っていただけると思います。

本書のほとんどの章では、政治経済学の代表的なモデルと、それに関連する代表的な実証研究を紹介します。代表的なものとしては、主に「古典的」な研究を中心に紹介します。その理由は、教科書的な意味合いを持つ本書の主眼が、どちらかというと基礎固めにあるからです。しかし、可能な限り最新の研究も紹介しています。全体的に、政治経済学の知識として最低限知っておいてもらいたい研究を選んでいます。

本書の章立て（見取り図）は、以下のようになっています。

まず、第1章では、話の導入として、民主主義と経済の発展の関係について見ていきます。この章では、現代の民主主義に至るまでの歴史の話をします。

続く第2章からは、現代の民主主義に話を移します。最初の章では、第3章以降に進むための下準備をします。そこでは、経済的な「右寄り」と「左寄り」の違いは何かということを中心に解説します。また、因果推論の考え方についてもご説明します。

そして、第3章から第9章が、政治経済学の基礎的な話です。まず、第3章から第5章にかけては、選挙で選ばれる政策の特徴について見ていきます。そこでは、特定の有権者の好みが政策に色濃く反映されることを明らかにします。

第6章では、政治家も一市民であるという立場から、どういう市民が選挙に立候補し、どういう政策が実行されるのかについて見ていきます。その結果、極端な政策が選ばれることがあり得ることを示します。

第7章では、選挙には、政治家を有権者のために働かせる役割があることを見ます。そこでは、現職の再選意欲が重要な役割を果たします。しかし、第8章では、それが原因で選挙前後の政策が影響を受けることを示します。

第3章から第8章で着目するのは、有権者と政治家・候補者の駆け引きですが、続く第9章では、政治家同士の駆け引きに着目します。そのような駆け引きの結果、政策にも影響が及ぶことを示します。

そして、最後の第10章では、応用の話としてメディアを取り上げ、その役割について見ていきます。第1章で取り上げるテーマとともに、現在盛んに研究が行われているテーマです。

それでは、民主主義の仕組みについての理解を深めつつ、私たちの住む社会をどうしたらより良い社会にしていけるか一緒に考えていきましょう。

第1章

民主主義と経済の発展

この章の要約

・民主主義と経済の発展は関連している。

キーワード

ホッケー・スティック型成長

大分岐と小分岐

経済発展の指標

民主主義を経済学的に考えることの出発点として、本章では、民主主義と経済の発展の関係について見ていきたいと思います。

そのために、まず、経済発展の水準を調べるための「指標」を準備します。そのような指標はいくつもありますが、特によく使われる指標には、一人当たり国内総生産（Gross Domestic Product, GDP）があります。すでにご存じの方も多いと思いますが、これは、国内で生産されたモノやサービスの総付加価値であるＧＤＰを人口で割ったものです。私たちの平均的な生活水準を測るものとされています。

その一人当たりＧＤＰの推移を長期的に示したのが、図1-1(a)(b)です。アンガス・マディソンというイギリスの経済学者が中心となり作成したデータを使っています。[1]

この図の横軸は年を表し、縦軸は一人当たりＧＤＰを表しています。図が煩雑になるため、一部の国（イタリア、イギリス、中国、日本）だけに限定しています。[2]

＊1　https://www.rug.nl/ggdc/historicaldevelopment/maddison/?lang=en.　長期的な経済発展について調べる際に、よく使われるデータです。

図1–1(a)

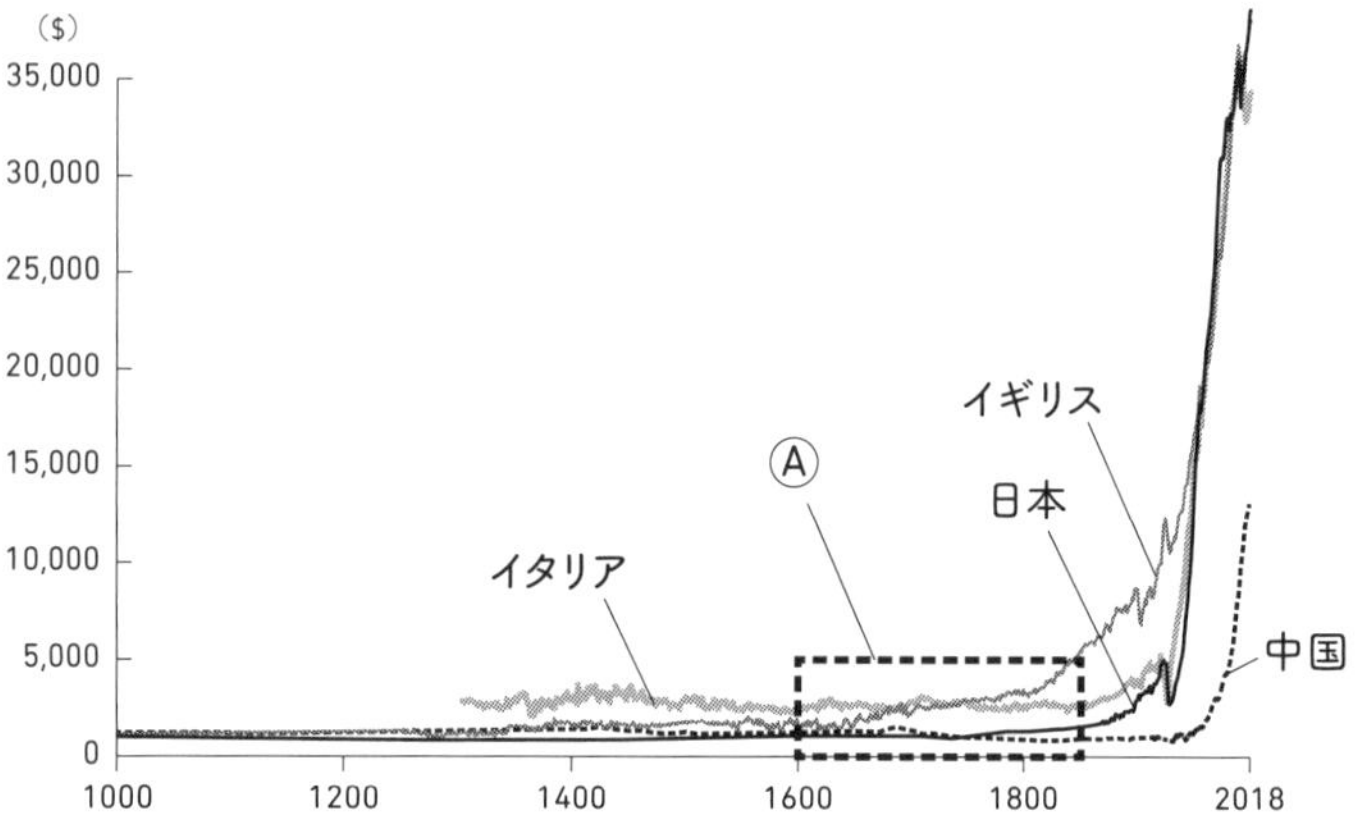

図1–1(b)

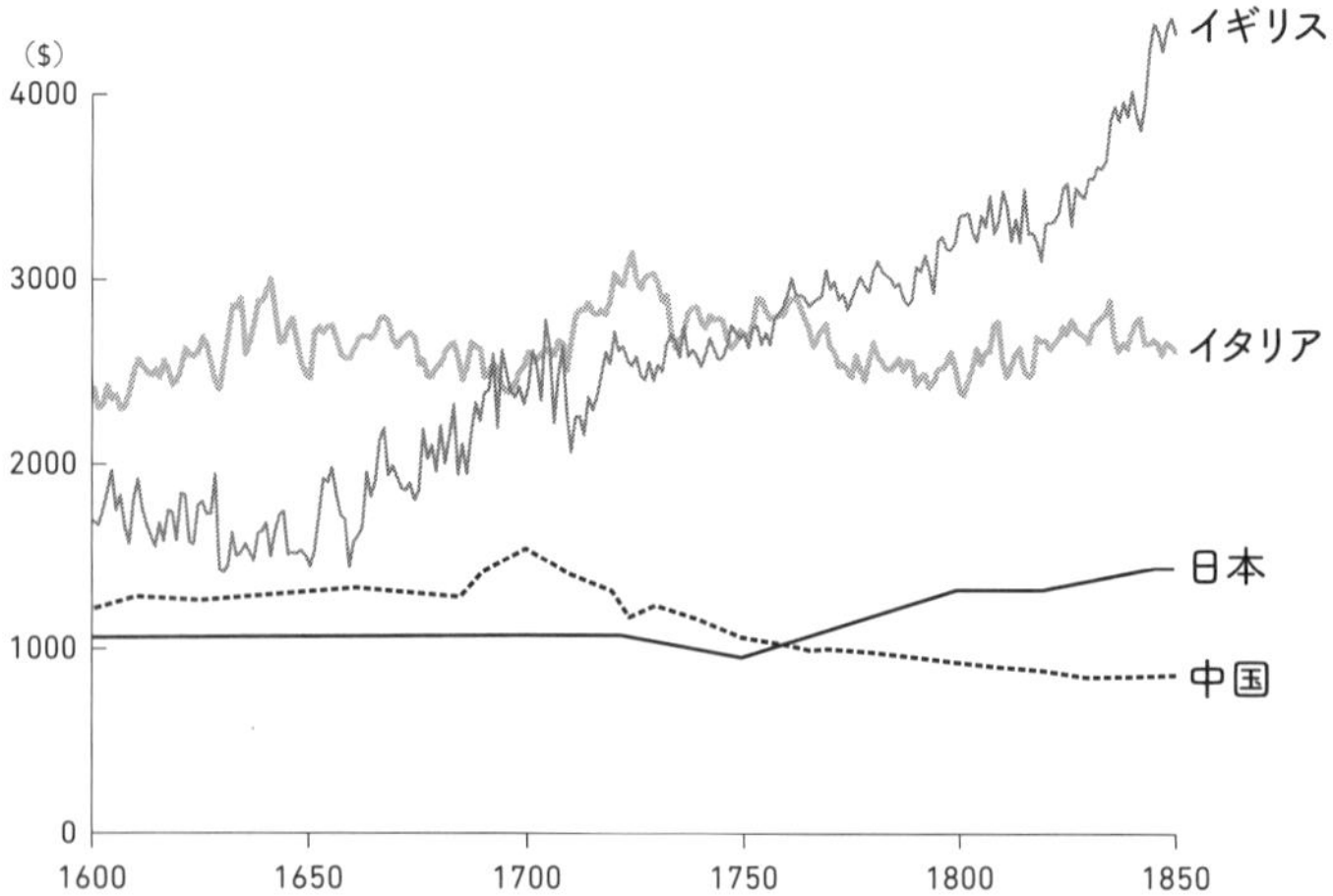

出典：Our World in Data.

まず図1-1(a)に表されているのは、**ホッケー・スティック型成長**（hockey stick growth）と呼ばれる経済成長のパターンです。長い歴史の中で、それまでゆっくりと経済発展していたものが、ある時期から急速に成長し始めるというパターンは、スポーツのホッケーで使われるスティックと形が似ています。これが名前の由来です。

図を見ると、18世紀後半あるいは19世紀前半あたりから、イギリス経済が急速に成長しているのがわかります。イギリスを含め、ヨーロッパ諸国が他の地域に先んじて急速な成長を遂げていく様は、**大分岐**（Great Divergence）と呼ばれます。

次に、この図のⒶの部分を拡大した1-1(b)を地域ごとに見ましょう。まず、ヨーロッパではイギリスが、それまで発展していたイタリアを追い抜いているのがわかります。一方、アジアでは日本が、それまで発展していた中国を追い抜いているのがわかります。このように地域ごとに見たときの分岐は、地球全体で見たときの分岐である大分岐に対して、**小分岐**（Little Divergence）と呼ばれます。[3]

＊2　去年の日本のGDPと今年の日本のGDPといったように、ある特定の国のGDPを時間的に比べる場合は、インフレ（＝価格の時間的な変化）を考慮しなければなりません。また、2018年のアメリカのGDPと同年の日本のGDPといったように、ある特定の時期のGDPを国同士で比べる場合は、為替レート（＝価格の空間的な変化）を考慮しなければなりません。この図には、この両方を調整したあとの値が示されています。単位は、2011年時点の米ドルです。すでに調整されているので、時間的に比べることも、国同士で比べることもできます。

さて、歴史上、なぜこのような分岐が起こったのでしょうか。

おそらく歴史の授業では、18世紀後半あたりからイギリスで始まった産業革命のことを習うかと思います。この頃のイギリスでは、ジェームズ・ワットが新方式の蒸気機関を発明するなど技術革新が起こり、産業構造も変わっていきました。しかし、一言で産業革命といっても、そもそもどうしてそれがこの時期に、しかもイギリスで起こったのでしょうか。同様にアジアにおいても、どうして19世紀後半の日本で産業革命が起こったのでしょうか。

民主主義の発展の指標

これらの国々で産業革命が起こり、急速な経済成長が起こった背景には一体どのような要因があったのでしょうか。以下では、「政治的な要因」について考えていきます。

そのために、まず、ある国がどれほど民主的かという度合い（以下、民主度）を測る指標を準備します。経済の発展を測る指標には、先ほどご紹介した一人当たりGDPがありますが、民主度を測るための指標には、一体どのようなものがあるでしょうか。

例えば、古代ギリシャのアリストテレスは、著書『政治学』の中で、さまざまな政治形態を以下の6つに分けています（図1-2）。

まず王様のような個人が公共の利益に基づき社会を統治するものを「君主制」、貴族など少数

図1–2

の人々がそれに基づき統治するものを「貴族制」、市民など多数の人々がそれに基づき統治するものを「ポリティー（国制）」と呼びます。ここまでで3つですが、アリストテレスは、さらにこれらが堕落した形態も考え、それぞれ「僭主《せんしゅ》制」、「寡頭《かとう》制」、「デモクラシー（民主制）」と呼びました。「堕落」しているというのは、公共の利益ではなく、君主の利益、（少数の）富者の利益、（多数の）貧者の利益というように、（広い意味で）私的な利益に基づいて統治されるという意味です。

また、アリストテレスは、現実的な政治形態とされる「民主制」を、政治に参加できる条件の有無や、法の支配の有無により、さらに5つに分けました。中でも最悪とされるのは、大衆が法律をないがしろにし、権

＊3 Bassino, J.-P., S. Broadberry, K. Fukao, B. Gupta, and M. Takashima (2019). "Japan and the great divergence, 730-1874." *Explorations in Economic History*, 72(C), 1-22.

図1−3

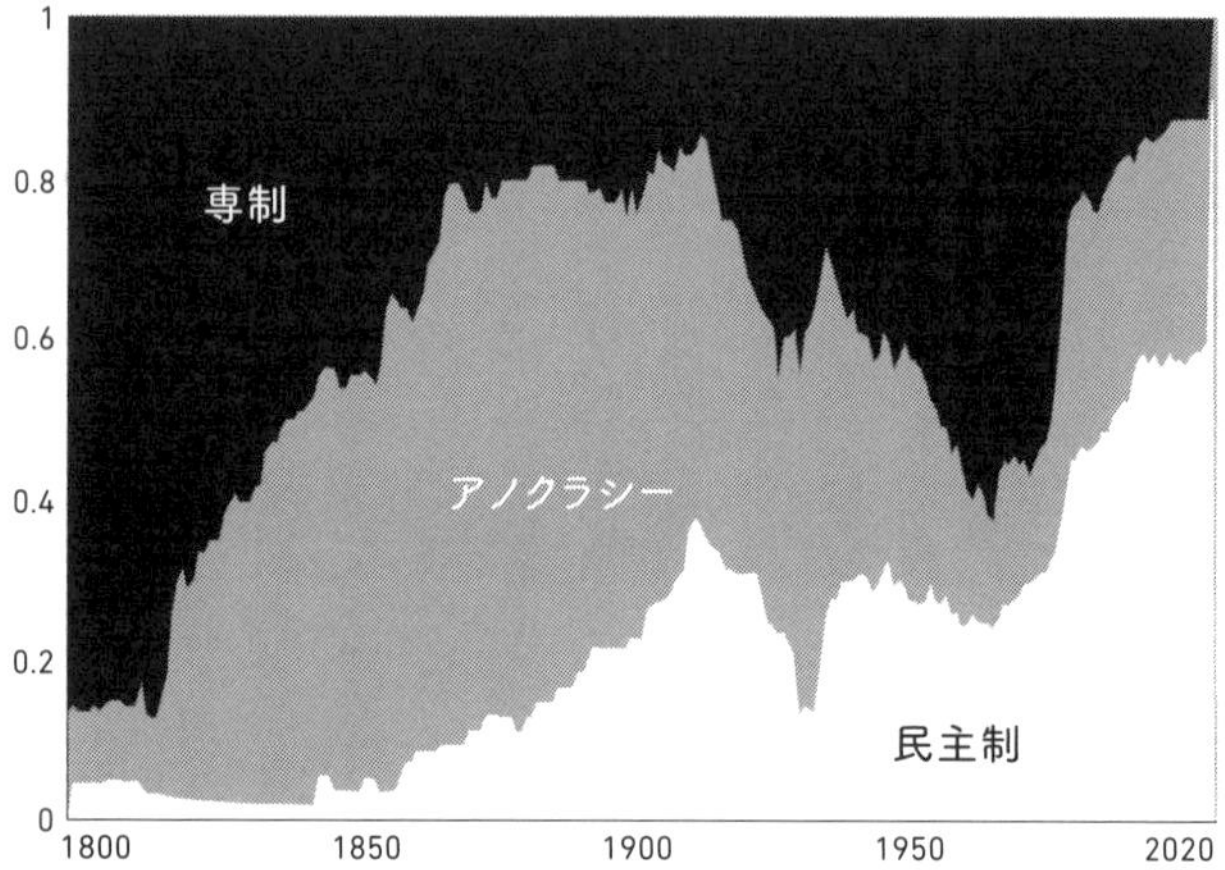

出典：Our World in Data.

力を意のままにする形態です。そのような社会では、大衆が暴君のように振る舞い、またデマゴーグ（扇動政治家）が現れ、大衆を扇動します。

このアリストテレスの形態論を参考にした上で、まず、「法的に政治に参加できる人の割合」という指標を考えてみます。

近代以降の選挙制度を見ると、当初は納税額や年齢、性別といった条件によって、投票・立候補できる人が非常に限られていました。しかし、時代が進むにつれてそれらの制約は徐々に緩和され、より多くの人たちが政治に参加できるようになりました。このように政治参加の機会が国民の間に徐々に広がっていく様は、この指標に基づくと、民主度が上がっていく過程と解釈できます。

このような指標も悪くないと思いますが、もっと包括的な指標を考えることもできます。本書では詳しく立ち入りませんが、アリストテレス以降、今日に至るまでさまざまな人たちが民主主義を定義してきました。例えば、競争性を重視するヨーゼフ・シュンペーターや、公的な異議申し立てと広範な政治参加を重視するロバート・ダールなどです。[4] それらを踏まえて作られた指標がいくつか存在します。

そのうちの一つが、**Polity V**（ポリティー・ファイヴ）と呼ばれる指標です。[5] この指標は、政治的リーダー（例：大統領や首相）は競争的にオープンに選ばれるのか、その権力を制約する制度は整備されているのか、人々はさまざまなかたちで政治参加できるのか、といった複数の観点から民主度を測ります。民主度に応じて、マイナス10からプラス10までの値をとります。

この**Polity V**を使って、世界の国々を専制（autocracy）、アノクラシー（anocracy）、民主制（democracy）という3つに分けます。このうち、アノクラシーというのは、専制と民主制の間にある政治形態です。[6] 国のリーダーが世襲などにより内々に選ばれ、その権力を制約する制度が

＊4 詳しくは、宇野重規『民主主義とは何か』（講談社）などをご参照ください。

＊5 https://www.systemicpeace.org/polityproject.html. ファイヴというのは、データの版（バージョン）のことです。ひと昔前までは、Polity IV（ポリティー・フォー）と呼ばれていました。他には、Freedom House (https://freedomhouse.org/) や、V-Dem (https://www.v-dem.net/) があります。

存在せず、市民の政治参加もほとんど不可能というような政治形態はより専制に近くなり、逆に、リーダーが競争的・オープンに選ばれ、権力は法律などによって制約され、市民も政治に自由に参加できる、というような政治形態はより民主制に近くなります。

22ページの図1-3は、それぞれの政治形態の割合の推移を、1800年から2020年にかけて示したものです。たまに揺り戻しはあるものの、時代を追って、専制の国々がアノクラシーへ移行し、さらに民主制へ移行していることがわかります。例えば、日本がアノクラシーから民主制に移るのは1952年（公職選挙法施行後、初の総選挙が行われた年）とされます。女性の参政権が認められたのが戦後だったことを含め、欧米と比べて比較的遅い移行だったと言えます。

以下では、このように民主度が上がっていく過程を、「民主主義の発展」と呼ぶことにします。その上で、図1-1と図1-3を見比べると、次のような疑問が湧きます。

問い1：民主主義と経済の発展は関係しているのか。

例えば、ヨーロッパにおいて、イギリスがそれまで栄えていたイタリアを追い抜き経済発展していった背景には、どのような政治的背景があったのでしょうか。同様に、アジアにおいて、日本が中国を追い抜き発展していった背景には、どのような政治的背景があったのでしょうか。これらは一言で答えられるほど単純な話ではないですが、以下ではヨーロッパを例に、その関係について少しお話しします。

ヨーロッパにおける議会の役割

ここまで見てきたことを踏まえると、歴史上、権力が君主から貴族・平民へ移され、逆に後者の人たちによって君主の力に制約がかけられていく過程は、民主主義が発展している過程ということができます。この意味で、民主主義の発展を考える際、貴族・平民で構成される「議会」の趨勢《すうせい》を知ることはとても重要です。

次ページの図1-4は、イギリスにおいて、1年ごとに議会が開かれた日数を表したものです。線が長いほど、議会が開かれた日数が多いことを表しています。イギリスにおける近代的な議会の成立は、1215年のマグナ・カルタ以降、13世紀まで遡《さかのぼ》ります。その後、この図によると、17世紀後半、特に清教徒革命（1642－1649）と、名誉革命（1688－1689）以降、議会が頻繁に開かれていたことがわかります。[7]

17世紀に入り、国王チャールズ1世が議会の解散を命じたため、1629年から1640年に

＊6　マイナス10からマイナス6までを専制、マイナス5からプラス5までをアノクラシー、プラス6からプラス10までを民主制と定義しています。

図1-4

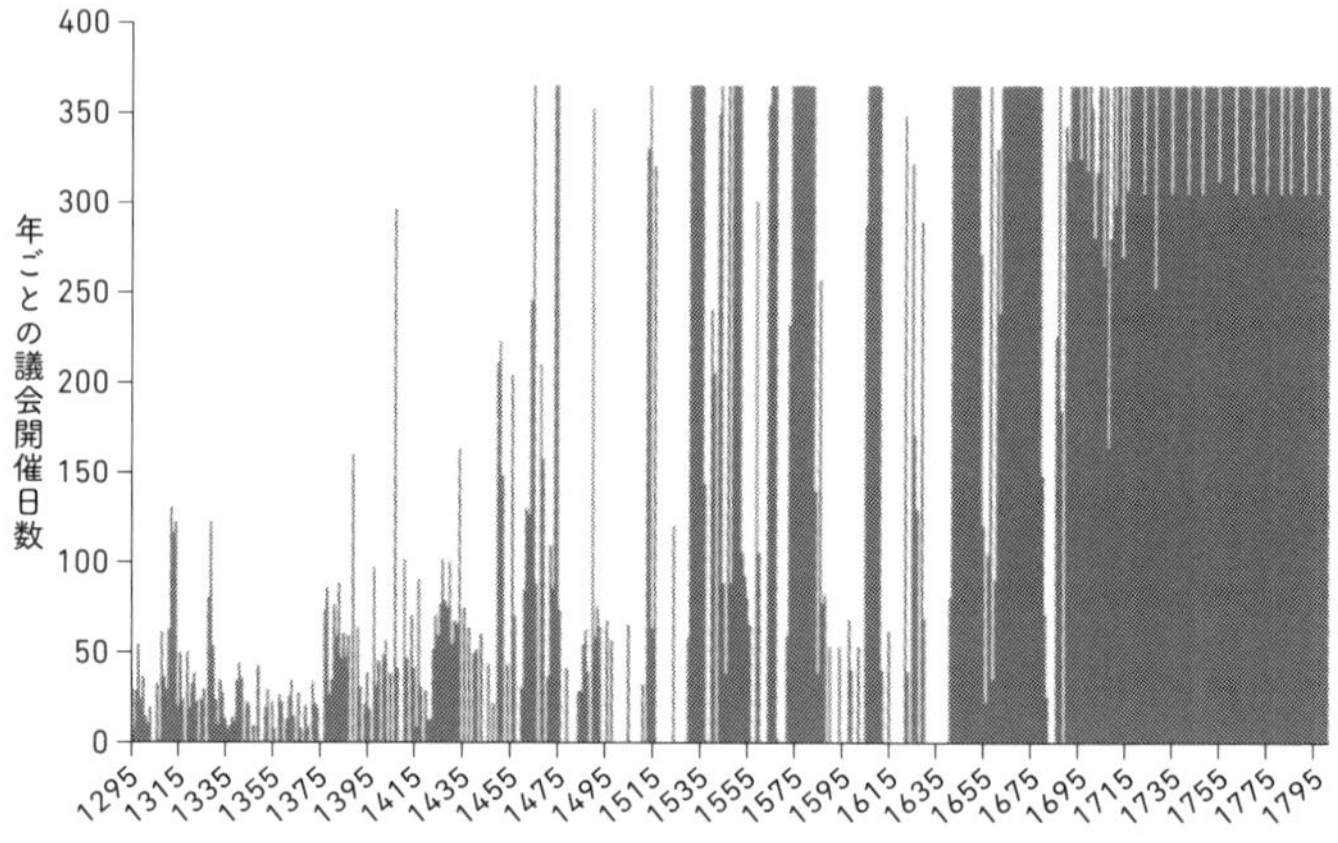

出典：van Zanden et al. (2012).

かけて議会は開かれませんでした（図1-4でも空白になっています）。その後、主教戦争で発生した賠償金支払いに伴い、再び議会が招集されます。特に、1640年から1660年まで開かれた議会は、長期議会と呼ばれます。清教徒革命（イングランド内戦）が起こったのは、まさにこの時期です。内戦では、国王派と議会派が争い、最終的に国王チャールズ1世が処刑され、国は君主制から共和制へと移行します。

内戦当時、議員たちは国王派と議会派に分かれて争ったわけですが、このとき国王派と対峙《たいじ》し、民主主義の発展に貢献した議会派の議員たちは、一体どのような人たちだったのでしょうか。

まず当時の経済的状況について見ていきます。図1-5(a)は、年ごとの貿易船の航海

図1–5(a)

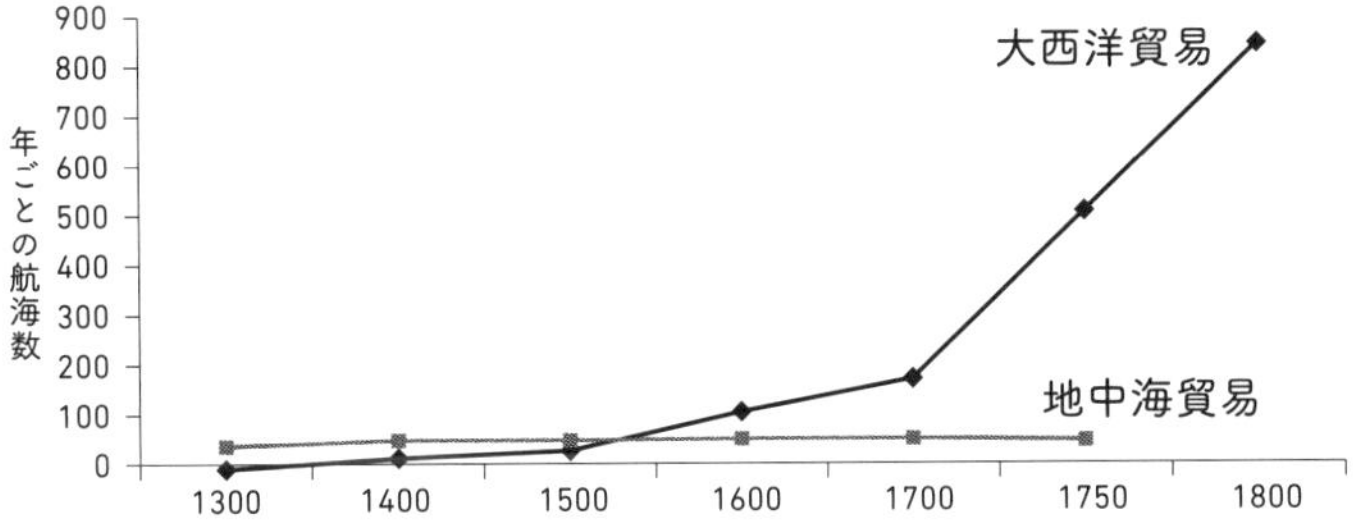

出典：Acemoglu et al. (2005).

数を表しています。[8] 四角形を繋いだ線が地中海貿易を表し、菱形を繋いだ線が大西洋貿易を表しています。特に大航海時代以降、徐々に大西洋貿易の航海数が増えていることがわかります。一方、地中海貿易はほとんど変化していません。

次に、次ページの図1-5(b)は、各国の人口のうち、5000人以上の都市に住んでいる人の割合を示しています。黒い三角形を繋いだ線が大西洋貿易に参加していた国々の平均

＊7 van Zanden, J. L., E. Buringh, and M. Bosker (2012). "The rise and decline of European parliaments, 1188-1789." *Economic History Review*, 65 (3), 835-861.

＊8 Acemoglu, D., S. Johnson, and J. Robinson (2005). "The Rise of Europe: Atlantic Trade, Institutional Change, and Economic Growth." *American Economic Review*, 95 (3), 546-579.

図1-5(b)

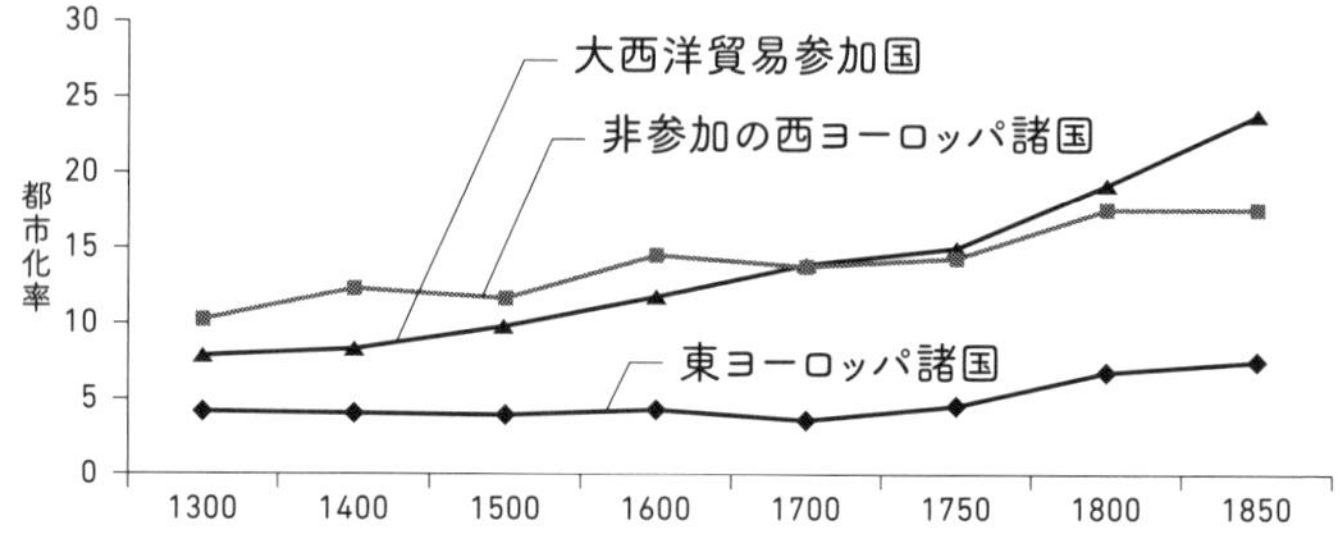

出典：Acemoglu et al. (2005).

値[9]、四角形を繋いだ線が大西洋貿易に参加していない西ヨーロッパの国々の平均値[10]、そして、菱形を繋いだ線が東ヨーロッパの国々の平均値[11]を表しています。

この図より、大西洋貿易に参加していた国々では、この時期、徐々に都市化が進んでいたことがわかります（＝都市に住む人の割合が増えている）。しかし、大西洋貿易に参加していた国々すべてが同じような恩恵を受けていたわけではありません。イギリスやオランダでは、市民は比較的自由に貿易することができましたが、スペインやポルトガルでは、直接その恩恵にあずかれるのは、君主やその関係者など一部の人たちだけでした。

このように世界が外に向かって開かれた時代、イギリスの人たちの間で海外投資が注目を集めていました。サウミトラ・ジャというスタンフォード大学の経済学者によると、イングランド内戦で議

図1–6(a)

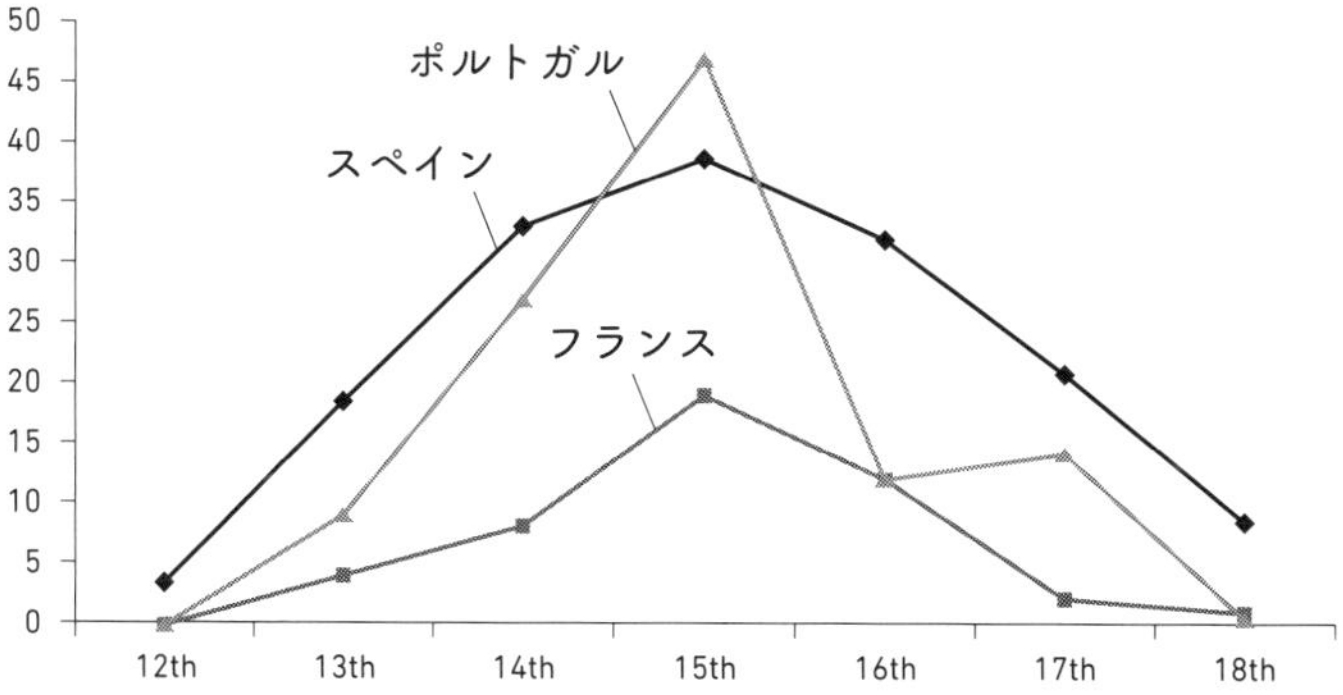

出典：van Zanden et al. (2012)

会派となった人たちには、このような新しい投資先（＝海外の合本会社）に投資していた人が多く含まれるといいます。[12] つまりこの例は、海外投資をしていた経済的なステークホルダー（利害関係者）が、政治的な変化を引き起こした可能性を示唆しています。

以上はイギリスの話ですが、他のヨーロッパ諸国ではどうでしょうか。図1-6(a)(b)(c)は、それぞ

＊9 イギリス、フランス、オランダ、ポルトガル、スペイン。

＊10 オーストリア、ベルギー、デンマーク、フィンランド、ドイツ、アイルランド、イタリア、ノルウェー、スウェーデン、スイス。

＊11 アルバニア、ブルガリア、チェコ、ギリシャ、ハンガリー、ポーランド、ルーマニア、ロシア、セルビア。

＊12 Jha, S. (2015). "Financial Asset Holdings and Political Attitudes: Evidence from Revolutionary England." *The Quarterly Journal of Economics*, 130 (3), 1485-1545.

図1-6(b)

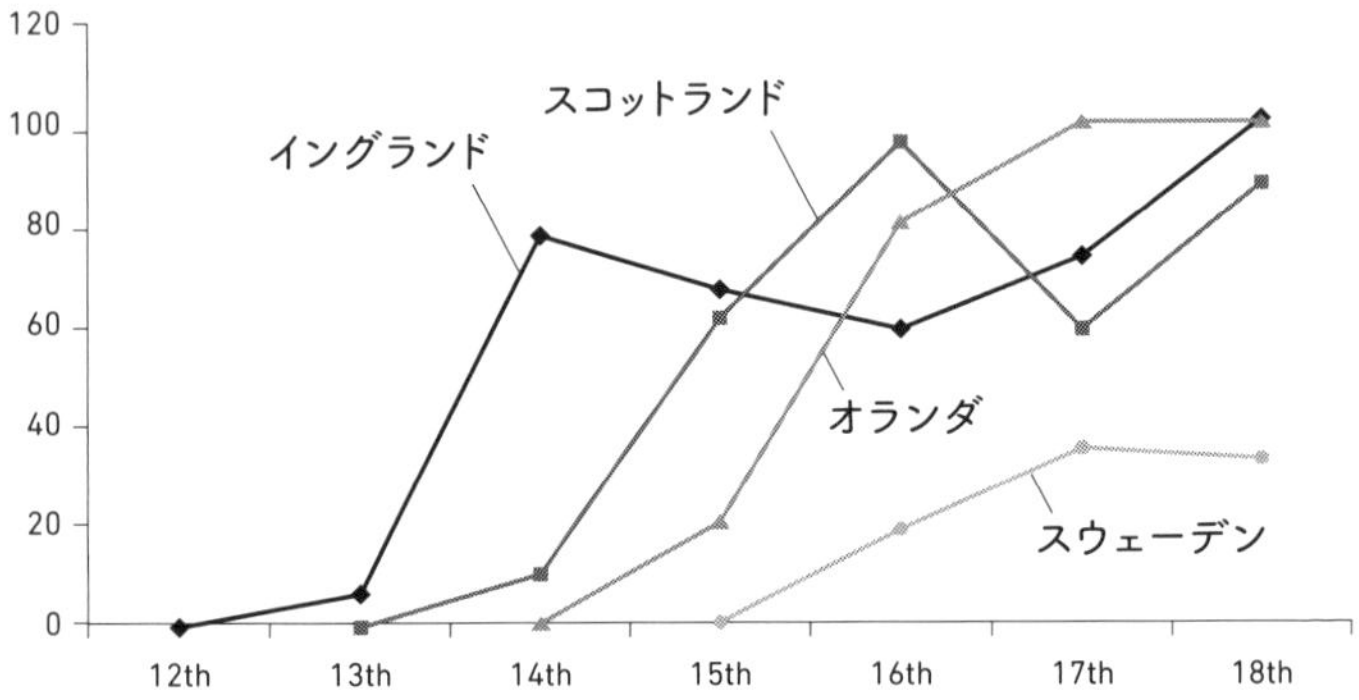

出典：van Zanden et al. (2012).

図1-6(c)

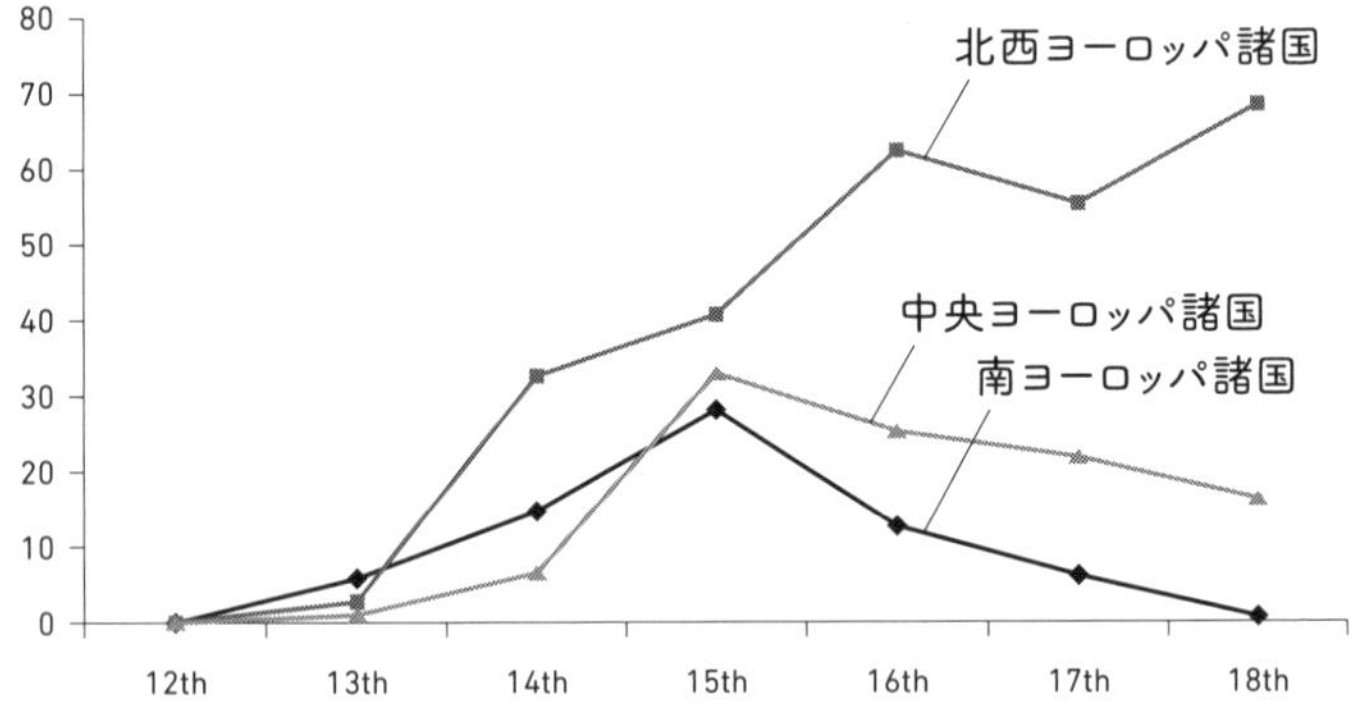

出典：van Zanden et al. (2012).

れの国や地域で、議会がどれぐらい活発だったのかを示しています。

まず図1-6(a)は、スペイン、フランス、ポルトガルの指標を表しています。この図によると、議会が活発になる時期は比較的早かったものの、15世紀を過ぎると、徐々に値が下がっているのがわかります。ご存じの通り、フランスでは18世紀後半に革命が起きます。

次に図1-6(b)は、イギリス（イングランド、スコットランド）、オランダ、スウェーデンの指標を表しています。スペイン、フランス、ポルトガルと違い、こちらは大体右肩上がりです。すでに見たように、この時期のイギリスでは、徐々に議会の開催日数が増えています（図1-4参照）。

以上は国ごとの指標ですが、同じ指標を地域ごとの平均値で見ることもできます。それを示したのが、図1-6(c)です。スペイン、フランスなどの南ヨーロッパ諸国や、神聖ローマ帝国、ポーランド、ハンガリーといった中央ヨーロッパ諸国に比べて、イギリス、オランダなどの北西ヨーロッパ諸国では、18世紀に向かって議会がより活発になっていることがわかります。つまり、北西ヨーロッパの国々では、民主主義がより発展していたのだと解釈できます。18世紀後半にイギリスで産業革命が起こるのは、すでにお話しした通りです。

民主主義の発展が経済発展に及ぼす影響

以上、ヨーロッパを例に、民主主義と経済の発展の関係について見てきました。これまでの研究から、民主主義と経済の発展は、少なからず関係していることがわかっています。

では、次に以下のような問いを考えてみます。

問い２：
（ａ）民主主義が発展すると経済は発展するのか。
（ｂ）経済が発展すると民主主義は発展するのか。

先ほどの問いは、民主主義と経済の発展の「相関関係」に関するものですが、これらの問いは、原因（例：民主主義の発展）と結果（例：経済の発展）が明白という意味で、「因果関係」に関するものです。

しかし、このような因果関係を調べるのはそう簡単なことではありません。なぜならば、逆の因果の可能性や、それらの発展とは全く関係のない別の要素が作用している可能性があるからです（詳しくは第２章でご説明します）。

これらの問題に対処し、民主主義の発展が経済発展に因果的に影響を及ぼすことを示した研究があります。

マサチューセッツ工科大学のダロン・アセモグルらの研究チームは、１９６０年から２０１０年の国別データを使い、民主制への移行が経済発展に与える影響を分析しました。[13]

まず彼らはPolity IV（Polity Vの前身）や類似の指標を使って、ある国が非民主制なのか、あるいは民主制なのかを調べました。その結果を示したのが、次ページの図1-7です。横軸は年を表し、縦軸の1行1行はデータに含まれる1つ1つの国を表しています。また、グレーで表したのが民主制、黒で表したのが非民主制です。この図から、多くの国が非民主制から民主制に移行しているのがわかります。一方、民主制から非民主制への揺り戻しも確認できます。

研究チームがこのデータを使って分析したところ、国々が民主制に移行すると、一人当たりGDPが年平均1%弱増えることがわかりました。これは、移行後、仮に民主制が25年から30年間続いたとすると、一人当たりGDPが20%ほど増える計算になります。

一方、別の研究チームが同じデータを異なる手法で分析したところ、民主制への移行は効果がないが、民主制から非民主制への揺り戻しは一人当たりGDPを押し下げることを発見しました。[14]

結果は異なりますが、これらの研究は、政治形態の移行（民主制から非民主制、非民主制から民主

---

*13 Acemoglu, D., S. Naidu, P. Restrepo, and J. A. Robinson (2019). "Democracy Does Cause Growth." *The Quarterly Journal of Economics*, 127 (1), 47-100. ちなみに、著者の一人であるシカゴ大学のジェームズ・ロビンソンは、私の指導教員の一人です。

*14 Imai, K., I. S. Kim, and E. H. Wang (2021). "Matching Methods for Causal Inference with Time-Series Cross-Sectional Data." *American Journal of Political Science*, forthcoming.

図1-7

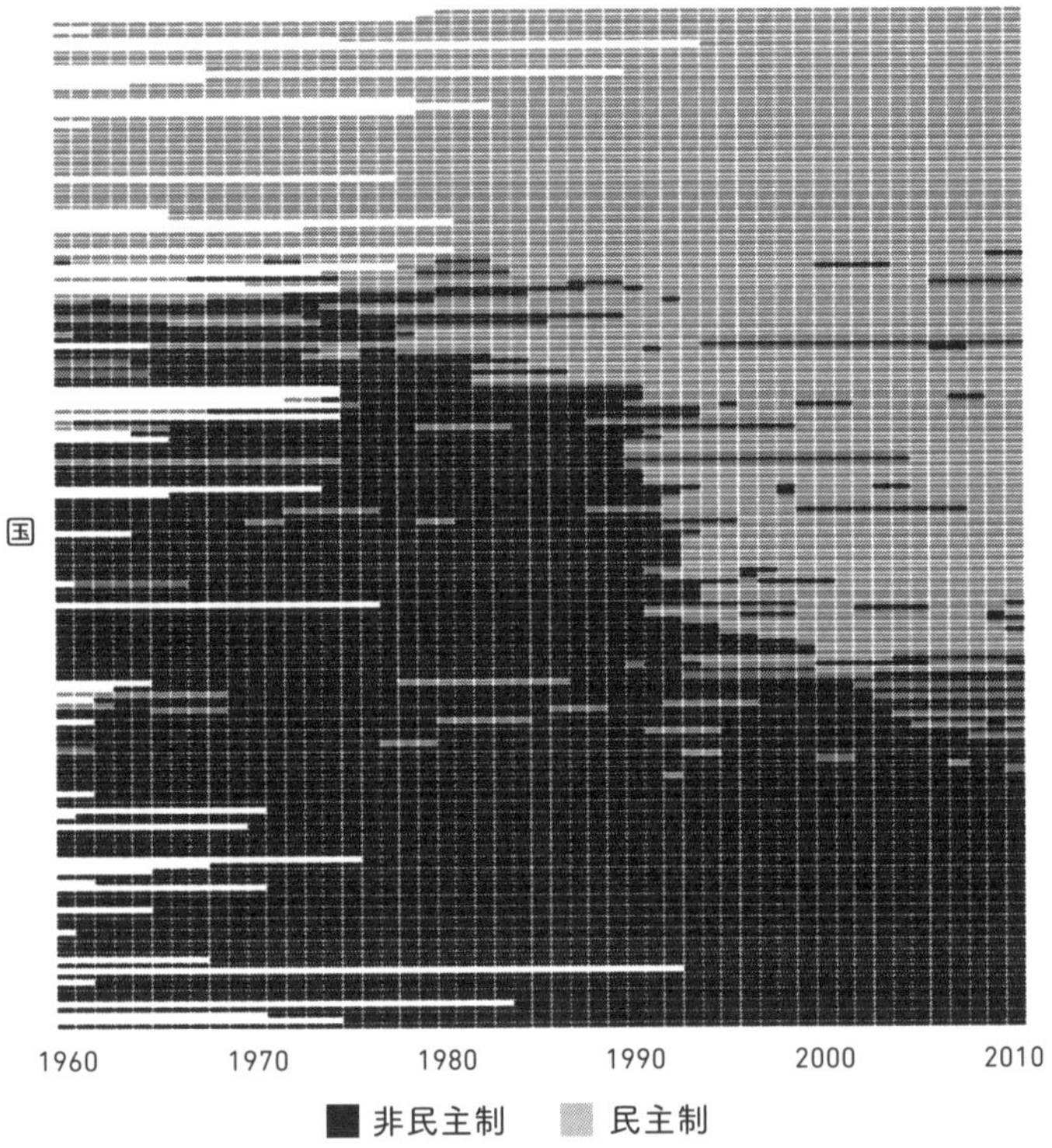

出典：Imai et al. (2021).

図1–8

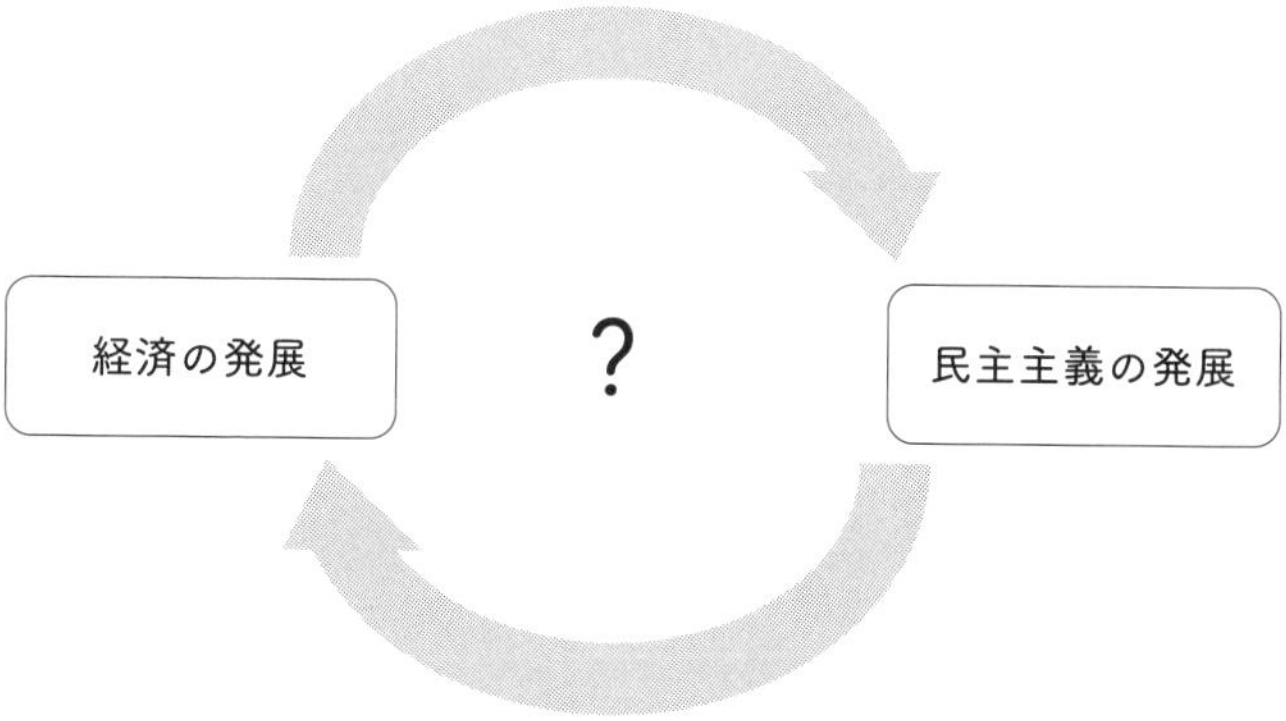

制）が経済発展に与える因果的な影響を示していま す。

恐らく民主主義と経済の発展は、図1-8に示したように、相互に関係し合っているのだと思います。これらの研究は、このうち下の矢印の関係があることを示した重要な研究です。しかし、上の矢印の関係を否定したわけではありません。より詳しく両者の関係を調べるためには、それぞれの矢印を細かく見ていき、背後にあるメカニズムを明らかにしていく必要があります。先ほどご紹介したイングランド内戦の話は、その一例です。

さて、ここで少し立ち止まって考えてみたいのは、今の日本が非民主制に戻ったらどうなるだろうかということです。非民主制というと極端かもしれませんが、例えばPolity Vの定義に従うと、政治的リーダーが今よりも競争的・オープンに選ばれなくなり、社会がその権力をコントロールできなくなり、政治参加の程度が弱まるとどうなるでしょうか。あくまで思考実験ですので、実際のところどうなるかはわかりません。しかし、このように考えると、日々の政治を見る目に、これまで以上に緊張感が生まれる気がします。

以降の章では、人類の長い歴史の中で私たちが辿《たど》り着いた、「現代の民主主義（民主制）」に焦点を当てます。[15] まず私たちの目の前に存在している民主主義について理解を深めた上で、どうしたらそれを上手く機能させられるかについて、皆さんと一緒に考えていきます。

＊15 政治的な制度ですので、本来ですと、「民主制」という言い方のほうが正しいと思いますが、以降の章では、日本でより一般に普及している「民主主義」という言葉を使います。

Column 1 保守とリベラルは脳の構造が違う？

世の中には、政治的に右寄りの人たちや左寄りの人たちなど、さまざまな政治的選好を持った人がいます。素朴な疑問として、それらの選好は一体どこからやって来るのでしょうか。例えば、それは生まれたときからすでに決まっているのでしょうか。それとも生きていくなかで徐々に形成されていくのでしょうか。

英語では、こういった対比のことを、“nature or nurture”と言います。Nature には「自然」という意味があり、nurture には「育成」という意味があります。例えば、ある人の性格が、先天的に獲得されたものなのか、あるいは後天的に獲得されたものなのかを対比する場合などに使います。日本語ですと、「氏か育ちか」という言い方に近いと思います。

人々の政治的な選好に関しても、先天的に獲得されているという主張と、後天的に獲得されているという主張があります。前者の例としては、例えば、遺伝子があります。親から引き継ぐ遺伝子によって、生まれたときから右寄り・左寄りになることがある程度宿命付けられているというような考え方です。一方、後者の例としては、例えば、本書の第10章でもお話しするメディアの影響があります。人々は日々触れるさまざまな情報により、徐々に右寄り・左寄りになっていくというような考え方です。

この話に関連して、神経科学の分野で2011年に発表された面白い研究があります。研究者たちが着目したのは、「政治的に異なる選好を持つ人たちは、そもそも脳の構造が違うのか？」という問いでした。この問いに答えるため、ロンドンのUCLという大学の90人の学生に対して実験が行われました。まず被験者は、「とてもリベラル」から「とても保守」の中から、自分の政治的選好を申告します。次に、MRIと呼ばれる方法を使って、彼・彼女らの脳の断面図が撮影されました。

その結果、よりリベラルな人たちは、前帯状皮質（anterior cingulate cortex）と呼ばれる脳の領域の灰白質（gray matter）の体積が大きく、一方、より保守な人たちは、右扁桃体（right amygdala）と呼ばれる領域の灰白質の体積が大きいことがわかりました。つまり、リベラルと保守で、脳の構造が異なることがわかったのです。ちなみに、前帯状皮質は意思決定などの認知機能に関する領域とされ、扁桃体は情動・感情の処理に関する領域とされます。

第10章でも少し触れますが、例えば、アメリカの共和党と民主党の議員は、使う言葉の種類が違うことが知られています。共和党議員のほうが感性に訴えるような言葉遣いをするそうです。もしかすると、脳の構造の違いは、使う言葉にまで影響を及ぼしているのかもしれません。

参考文献　Kanai, R., T. Feilden, C. Firth, and G. Rees (2011). "Political Orientations Are Correlated with Brain Structure in Young Adults." *Current Biology*, 21(8), 677-680.

第2章

大きな政府と小さな政府

この章の要約

・大きな政府を好む人たちと
小さな政府を好む人たちがいる。

・民主主義にはクセがある。

キーワード

大きな政府と小さな政府

因果関係と相関関係

国家の家計簿

前章の最後にお話ししたように、以降の章では、現代の民主主義についての理解を深めます。そのため本章では、まずこの本で扱う経済学のモデルやデータ分析をより良く理解するための下準備をします。

さて、ここで質問ですが、読者の皆さんは、「右翼」や「左翼」、あるいは政治的な好み（経済学では、**選好**（preference）とも言います）が「右寄り」や「左寄り」といったときに、どのような思想や人物像をイメージされますか。[16] もちろん正解はありません。人によってイメージするものが違うと思います。

では今度は、政治的な選好が経済的に「右寄り」、「左寄り」というと、どういう意味になるでしょうか。このことを理解するために、少し国の財政の話をします。

言わずもがなですが、私たちは国に対して税金を払っています。[17] 日々の買い物で消費税として払ったり、働いて得た収入から差し引かれたりしています。その集められた税金を、今度は国がさまざまな用途に使います。例えば、社会福祉やインフラ、教育、防衛、公務員のお給料などです。このことを示したのが、**図2-1**の右側です。

このプロセスは、どことなく私たちが日常生活でしていることと似ています。私たちは、口

図2-1

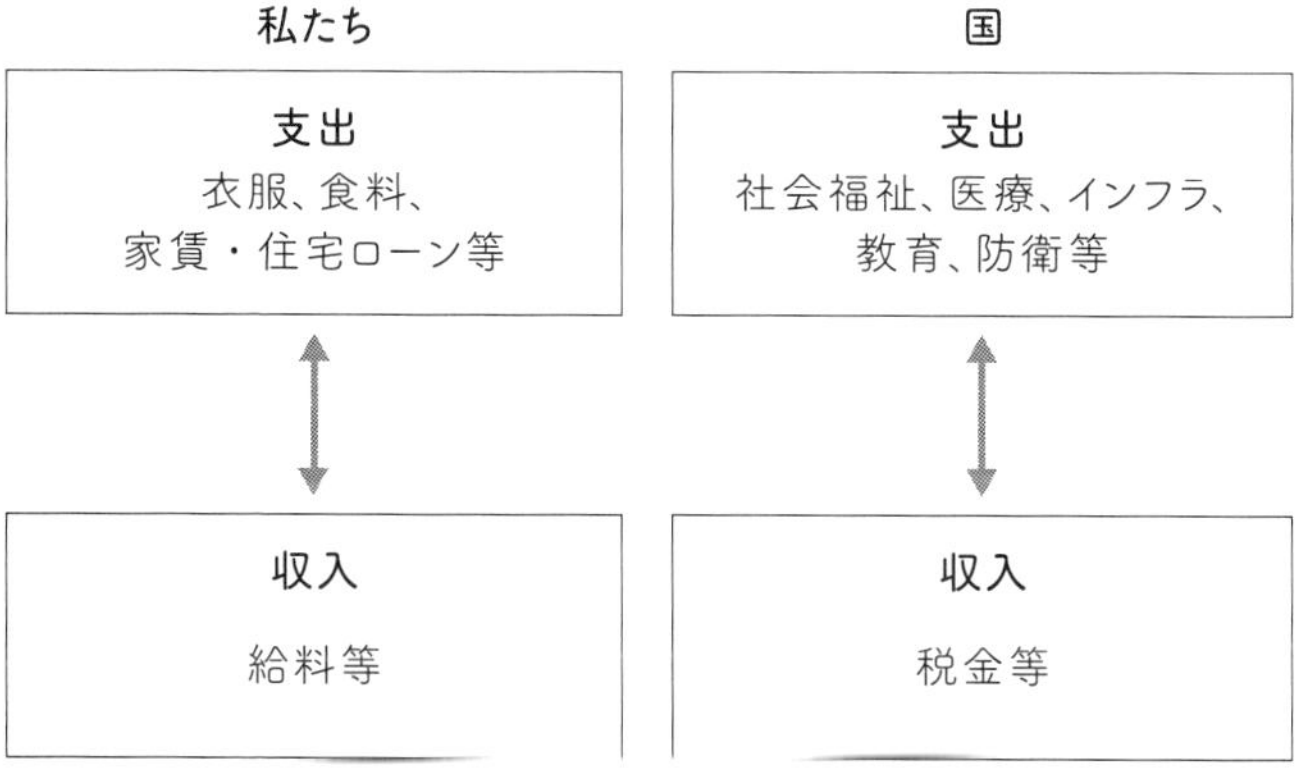

座に振り込まれたお給料を衣服や食料、家賃・住宅ローンの支払いなど、さまざまなことに使います（図2-1の左側）。この意味で国というのは、とても大きな「口座」（あるいは「金庫」、「国庫」）を持っていて、私たちがするのと同じように、「口座」に入ってきたお金をさまざまなことに支出していると考えることができます。

ただし、大きな違いが3つあります。

1つ目は、お金の使い道が全く違うということ

＊16 別の言い方では、「保守」や「革新（リベラル）」といった言い方もありますが、これらの言い方は、「右寄り」や「左寄り」という言い方と比べて、国や時代、あるいは人々の年齢によって意味するものが違うことが知られています（例えば、遠藤晶久、ウィリー・ジョウ『イデオロギーと日本政治』新泉社を参照）。このため、本書では主に後者の言い方を使います。

＊17 地方自治体に対しても払っていますが、以下では国に着目します。

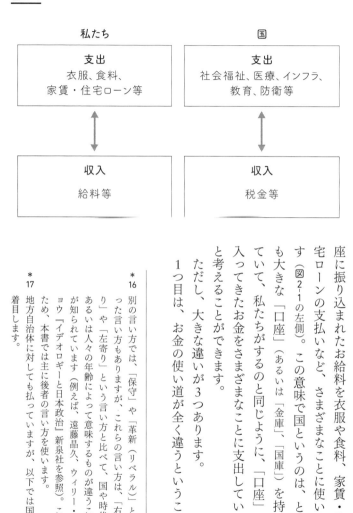

です。例えば、私たちは、自分たちのお給料を直接、公共道路の建設のためには使いません。一方、国はそのためにお金を使います。

次に2つ目の大きな違いは、私たちの多くは自分で働いてお金を稼いでいるのに対して、国の収入の多くは広い意味で税金によって賄われているということです。

そして3つ目は、私たちはお金の使い道を自分自身、あるいは家族などと一緒に決めますが、国の場合は、最終的には選挙で選ばれた人たちが決めるということです。経済学では、このような国の収入と支出の関係を、次のような式を使って考えます。

（2-1）

$$t \times Y = G$$

この式のことを**政府の予算制約式**と呼びます。[18] ここでは話を単純にするために、海外とのやりとりを全く考えず（つまり、国が鎖国状態にあると仮定し）、さらに、税外収入（例えば、国有資産の売却に伴う収入）や国債は除外して考えます（国債については、またあとでお話しします）。

このうち、「Y」というのは、国内で一年間に生み出されたモノやサービスの付加価値の合計、すなわちGDPです。付加価値というのは、例えば、ある企業を考えたときに、一年間の売り上げからさまざまなコストを引いたもの、つまり新たに生み出された価値を意味します。それに対して「t」が掛けられていますが、これは税率を表しています。現実には、税金の種類によっていろいろ税率が違いますし、そもそもGDPに対して直接課税しているわけではありませんが、ここでは話を単純にするために、このように表現しています。例えば、GDPが500兆円で税率が20%なら、左辺の値は100兆円（＝0.2×500）になります。これが政府の「収入」です。

一方、式の右側の「G」は、政府の「支出」を表しています。つまりこの単純な式は、言い換えると、政府の収入は支出と等しくなるということを表しています。[19] この式が成り立つためには、例えば、収入が100兆円ならば、支出も100兆円でなければなりません。政府は、集められた税金（式の左側）を社会福祉や医療など、さまざまなことに支出します（式の右側）。

さて次に、この式に国債という新しい要素を加えます。これは簡単に言えば、政府の借金で

＊18　同様に消費者、つまり私たちについては、**消費者の予算制約式**を考えることができますが、それについては、第4章で扱います。

＊19　税収と政府支出の差分を、「プライマリー・バランス」と言ったりもします。この場合、この式は、プライマリー・バランスがゼロ、つまり釣り合っていると言っています。以下でお話しするように、国債のことも考えると、プライマリー・バランスが負（税収よりも政府支出が大きくなる）になることもあります。

す。私たちも、例えば家など大きな買い物をするときは、銀行などからお金を借りることがありますが、政府はお金を借りるために国債を発行し、それを広い意味での投資家が買います。つまり、借り手は政府、貸し手は投資家ということです。お金を借りていますので、満期になれば、政府は借りている額に利子をつけて投資家に返します。

この国債の仕組みについて単純化して考えるために、1年で満期を迎える国債を考えてみます。まず、国債を発行する年の予算制約式は、次のように書けます。

（2-2）

$$t \times Y + B = G$$

先ほどの（2-1）式に、「B」という新しい要素が加わりました。これが国債を表しています。政府は、このように国債を発行することで、税金で足りない分を補うことができます。例えば、税収が100兆円で、国債を50兆円発行したら、合わせて150兆円のお金が手に入ります（式の左側）。ですので、この場合は、支出も150兆円になります（式の右側）。

話はここで終わりません。借りたお金は利子をつけて返さないといけません。国が満期にきっちり借金を返済すると仮定すると、翌年の予算制約式は次のように書けます。

（2-3）

$$t \times Y - (1+r) \times B = G'$$

このうち、「G'」は、2年目の政府支出額を表しています。その額が1年目と同じである必要はありませんので、あえてGとは異なる記号を使っています。一方、Yもtも、本来は1年目と同じ値である必要はありませんが、話を単純にするために、1年目と同じ値と仮定しています（そのため1年目と同じ記号を使っています）。

さて、（2-3）式を見ると、「$-(1+r) \times B$」という新しい要素が加わったことがわかります。これは、1年目に借りた国債に、利子分が掛け合わさったものです。たとえば、金利が0・05％なら、$(1+r)$は、1・0005になります。そしてBが50兆円なら、$(1+r) \times B$は50・025兆円になります。政府はこの分を投資家に返しますので、2年目の税収（$t \times Y$）からこれだけの額を差し引いています。

つまり、この返済分がなかったら、国は税収の100兆円をそのままそっくり支出できたにもかかわらず、実際はそこから50・025兆円分を借金返済に充てますので、その分2年目に支出できる額が減ります。「国債の発行は将来への課税」ということをニュースで聞くことがあるかもしれませんが、つまりこのことを意味しています。

さて、この例では2年間だけを考えましたが、現実社会は、3年目、4年目と続いていきます。すると、1年満期の国債を考えた場合、政府は1年目の借金を返すために2年目にまたお金を借り、さらに3年目にまたお金を借りるというように、ずっと借金の完済を先延ばしにできる可能性があります。いわゆる、政府による「借り逃げ」の可能性です。

この「借り逃げ」のことを、経済学の用語で**ポンジ・スキーム**と言います。これは、チャールズ・ポンジという実在した詐欺師の名前から取られています。主流派のマクロ経済学のモデルでは、そのような借り逃げは起こらないと考えます（より正確に言うと、最後にはきちんと完済する、というように仮定します）。逆にそのような借り逃げを許すと、政府支出に歯止めが利かなくなる可能性があります。

経済的な「右寄り」や「左寄り」の意味

さて、このような財政の知識を前提に最初の問いに戻りましょう。政治的な選好が経済的に「右寄り」や「左寄り」というのは、一体どういう意味になるのでしょうか。

政府の予算制約式の話をしたときに、税率tや政府支出額（G, G'）といったものが出てきました。ここで、2種類の仮想政府を考えます。

政府A　小さいGやG'（小さいt）を選ぶ
政府B　大きいGやG'（大きいt）を選ぶ

専門用語で、Aのような政府を**小さな政府**、Bのような政府を**大きな政府**と言います。[20]そして、経済的に「右寄り」というのは、小さな政府がより好ましいと思っている人たちや政党のことを指し、一方、それが「左寄り」というのは、大きな政府がより好ましいと思っている人たちや政党のことを指します。

もちろんこれは経済的（あるいは財政的）な意味であり、一般に保守という意味での「右寄り」やリベラル・革新という意味での「左寄り」とは必ずしも一致するとは限りません（これらの非経済的な意味については、第3章後のコラムを参照）。とはいえ、このような経済的な「右寄り」や「左寄り」の定義を知っておくと、社会を眺める上で便利です。

例えば、私が院生時代を過ごしたスウェーデンを考えてみます。同国は社会保障が手厚く、例えば、国民なら大学も含めて教育費は無料ですし、医療費もほとんど無料です。言い換えると、政府支出額が大きいということを意味しています。そして、その裏返しで税金も高いです。つ

＊20　ここではあえてBを除外して考えていますが、大きな政府を支えるためにBを大きくすることなども考えられます。

図2-2

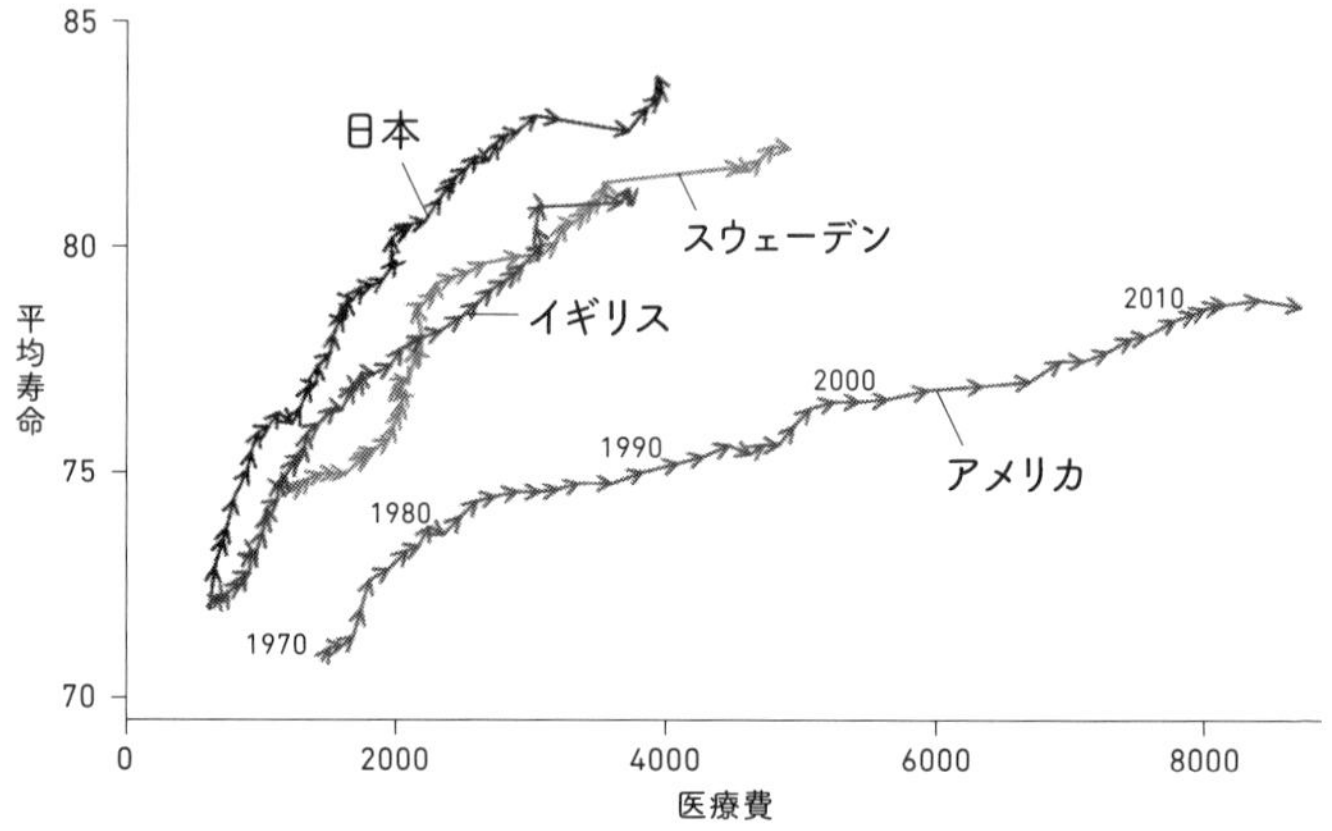

出典：Our World in Data.

まり、スウェーデン政府は、どちらかというと「左寄り」、つまり政府Bに近いと言えます。

別の例では、例えば、アメリカの共和党と民主党が考えられます。共和党の政治的思想は、どちらかというと「右寄り」の政府Aに近く、民主党のそれは、どちらかというと「左寄り」の政府Bに近いです。

例えば、日本では、国民皆保険ということで、多くの場合、病院に行っても比較的安い治療費で診療が受けられます。一方、アメリカでは、保険に入れないことで、その恩恵にあずかれない人たち（特に貧困層）がたくさんいます。その上、アメリカの医療費はとても高いです。図2-2は、1970年から2015年に関して、いくつかの国の医療費（横軸）と平均寿命（縦軸）の関係を示したものですが、アメリカの医療費は年々突出して高くなっている一方で、平均寿命はそれほど延びていません。[21]病気や怪我《けが》で診療を受けたくても、高い医療費が払えない人たちがいることを反映しているのかもしれません。

この点に関して、オバマ大統領が導入し、トランプ大統領が批判した、通称オバマケアと呼ばれる政策があります。ご存じの方も多いかもしれません。これまで保険の恩恵にあずかれなかった人たちに対し、政府が補助することで、比較的安い料金で保険に加入してもらおうという政策です。オバマ大統領は（政府Aの立場に近い）民主党出身、トランプ大統領は（政府Bの立場に近い）共和党出身ですので、このような大きな政府寄りの政策がオバマ大統領によって導入され、トランプ大統領によって批判された理由がおわかりになるのではないでしょうか。

では、本当に左寄りの政党が「大きな政府」型で、右寄りの政党が「小さな政府」型なのでしょうか。実際のデータでも見ていきましょう。

相関関係と因果関係の違い

取り上げるのはスウェーデンです。スウェーデンは、日本と同じく多党制で、政党が複数あ

＊21 医療費の単位は、2010年時点の米ドルです。

ります。ですが、日本よりも政党の右派と左派がさらにはっきりと分かれています。例えば、現在の「左ブロック」には、社会民主党や左党（共産党）が所属し、対する「右ブロック」には、穏健党やキリスト教民主党が所属しています。スウェーデン政府はどちらかというと「左寄り」とすでに書きました通り、20世紀初頭から、社会民主党が長らく政権を握ってきました。

私の卒業したストックホルム大学の経済学者であるペール・ペッターション＝リドボムは、本当に左寄りの政党が政府を大きくするのかどうか調べました。具体的には、1974年から1994年の同国の自治体のデータを使って、左ブロックが選挙で勝った自治体で実際に政府支出が増えたかどうか調べました。[22]

実は、このように選挙結果と政府支出の関係を調べるのは、そう簡単なことではありません。以降の章でも頻繁に出てくる話ですので、少し脱線して、まずはそのことについてお話しします。

第1章でも触れましたが、最近の経済学では、相関関係と因果関係を明確に分けて考えます。[23]その違いとは、以下のように表すことができます。

相関関係（correlation）　ある事象XとYに関係性がある
因果関係（causation）　ある事象Xの結果がY

ざっくりと言えば、X（例えば、左ブロックが勝つこと）とY（政府支出の大きさ）という2つの事象の間に、（統計的な）関係性があると言っているのが相関関係です。例えば、選挙で左ブロックが勝ったところと右ブロックが勝ったところを単純に比べてみた結果、前者の政府支出額のほうがより大きかったとします。このことから言えるのは、選挙結果Xと政府支出額Yの間には相関関係があるということです。

しかし、そのことと、選挙で左ブロックが勝った結果、政府支出が増えたということは意味が違います。相関関係のほうは単に関係性の話でしたが、因果関係のほうは、左ブロックが勝ったことで政府支出が増えたというように、原因（＝左ブロックが勝つ）と結果（＝政府支出が増える）が明白です。

相関関係と因果関係の違いは、そこまで重要なのでしょうか。このことを簡単な例を使って考えてみます。例えば、ある企業が豚まんのテレビCMを流すことを考えてみましょう。この場合、CMを流すことがX、豚まんの売り上げがYです。

＊22　Pettersson-Lidbom, P. (2008). "Do Parties Matter for Economic Outcomes? A Regression-Discontinuity Approach." *Journal of the European Economic Association*, 6 (5), 1037-1056.

＊23　因果推論の入門書としては、伊藤公一朗『データ分析の力』（光文社新書）や、中室牧子、津川友介『「原因と結果」の経済学』（ダイヤモンド社）などがあります。

図2–3

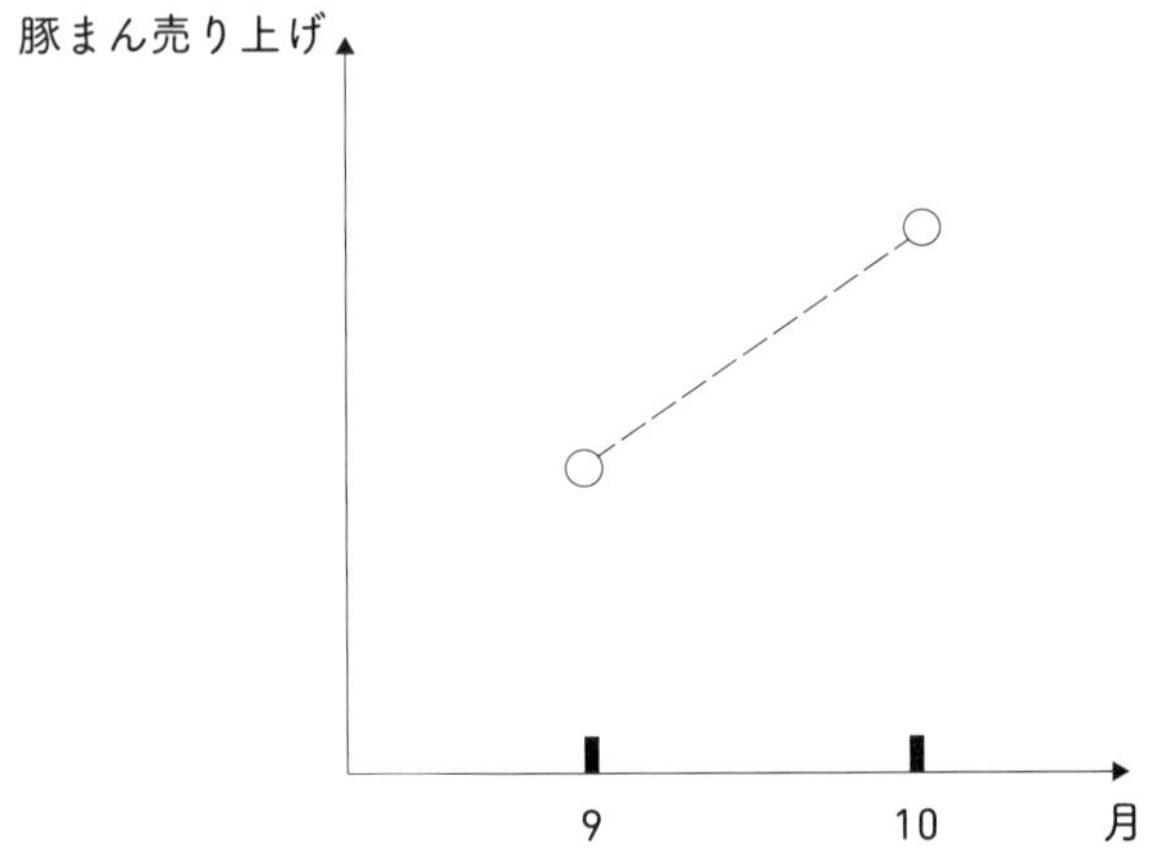

仮にCMを流したのが、9月だったとします。そして、図2-3のように、9月に比べて10月の売り上げが伸びていたとします。それでは、これは宣伝の効果と言い切れるでしょうか。

答えはノーです。この結果のみで、そう言い切るのは難しいです。

例えば、各月の気温について考えてみると、恐らく9月よりも10月の気温は低いはずです。すると、温かい豚まんを買い求める消費者も、（CMの有無にかかわらず）多くなっている可能性があります。

この場合、9月と10月の売り上げを単純に比較しても、果たしてCMの効果なのか、気温の効果なのか、あるいはさらに何か別の効果なのか、よくわかりません。同じことは「前年同月と比べて云々」といった巷《ちまた》でよく見かけるような比較についても言えます。例えば、1年前と今年の10月を単純に比較する場合、場合によっては、1年前と今年では状況が全く違うかもしれません。

別のケースも考えてみましょう。例えば、今年、政府がある景気対策を実施したとします。そして、翌年の街角景気を調べたところ、今年のそれよりも上向いていたとします。ではこのことから、政府が実施したこの景気対策の結果、街角景気が上向いたと言い切れるでしょうか。先ほどと同じロジックで、答えはノーです。景気にはあまりにたくさんの要素が関係していますので、それらを無視して、景気対策の効果だと言い切るのは無理があります。

これらのケースでは、テレビCMと豚まんの売り上げ（あるいは、景気対策と街角景気）以外に、気温など背後にあるさまざまな要素が考慮されていないことが問題でした。このような要素のことを、専門用語で、**欠落変数**（omitted variable）、あるいは**交絡因子**（confounding factor）と呼びます。次ページの**図2-4**の上に表しているように、仮に「X（宣伝）」と「Y（豚まん売り上げ）」の間に関係が認められたとしても、それは気温などの欠落変数が引き起こしている可能性があり、必ずしもXがYに及ぼした影響をとらえているとは限りません。

別の問題もあります。例えば、先ほどの例では9月と10月しか見ていませんが、それ以前から豚まんの売れ行きが好調で資金ができたため、新しい宣伝に潤沢にお金を使う（最近の街角景気が好調で税収が増えたので、景気対策に潤沢にお金を使う）という、YからXへの逆の関係も考えられます。これを専門用語で、**逆因果**（reverse causality）と呼びます。そして、これら欠落変数や逆因

図2-4

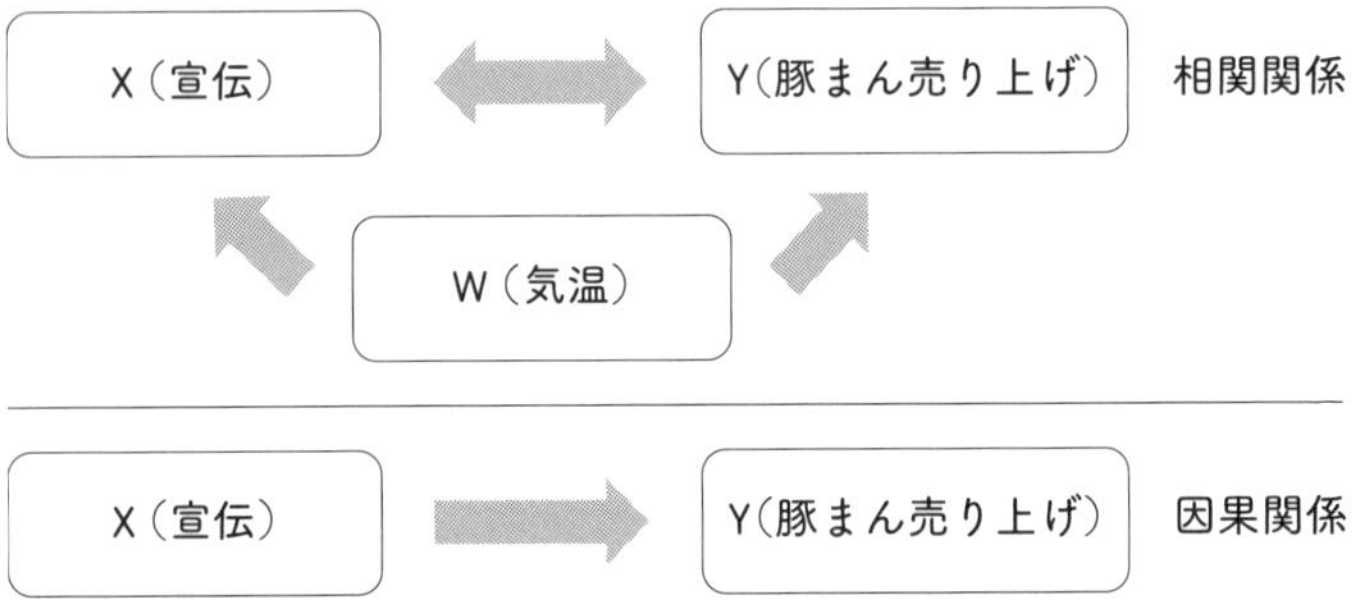

果などをまとめて**内生性**（endogeneity）と呼びます。[24] 内生性の問題をクリアしない限り、因果関係に迫ることができません。

それでは、このような問題をクリアして、図2-4の下に表しているようなXとYの間の因果関係を示すにはどうしたらよいでしょうか。また、因果関係というとXとYの間の関係（矢印の向き）のことですが、企業や政府にとっては、「関係」よりもXがYに及ぼした「効果の大きさ」が気になるはずです。効果の大きさというのは、例えば、豚まんのCMが売り上げをA％増やした、景気対策が街角景気指数をBポイント上げたといったときの、AやBに当てはまる具体的な大きさのことです。

この効果の大きさのことを、**因果効果**（causal effect）と呼びます。以下では、効果の大きさをきちんと導き出すことを、慣習に従い、因果効果を**識別する**（identify）と言うことにします。他の要素を排除して、XがYに与えた真の効果のみを取り出すという意味が込められています。

因果効果を識別するために用いられる手法はいくつもあります。経済学でよく使われている手法に関して、その名前だけを挙げると、以下の4つです。

1. **ランダム化比較実験**（Randomized Controlled Trial, RCT）
2. **回帰不連続デザイン**（Regression-Discontinuity Design, RDD）
3. **操作変数法**（Instrumental Variables Method, IV）
4. **差の差法**（Difference-in-Differences, DID）

本書で取り上げる研究の多くが、これらのうちどれかの手法を使っています。このため、各手法の内容については、該当するものが出てきたときに詳しく説明します。

ちなみに私は、自分の授業でこれらの手法を「因果推論の四天王」と呼んでいます。本書でもそう呼んでおきましょう。因果推論の四天王は、「ＲＣＴ（アールシーティィ）」、「ＲＤＤ（アールディディィ）」、「ＩＶ（アイヴイ）」、「ＤＩＤ（ディアイディィ）」です。

＊24　この他、**測定誤差**（measurement error）も内生性の一種とされています。

左派政党が勝つことの因果効果

さて、話を元に戻しましょう。ペール・ペッターション＝リドボムは、選挙で左ブロックが勝つことが政府支出額に与える因果効果（つまり、左ブロックが勝つことで、政府支出がどれだけ増えるか）を識別しようと取り組んだわけですが、これまでの議論を踏まえると、これはそんなに簡単な話ではないことがわかります。

例えば、各自治体を左ブロックが勝ったグループと負けたグループに分けたところ、図2-5のようになっていたとします。この図から、左ブロックが勝ったグループには、比較的「市」が多いということがわかります。つまり、左ブロックは都会で勝ちやすかったということです。一方、同じ図から、右ブロックが勝ったグループには比較的「村」が多いということもわかります。つまり、右ブロックは田舎で勝ちやすかったということです。

このような場合に、左ブロックが勝ったグループの政府支出額のほうが、右ブロックが勝ったグループのそれよりも平均的に多かったとします。それでは、この結果から、「選挙で左ブロックが勝ったから政府支出が増えた」と言い切れるでしょうか。先ほどの例と同じロジックで答えはノーです。なぜならば、そもそも市と村は、政府支出の大きさも含めてさまざまに異なっているからです。これはあくまで相関関係を見ているに過ぎません。

図2-5

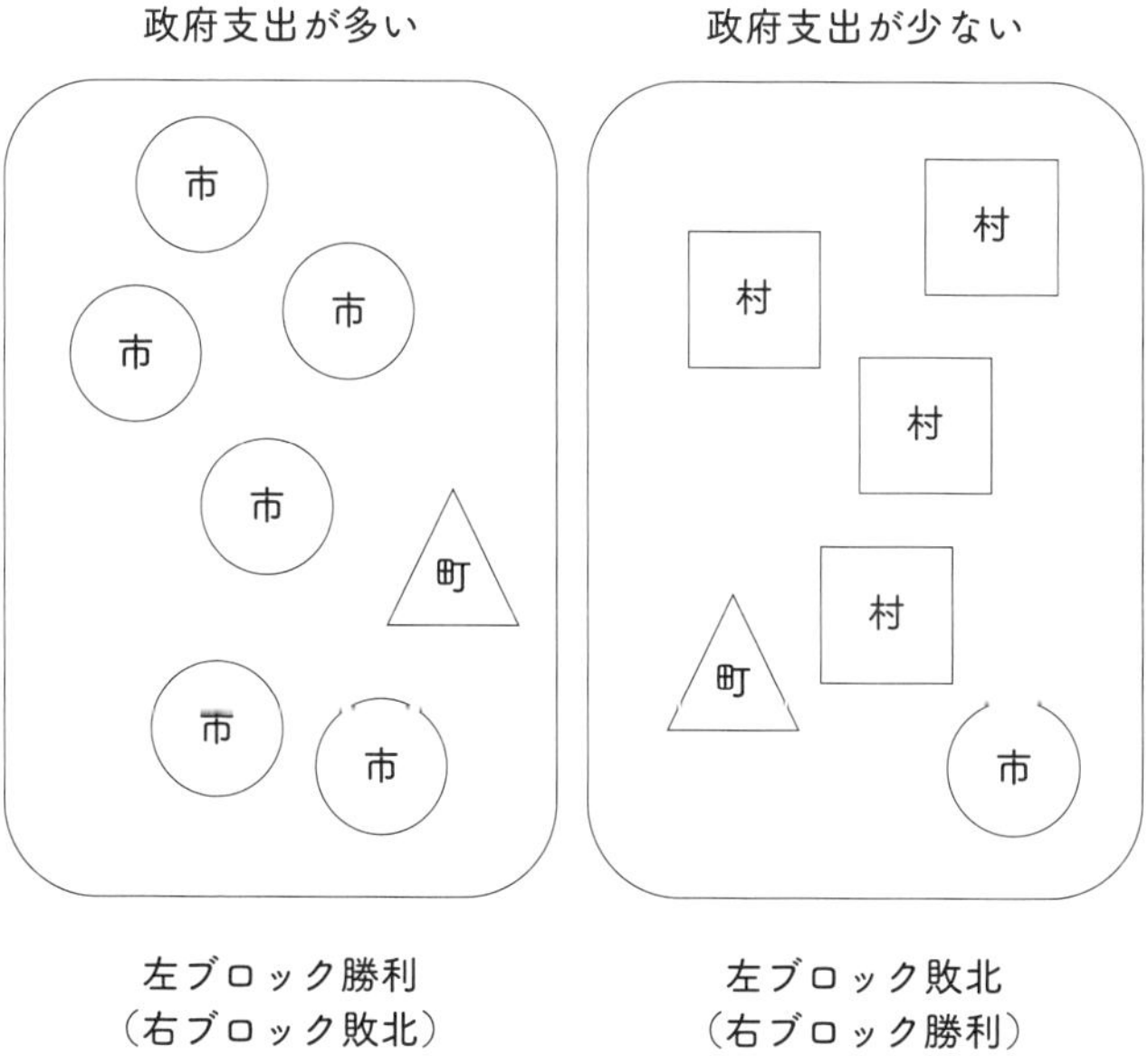

このことをよく、「りんごとみかんを比較している」と形容したりします。本当はりんごとりんご、あるいはみかんとみかんという同じ果物同士を比較したいのに、りんごとみかんという全く異なる果物を比較している、という意味です。豚まんの売り上げの話もそうです。9月の売り上げと10月の売り上げを比較しても、「9月の売り上げ」と「10月の売り上げ」という、本来は比較が難しいものを比較している可能性があります。

このような問題に対処するためにペッターション＝リドボムが使った手法は、因果推論の四天王のうちのRDDです。RDDは、データに表れる「ジャンプ」を使って、因果効果を識別します。

基本的なアイデアを説明します。図2-6(a)をご覧ください。縦軸は政府支出額を表し、横軸は左ブロックの得票率差を表しています。小さな黒い点はそれぞれの自治体だとお考えください。

例えば、Aという点（仮にA市としておきましょう）を見てみましょう。ここは左ブロックの得票率差が0より若干少なく、マイナスの値をとっていることがわかります。これは、A市では、左ブロックが右ブロックに僅差で負けたということを表しています（ちなみに、すべての政党が右か左のブロックに属しています）。仮に左ブロックの得票率が0・495（つまり、有権者数が1000人で全員投票したとすると、そのうちの495人が左ブロックに投票した）で、右ブロックの得票率が0・505（残りの505人が右ブロックに投票した）のときは、得票率差はマイナス0・01（＝0・495－0・505）です。そしてA市の点から真横に見ていき、縦軸とぶつかったところの値がA市の政府支出額です。

一方、Bという点（仮にB市としましょう）では、左ブロックがぎりぎり勝っています。この場合も、同様にして、B市の政府支出額を調べることができます。

このとき、左ブロックがぎりぎり勝ったB市のような自治体（つまり、0よりも少し右に位置する自治体）と、左ブロックがぎりぎり負けたA市のような自治体（0よりも少し左に位置する自治体）について、政府支出額の平均値を比較したのが因果効果です（図2-6(a)）。先ほど、RDDはデー

図2–6(a)

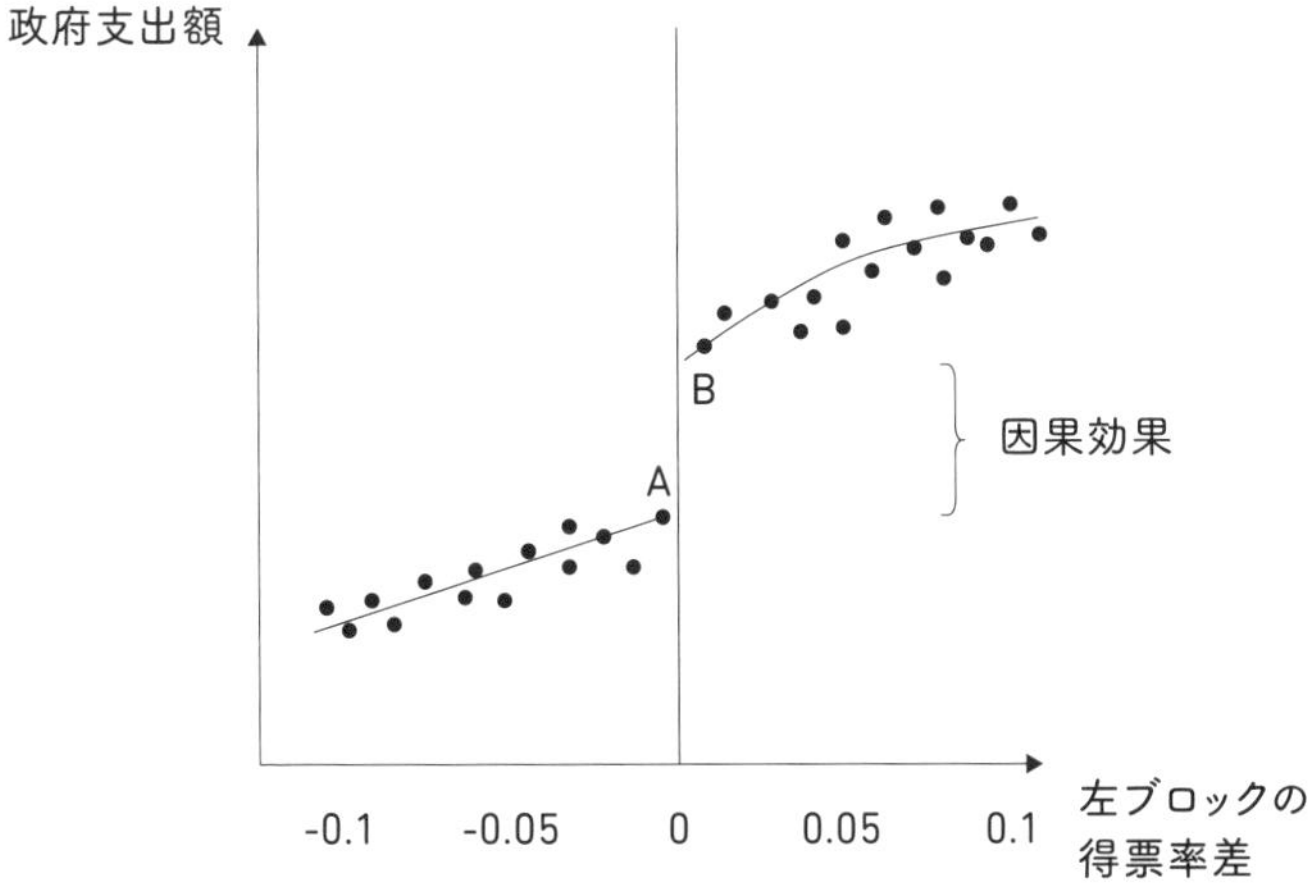
政府支出額
A
B
因果効果
-0.1
-0.05
0
0.05
0.1
左ブロックの得票率差

図2–6(b)

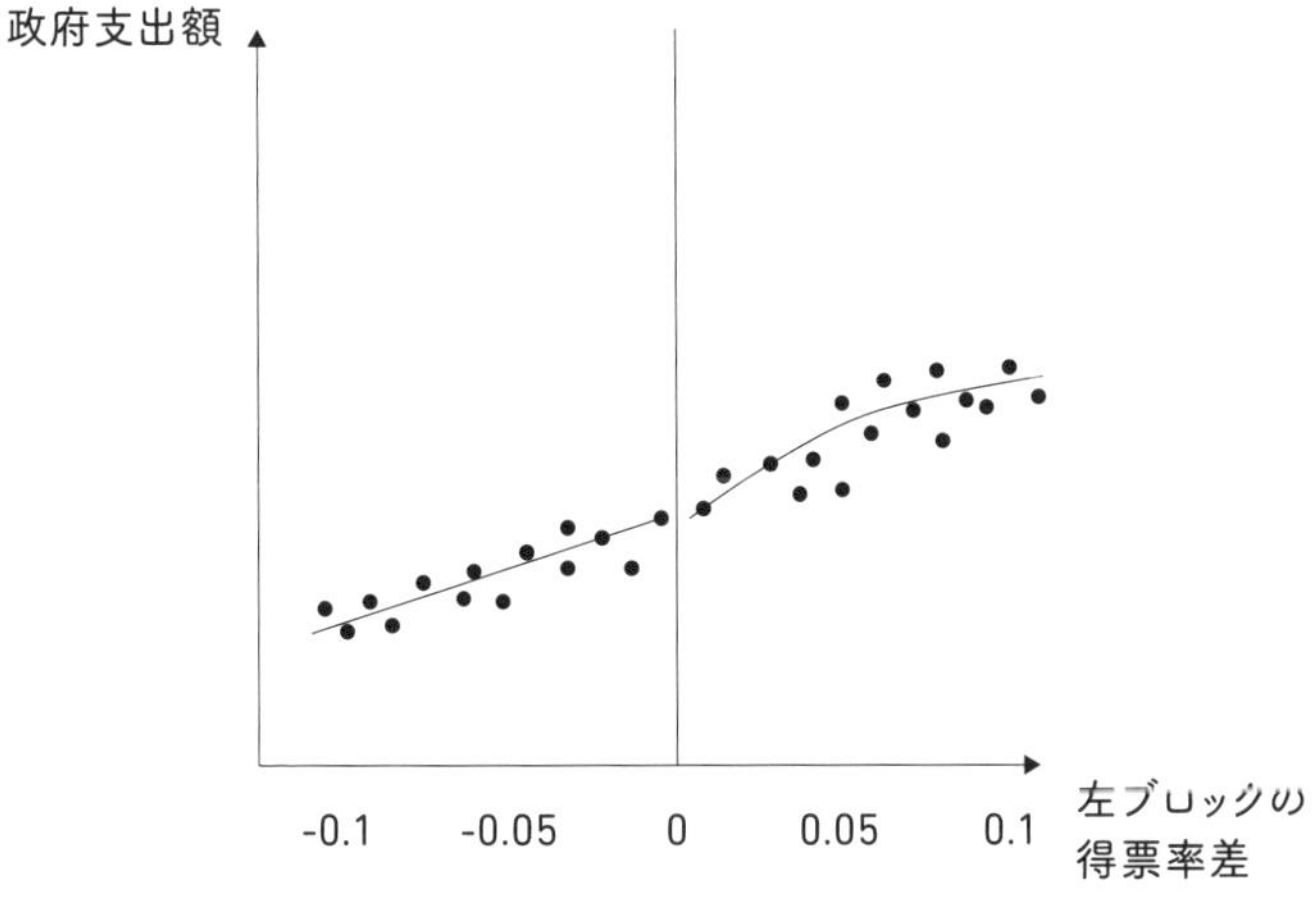
政府支出額
-0.1
-0.05
0
0.05
0.1
左ブロックの得票率差

タに表れる「ジャンプ」を使うと書きましたが、図に示したように、因果効果とは、まさにこのジャンプの大きさのことです。図によると、左ブロックがぎりぎり勝ったところでは、政府支出が増えていることがわかります。

それでは、なぜこのように左ブロックがぎりぎり勝ったところと、ぎりぎり負けたところを比較するのでしょうか。

その背景には、得票率差が0に近い自治体は、0の右にいようが左にいようが、非常に似通っているだろうという暗黙の仮定があります。先ほど、因果効果を識別するためには、りんごとりんごを比較したり、みかんとみかんを比較したりしないといけないという話をしました。得票率差が0の近傍を比べることで、近似的にそのように非常に似通った対象を比較しているのです。

一方、得票率差が0・1あたりにある自治体と、マイナス0・1あたりにある自治体を比べるとしましょう。つまり、図2-6(a)(b)でいうと、右端と左端に位置する自治体です。図2-6(a)の場合も(b)の場合も、政府支出額に差がありそうに見えます。しかし、これは、りんごとりんご、あるいはみかんとみかんを比較しているというよりも、りんごとみかんを比較している感じに近くなります。例えば、先ほどの例で挙げたように、単に市と村を比較してしまっている可能性があります。同様にして、図2-5で見たように、単に右ブロックが勝ったところの平均値と、負けたところの平均値を比較するというのは、0よりも左側に位置する自治体すべての政府支出の平均値と、右側に位置する自治体すべての政府支出の平均値を比較するということですので、さまざまな面で異なっている自治体を一緒くたにして比べていることになります。これでは、因果効果を識別するのは困難です。

一方、0の近傍だけを見てみると、図2-6(a)はジャンプがあるのに、(b)はジャンプがありません。つまり、単純に0よりも左側の自治体すべての平均値と右側の自治体すべての平均値を比較すると差があるように見えても、因果効果を見ると（つまり、近傍だけに限って比較すると）、図2-6(b)では差がないことがわかります。これが、因果効果を識別するということのRDD的な意味です。因果効果が識別できていると、図2-6(a)では因果効果があることがわかり、(b)ではそれがないことがわかります。

一方、因果効果を識別できていない場合は、図2-6(b)ですと、本当は効果がないのに効果があると結論づけてしまう可能性がありますし、図2-6(a)の場合でも、本当の効果よりも大きい効果だと結論づけてしまう可能性があります。さらに、図には示していませんが、本当は因果効果があるのにないと結論づけてしまうケースや、本当の効果よりも小さい効果だと結論づけてしまうケースも存在します。

このRDDという手法を用いて分析したところ、選挙で左ブロックがぎりぎり勝つと、住民一人当たりの政府支出額が2％以上増えることがわかりました。というわけで（途中で話の脱線もありましたが）、どの政党が選挙で勝つかは、政府の大きさに因果的に影響を及ぼすと言えそうです。[25]

民主主義のクセを理解する

以上、国の支出と収入は繋がっているという話をしたあとで、選挙で勝つ政党によって、政府の大きさに違いが出ることを見ました。このことが示しているのは、私たちが日ごろ目にする税金や政府支出の大きさは、少なからず政治的な要因によって決まっているということです。政治的な要因といっても、政治家や政党同士の駆け引きのことだけではありません。選挙で彼・彼女らを選ぶ私たち有権者と、政治家・政党との間の駆け引きのことでもあります。

どういうことでしょうか。再び政府の予算制約式に戻って考えてみます。政府の予算制約式より、以下のことが言えます。

政府支出額（G）を増やすためには、税率（t）を上げるか、国債（B）やGDP（Y）を増やさないといけない。

最近の日本の政党の選挙公約を読むと、Gを減らそうと言っている政党はないように思えます。むしろ、現状維持か、あるいは、社会福祉などを充実させるために、Gを増やそうと言っている政党が多いように見受けられます。

では、各政党は、t、B、Yのうち、どの値を大きくしようとしているのでしょうか。

このうち、Yは政府が直接いじることができないものです。仮に政府が「GDPよ、増えろ」と念じて本当に増えれば話は早いですが、そんな単純な話ではありません。すると残る可能性は、tかBになります。[26]

まず、ある政党が「消費税率を上げる」（つまりtの値を大きくする）と言っているのを聞いて、心地よい感じがする方はあまりいらっしゃらないかもしれません。それでは、同じく税率を上げるのだとしても、代わりに、「高所得者層の所得税率を累進的に上げる」、あるいは「法人税率を上げる」と言われたらどうでしょうか。あるいは、増税はしないが（つまりtは変えないが）、「国債を発行する」（Bを大きくする）と言われたらどうでしょうか。

＊25 アメリカの場合ですと、研究によって結果が異なることがあるのですが、最新の政治学の研究によると、中規模ないし大規模な自治体では、民主党の首長が勝つと、住民一人当たりの政府支出額が因果的に増えることがわかっています。de Benedictis-Kessner, J. and C. Warshaw (2016). "Mayoral Partisanship and Municipal Fiscal Policy." *The Journal of Politics*, 78 (4), 1124-1138. 一方、因果効果がないという結果を示している研究には、Ferreira, F. and J. Gyourko (2009). "Do Political Parties Matter? Evidence from U.S. Cities." *The Quarterly Journal of Economics*, 124 (1), 399-422 があります。

＊26 例えば、Japan Choice (https://japanchoice.jp) というウェブサイトでは、各政党の掲げる政策を比較することができます。

高所得者であれば、所得税率を累進的に上げると言われたら嫌な感じがするかもしれませんし、企業経営者であれば、法人税率を上げるといわれたら同じように感じるかもしれません。逆に、そのどちらでもなければ、こういった提案（「所得税率を累進的に上げる」、「法人税率を上げる」）にあまり反発しないかもしれません。同様に、今現在の税金を増やすと言われるよりも、将来の税金を増やす（＝国債を発行する）と言われたほうが、全体的に反発が小さいだろうということも想像できます。

このため、政党や政治家の立場に立ってみますと、選挙で勝つための戦略を考えると、消費税率を上げるというよりも、法人税率や所得税率を上げる、あるいは国債を発行すると言ったほうがより「安全」だと考えられます。特に前者の方法は、支持基盤が高所得者や経営者ではない政党によって、よく使われるはずです[27]。また、今の日本では、政府支出額Gを減らすことを公約に掲げる政党はないようですが、少なくとも理論上は、支持基盤が小さな政府を希望していれば、Gを減らすと公約に書く可能性も十分にあります。

このように、政策の内容は、有権者と政党・政治家の駆け引きに左右されます。加えて、先ほど述べたように政治家や政党同士の駆け引きにも左右されます。重要なのは、このようにして決まった政策は、必ずしも社会的に最適なものとは限らないということです。第4章以降で詳しくお話ししますが、政治的なバイアス（偏り）を生む可能性があります。

このような政治的バイアスは、民主主義に特有のクセの一種といえます。以降の章では、さまざまな**民主主義のクセ**を、経済学のモデルとデータ分析を使って明らかにしていきます。

＊27　あるいは、逆に一部の税率を「下げる」という方法も考えられます。これには2つの意味があります。まず、国民の多くがその恩恵を得やすいので選挙対策になるという意味があります。ただし、税収が減るので、少なくとも短期的には、財政に一層の負荷がかかります。一方、長期的にはYを増やせる「可能性」があります。仮に消費税率や所得税率を下げて消費が喚起されれば、それを通じて企業の生産を刺激することができるかもしれませんし、あるいは法人税率を下げて企業の成長を促すことができるかもしれません。このように減税を通じて経済を刺激する方法は、経済学では古くから「サプライサイドの経済学」と呼ばれてきました。税率を下げるという、小さな政府を志向するタイプの政策ですので、どちらかというと経済的な意味で右寄りの人たちが支持する政策と理解されています。ちなみに、あくまで「可能性」と強調して書いたのは、実際にそのような政策が経済にどのような影響を及ぼすかについては、はっきりとした結論が出ていないからです。

第3章

選挙で最も影響力があるのは「真ん中の人たち」？

この章の要約

・中位投票者の選好がより政策に反映される。

キーワード

コンドルセの勝者・パラドックス　中位投票者の定理

ダウンズの政策収束定理　アローの不可能性定理

人々の好みを集計する

本章からいよいよ政治経済学の基礎的な話に入っていきます。まず本章では、多数決についての理解を深めます。[28] その上で、選挙で最も影響力がある人たちのことについて見ていきます。

私たちが日頃よく使う多数決は、人々の好みや考えが異なるときに、それらを集計する役割を果たします。実は、選挙も同じ意味合いを持っています。私たちは、選挙で直接的に政策を決めたり、あるいは代表者を通じて間接的に決めたりしますが、それらは選挙という制度を通じて、私たちのさまざまな好みや考えを集計していると言えます。どうしたら上手く人々の好みや考えを社会に反映できるのかというのは難しいテーマですので本書では深く立ち入りませんが、その代わり、集計に伴う「クセ」について少しお伝えできればと思います。

さて、以下では、ルル、モモという2人の女の子と、ポコという男の子がパン屋にやって来たという仮想的なストーリーを考えます。彼・彼女らは、いくつかあるパンのうち、どのパンを買おうか迷っています。それぞれ食べたいパンを1つずつ買えればいいのですが、あいにくお金が足りません。そこで仲良し3人組は、みんなで合意できたパンを1つだけ買うことにし

＊28　多数決についてのより詳しい解説書には、例えば、坂井豊貴『多数決を疑う』（岩波新書）があります。

図3–1

	最も好き	2番目に好き	3番目に好き
ルル	食パン	カレーパン	アンパン
モモ	カレーパン	アンパン	食パン
ポコ	アンパン	食パン	カレーパン

ました。お店で売っているのは、アンパン、食パン、カレーパンです。

3つあるパンの中から、ある2つのパンを選び、それらについて多数決をして、より多くの人が好むほうが選ばれるとします。これを繰り返し、総当たり戦で勝ったのが勝者（勝パン）です。

3人の好みを表したのが図3-1です。それぞれ最も好きなパンから、3番目に好きなパンまで並んでいます。この図をもとに順番に戦わせていきます。

図3-2のように、まずアンパンとカレーパンを戦わせてみましょう。ルルもモモもアンパンよりもカレーパンのほうが好きなので、ポコは逆の意見ですが、多数決でカレーパンが勝ちます。次に、勝者のカレーパンと食パンを戦わせてみます。ルルとポコはカレーパンよりも食パンが好きなので、モモは逆の意見ですが、食パンが勝ちます。ここまでをまとめると、1位食パン、2位カレーパン、3位アンパンとなりそうです。

それでは最後に残った、食パンとアンパンを戦わせるとどうでしょうか。すると、モモもポコも食パンよりもアンパンが好きなので、

図3–2

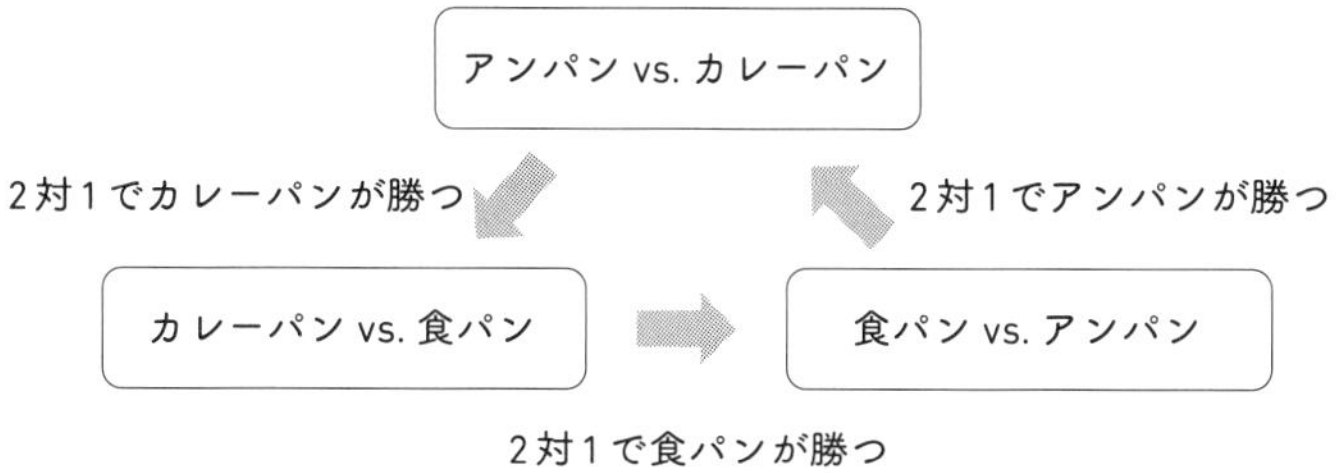

1位の食パンに3位のアンパンが勝ってしまいます。つまり、アンパンよりもカレーパン、カレーパンよりも食パン、食パンよりもアンパンといった具合に、堂々巡りの状態になってしまいました。これでは、どのパンを買うのかについて合意ができません。

このような堂々巡りの状態を、それを発見した18世紀のフランスの学者、ニコラ・ド・コンドルセの名前をとって、**コンドルセのパラドックス**（Condorcet's paradox）と呼びます。この例では最終的な勝者（勝パン）がいませんでしたが、もし勝者がいる場合は、その勝者のことを**コンドルセ勝者**（Condorcet's winner）と呼びます。

この例では、3人の子どもたちがパンを選ぶという状況を考えましたが、いくつかの候補の中から勝者を選ぶという状況は選挙も似ています。3種類のパンを、それぞれのパンの配布を政策に掲げる3人の候補者に置き換えてみるとおわかりいただけるかと思います。[29]

それにしても、3人の子どもたちは、最終的にパンが買えたのでしょうか。先ほどの例では買うパンが決まりませんでしたので、次に、3人は別の多数決の方法を思いつきました。その方法というのは、好きな順番ごとに点数をつけて、最終的に最も多い点数をとったパンを買うというものです。この方法は、コンドルセと同時代のジャン＝シャルル・ド・ボルダという学者の名前をとって、**ボルダ得点**（Borda count）と呼ばれます。ここでは、1番目に好きなパンに3点、2番目に好きなパンに2点、3番目に好きなパンに1点を付与するとしましょう。

するとどうでしょうか。**図3-1**をもとに計算してみると、以下のようになります。

アンパン　3点（ポコ）＋2点（モモ）＋1点（ルル）＝6点
食パン　6点
カレーパン　6点

というわけで、すべてのパンが6点になってしまい、またしても勝者は決まりませんでした。このままでは埒《らち》が明かないので、3人はジャンケンをすることにしました。ジャンケンで勝った人が、戦わせるペアの「順番」を決め、最初の戦いの勝者と最後に残ったパンを戦わせて、そのうち勝ったほうを選ぶという新ルールをつくりました。

仮にジャンケンでポコが勝ったとしましょう。ポコは、アンパンがどうしても食べたいので、まず、食パンとカレーパンを戦わせることを提案します。食パンとカレーパンなら、食パンが勝ちます。では、最後にその食パンと残ったアンパンを戦わせるとどうでしょうか。アンパンが勝ちますね。こうして、ポコはまんまとアンパンを食べることに成功しました。

この解決策は、総当たり戦でなく勝ち抜き戦にして、さらに戦わせる順番を導入したのがポイントです。何かしらの方法（例えば、ジャンケン）で戦わせる順番を決められたので、勝者が見つかったわけです[30]。

この例ではポコがジャンケンで勝ちましたが、ルルやモモがジャンケンで勝った場合はどうでしょうか。もしかするとルルなら食パン、モモならカレーパンが最終的に選ばれるように、それぞれ戦略的に順番を提案するかもしれません。つまり、誰が順番を決められるかが重要になります。

このように戦わせる順番を決められる人を、**アジェンダ・セッター**（agenda setter）と呼びます。

＊29　厳密には、構成員が選挙で立候補者を選び、その選挙の勝者が政策を決めるという間接民主主義（代議制民主主義）と、構成員が直接的に政策を決める直接民主主義は区別されます。

＊30　ジャンケンという奥の手を使うのであれば、最初からジャンケンで買った人がパンを決められるというシンプルなルールにするというのもありです。別の視点としては、ジャンケンで買った人がパンを決められるというルール自体も全員で合意できている必要があります。例えば、自分はジャンケンが弱いと思っている人が多くいたら、ジャンケンという方法は選ばれないかもしれません。

一般的には、何かの話し合いをする際に、その話し合いの議題やアジェンダ（＝進め方）を決める人たちのことを指します。アジェンダ・セッターは、自分たちにとって有利な方法で話し合いが進むようにこっそり操作できます。この意味で、彼・彼女らは最終的な決定に対して大きな影響力を持っていると言えます。

例えば、第9章でも取り上げますが、アメリカの議員は、予算委員会などさまざまな委員会に所属します。そのような委員会に所属するメンバーは、議会に対して法案を提出する権限を持っているため、アジェンダ・セッターと言えます。彼・彼女らは、最終的に選ばれる政策に対して大きな影響力を持ちます。

以上の話でお伝えしたかったのは、人々の好み（第2章でも出てきましたが、経済学では選好と言います）を社会的に集計することの難しさです。3人の子どもたちがお金を出し合ってどのパンを買うか決めるというとても単純な話でも、どのパンを買うのが3人で構成される小さな「社会」にとって望ましいのか、すぐには答えが出ませんでした。選択肢や社会の構成員がさらに増えるとどうでしょうか。たくさんの人たちがそれぞれ違う好みを持っていますが、それらの集計はなかなか一筋縄ではいかないだろうと想像できます。

日本は代議制民主主義を取り入れていますので、自分たちの代表者・代弁者を選挙で選ぶというかたちで、政策に対するさまざまな好みを集計しています。だとすると、必然的に、どのような方法で代表者・代弁者を選ぶかが重要になります。

歴史的に、選挙の方法にもいろいろと工夫がなされてきました。例えば、現在の日本では、小選挙区制と比例代表制の2つの方法が採用されています。また、小選挙区のほうでは、投票用紙に候補者1人の名前を書きますが、これは単記非移譲式投票（single non-transferable vote, SNTV）という方法が採用されているからです。一方、世界には、複数の人に順位をつけるかたちで投票する単記移譲式投票（single transferable vote, STV）など、さまざまな方法が存在します。第5章では小選挙区制と比例代表制の違いについて少し触れますが、それぞれの方法にはメリットとデメリットがあります。

中位投票者の定理

次に、選挙で最も影響力がある人たちのことについて見ていきましょう。ここで再びルル、モモ、ポコの3人に登場してもらいます。今回は、彼・彼女らが大人になり、選挙で投票する日のことを考えます。

まず、この社会では、政策に対して直接投票ができるとします（A1：直接民主主義の仮定）。この場合の政策というのは、補助金（補助パン）政策と呼ばれるもので、政府がある一種類のパンを無償で配るというものです[31]。また、3人はそれぞれ自分の選好のみに基づいて投票するとします（A2：正直な投票者の仮定）。

図3–3

	最も好き	2番目に好き	3番目に好き
ルル	アンパン	食パン	カレーパン
モモ	食パン	アンパン	カレーパン
ポコ	カレーパン	食パン	アンパン

3人の選好が、図3-3のように表されるとします。

次に、図3-3を、図3-4のような別のかたちで表してみます。図3-4の意味ですが、まず横軸は、左からカレーパン、食パン、アンパンと並んでいます（この順番は重要です）。次に縦軸は、「3番目に好き」から「最も好き」まで並んでいます。

図3-3によると、ルルは、アンパンが一番好きで、2番目に食パン、3番目にカレーパンが好きです。それを図に表すと、図3-4のように右上がりの実線で書けます。逆にポコは、図のように右下がりの点線で書けます。そしてモモの場合は、図のように山のような破線で表すことができます。この図からはわかりづらいですが、実はルルとポコの選好も、モモのような山の形になっています。山の片側の斜面だけを見ているイメージです。

人々がこのような選好を持っているとき、人々の選好は**単峰性**(single-peaked）を満たすと言います。単峰、つまり、山の峰がひとつだけという意味です。そして、この峰（頂点）のところを**至高点**、あるいは**至福点**（bliss point）と呼びます。一番好きな政策なので、至福(最も幸せな）点という意味です。例えば、ルルにとってみれば、至福

図3-4

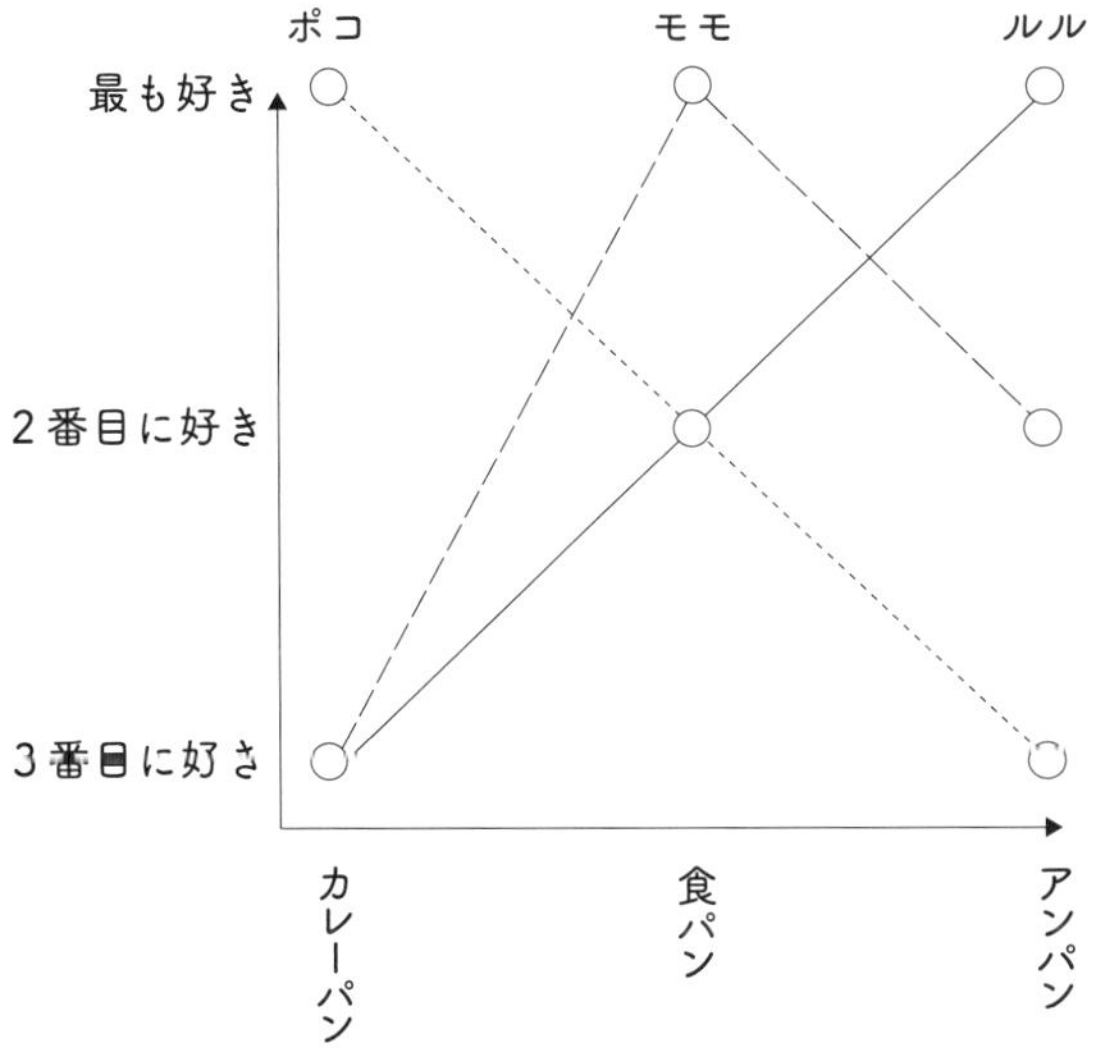

点のパンはアンパンです。

このようにある順序づけられた選択肢に関して、人々の選好が単峰性を満たしている場合は、すでにお話ししたコンドルセのパラドックス（＝堂々巡り）が起こらず、コンドルセ勝者が常に存在すること、そして、そのコンドルセ勝者は、「中位投票者」の至福点と一致することが知られています。つまり、どういうことでしょうか。

まず、中位投票者の「中位」というのは、文字通り、真ん中という意味で

＊31 一方、自分の選好のみではなく、他の人たちの選好も考慮して戦略的に投票する投票者を、**戦略的投票者**と呼びます。第6章で詳しくご説明します。

す。ここではカレーパンが最も好きなポコ、食パンが最も好きなモモ、そしてアンパンが最も好きなルルがいます。これを図3-4のように並べた場合、右から数えても左から数えても、真ん中はモモです。その結果、モモが中位投票者となり、彼女の最も望む選択肢（＝食パン）が勝者になります。

別の例も考えてみましょう。最も好ましい消費税率は何％ですか、と5人の有権者に聞き、返ってきた答えが、小さいほうから大きいほうに並べると、8％、8％、10％、15％、20％だったとします。同じ数字が被っていても構いません。これらの有権者のうち、右から数えても左から数えても真ん中にいるのは、10％を希望している人です。この場合は、最も好ましい消費税率を10％と考えている人が中位投票者となり、その人の至福点である10％が選ばれることになります。

このように多数決で中位投票者の至福点が選ばれることを、**中位投票者の定理**（Median Voter Theorem）と呼びます。この定理は、政治経済学でとても重要な定理の一つです。以下では簡単化のために、人々の数が奇数であると仮定します。[32]

中位投票者の定理　仮定A1、A2が満たされ、ある順序づけられた選択肢に関して、人々の選好が単峰性を満たしているとき、常にコンドルセ勝者が存在し、それは中位投票者の至福点と一致する。[33]

つまり、どういうことでしょうか。例えば先ほどの例ですと、中位投票者はモモで、中位投票者の定理が成り立つのであれば、彼女が最も好む食パンが勝つという意味です。本当にそうでしょうか。図3-3を使って、2つのパンを順番に戦わせてみましょう。まず、アンパンと食パンを戦わせると、2対1で食パンが勝ちます。次に、食パンとカレーパンを戦わせると、この場合も2対1で食パンが勝ちます。というわけで、予想通り勝者は食パンになりました。

ちなみに図3-4の横軸の順番が重要と書きましたが、その順番を変えて、例えばカレーパンやアンパンを真ん中にすると、単峰性を満たさない人が出てきます（興味のある方は、試してみてください）。そのような場合は、コンドルセ勝者を見つけるのが難しくなります。

以上のことを踏まえると、勝者が存在せず、コンドルセのパラドックスが発生してしまった図3-1のケースでは、単峰性の仮定が満たされていない可能性があります。次に、このことを確認しておきましょう。

＊32　偶数の場合は、タイの場合にくじ引きなどをする必要が出てきますが、その場合も証明できます。

＊33　A1とA2の仮定に加えて、1対1で選択肢を戦わせ、最初の勝者と次の選択肢を戦わせ、ということを候補がなくなるまで繰り返すというルール（**A3　オープン・アジェンダの仮定**）も加えると、この中位投票者の至福点は、唯一の均衡になることも証明できます。詳しくは、Persson, T. and G. Tabellini (2000). *Political Economics: Explaining Economic Policy*. Cambridge, Massachusetts: The MIT Pressなどを参照。

図3–5

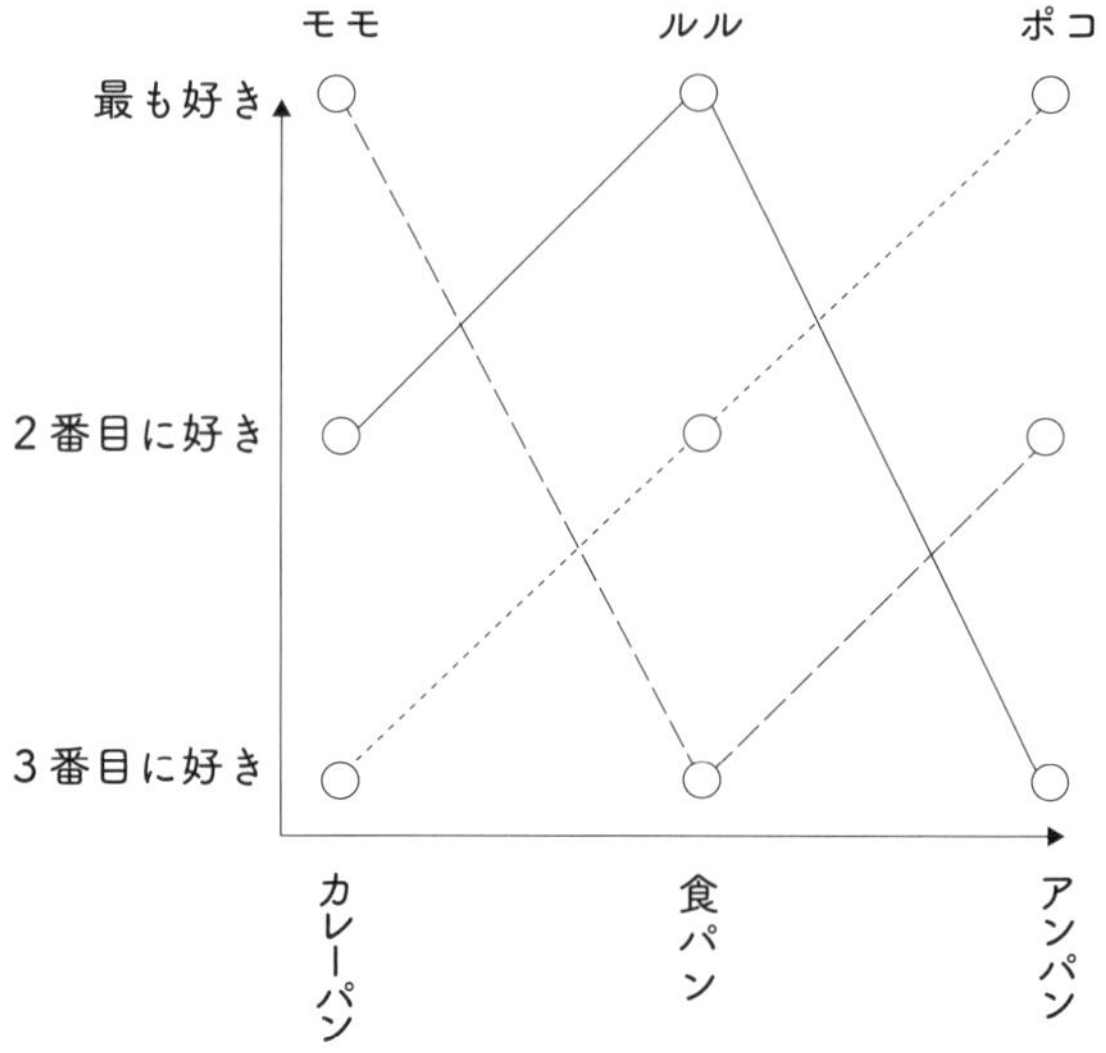

図3-1を、左からカレーパン、食パン、アンパンとした上で、図3-4のように書き換えたものが、図3-5です。果たして3人の選好は単峰性を満たしているのでしょうか。

ルルとポコは大丈夫そうです。それではモモはどうでしょうか。残念ながらモモの選好は、むしろ谷のようになってしまい、単峰性を満たしていません。ちなみに、横軸の順番をどのように変えても、全員の選好が単峰性を満たすケースは見つかりません（興味のある方は試してみてください）。このため、すでに見たようにコンドルセ勝者が見つからず、コンドルセのパラドックスが発生してしまったわけです。

ちなみに、これまでは争点となる政

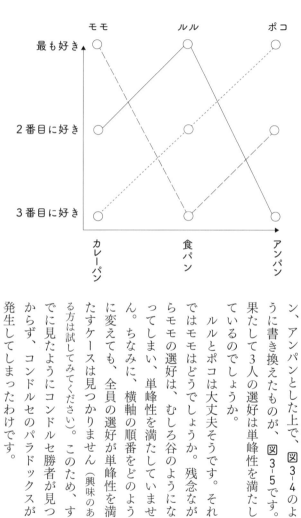

策が1つだけ（例：消費税率）の場合を考えましたが、それが複数の政策になると、話はより複雑になります。ただし、人々の選好について別の仮定を置けば、この場合でも、中位投票者の定理を示すことができます。[34]

ダウンズの政策収束定理

さて、この中位投票者の定理を、選挙での政党や候補者間の競争に当てはめると、どのようなことが言えるでしょうか。以下では、アンソニー・ダウンズという有名な学者が考えた、今日、**ダウンズ・モデル**（Downsian model）と呼ばれるモデルを使って見ていきます。[35]

以下では、大人になったルルとポコが選挙に出馬している状況を考えます。2人は、この選挙の争点である消費税率を、どれぐらいの値にしようか考えています。あまりに高すぎては多くの有権者の支持を得られませんし、逆に低すぎても十分な支持を得られません。さて、どうしたらいいでしょうか。ちなみに、以下では、国民全員が必ずどちらかの候補者に投票すると

＊34　消費者の効用が**中間的選好**を満たす場合は、中位投票者の定理が成り立つことが証明できます。中間的選好については第4章でも少し触れます。
＊35　Downs, A. (1957). *An Economic Theory of Democracy.* New York: Harper & Brothers Publishers.

します。また候補者は、公約に書いたことをきちんと守るとします。

図3-6(a)(b)をご覧ください。有権者の中には、消費税率は0%がいいと言っている人から、20%がいいと言っている人までいます。0%から20%を希望している人まで、左から順番に並べたときに、ちょうど半分のところにいる人は、10%を希望しているとします。言い換えると、中位投票者の至福点は消費税率10%ということです。ということは、もし中位投票者の定理が成り立つのであれば、最終的に消費税率10%が選ばれるはずです。果たしてそうなるでしょうか。

図3-6(a)のケースでは、ルルもポコも中位投票者の右側に位置しています。例えば、ルルは12%を、ポコは15%を公約に掲げるケースなどが考えられます。この場合、有権者はどのように判断して投票するでしょうか。

まず、ルルの左側に位置する有権者を考えます。彼・彼女らは、自分の希望する消費税率になるべく近い税率を掲げる候補者に投票しますので、ポコではなく、ルルに投票します。同様にして、ポコの右側に位置する有権者は、ポコに投票します。それでは、ルルとポコと同じ位置にいる有権者も、それぞれの候補者に投票します。それでは、ルルとポコの間にいる人はどうでしょうか。同じ理屈で考えると、ちょうど2人の間の半分の点より左側の人たちはルルに、そして右側の人たちはポコに投票するはずです。

すると、ルルのほうが半分より多くの票を獲得しますので、選挙で勝ちます。しかし、ポコも手をこまねいて見ているわけではありません。では、彼はどうするかというと、15%では選

図3–6(a)

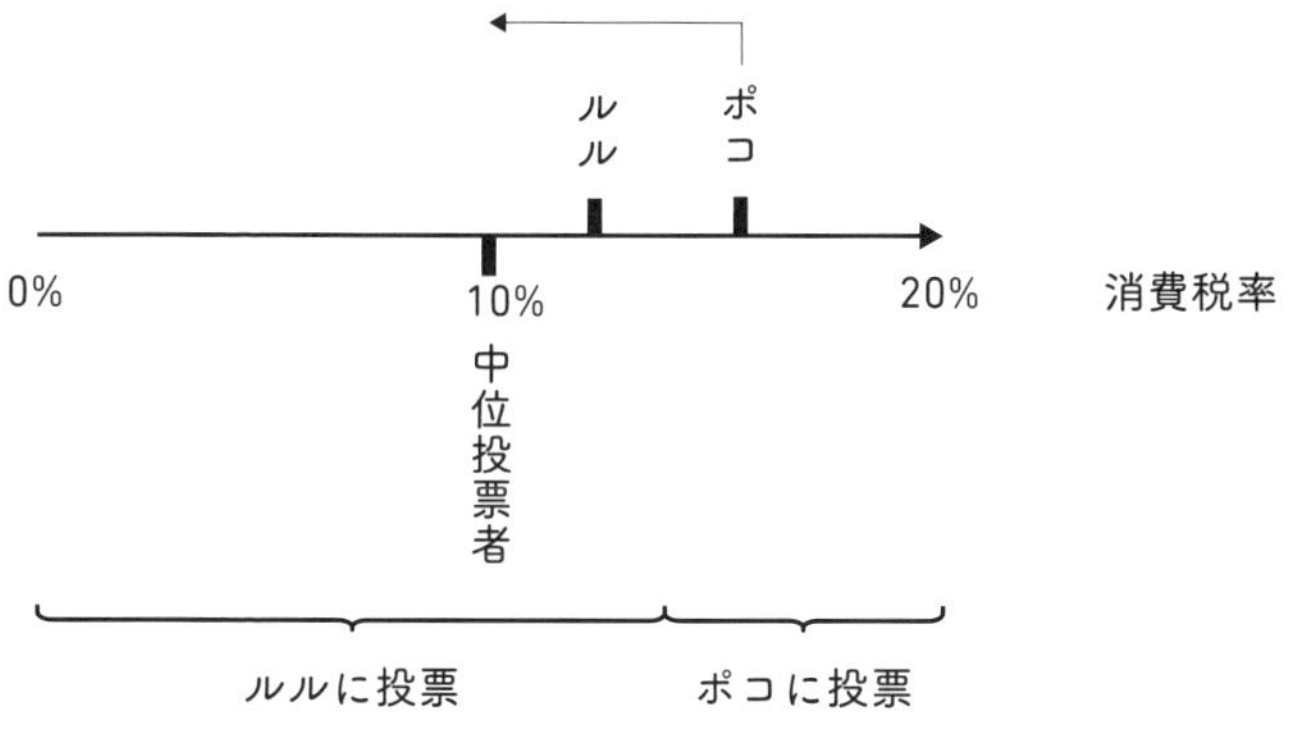
ルル
ポコ
0%
10%
20%
消費税率
中位投票者
ルルに投票
ポコに投票

図3–6(b)

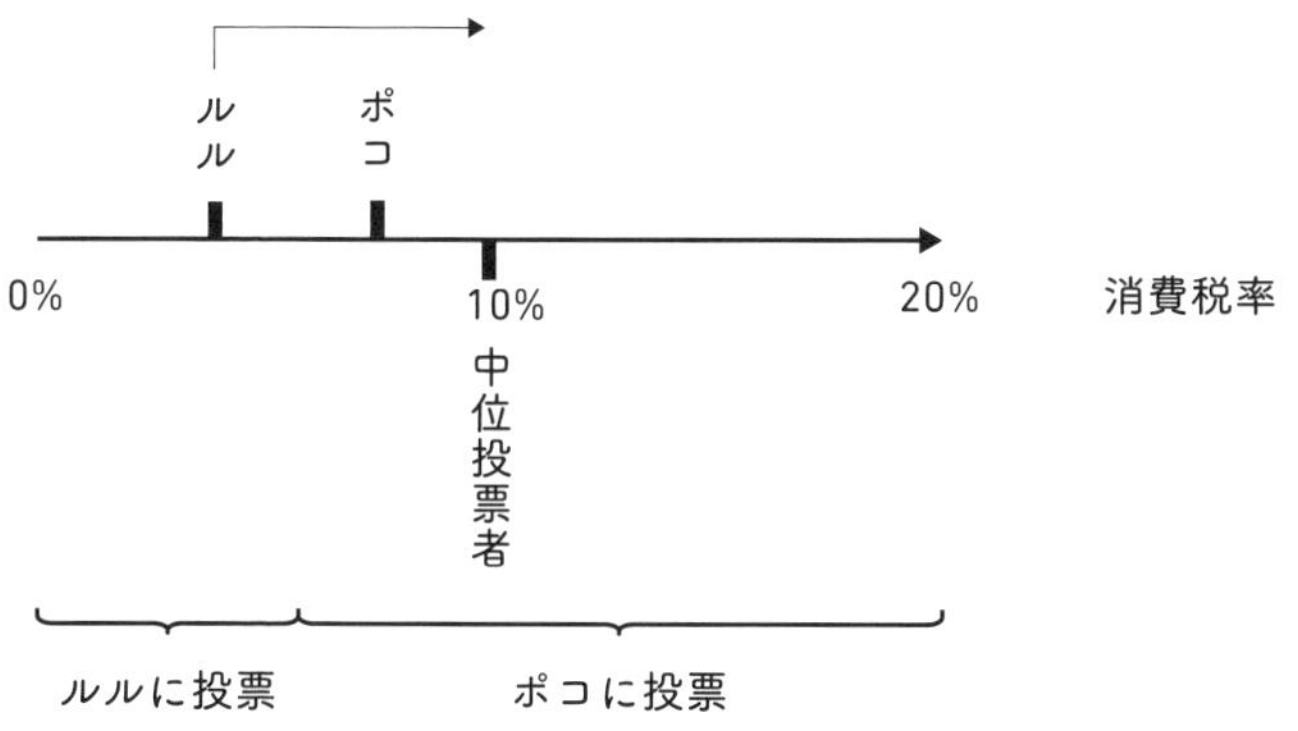
ルル
ポコ
0%
10%
20%
消費税率
中位投票者
ルルに投票
ポコに投票

挙で負けてしまうので、ルルより少しだけ左側の税率、例えば、11・9％を公約に掲げます。するとどうでしょうか。ポコの掲げる11・9％よりも左側に位置する有権者は、今度はルルではなく、ポコに投票します。そしてこの場合、選挙で勝つのはポコです。

しかし、これで黙っていないのが、ルルです。ポコが11・9％にするなら、自分は例えば11・8％にしようと考えます。すると、今度はルルが勝ちます。このように、ポコとルルは、選挙で勝つためになるべく多くの票を獲得しようと、中位投票者の望む10％に向かって、公約に掲げる消費税率をどんどん下げていきます。

逆に、最初の値が、図3-6(b)のような場合だとどうでしょうか。つまり、ルルもポコも、中位投票者の望む値よりも低い税率を公約に掲げる場合です。例えば、ルルは5％を、ポコは8％を掲げる場合などが該当します。この場合も同じように考えることができ、このままではポコに負けると思ったルルは、消費税率をポコよりも少しだけ高い税率（例えば、8・1％）にします。すると今度は、ポコが8・2％にして、というふうに、中位投票者の望む10％に向かって、競争しながら消費税率を上げていきます。

最終的に、このモデルの均衡（両者がそれ以上動かない点）は、中位投票者の望む10％です。本当にそうでしょうか。例えば、2人とも10％の位置にいるときに、ポコが少し逸脱して、10・1％にする場合はどうなるでしょうか。その場合は、ルルが半分以上の票を獲得して勝ってしまいます。ルルが逸脱する場合も同じです。このため、ルルもポコも、10％とは異なる値を選びたがりません。最後は、コイン投げをするなどして勝者を決めます。
以上をまとめると、以下の定理が導けます。

ダウンズの政策収束定理（Downsian Policy Convergence Theorem）　2人の候補者（2つの政党）は公約を述べ、それを守るとする。有権者全員の選好は、ある順序づけられた選択肢に関して単峰性を満たすとする。さらに、どちらも中位投票者の至福点を選んだときは、当選確率は半々とする。このとき、どちらの候補者（政党）も中位投票者の至福点を選ぶ。

つまり、これらの仮定が満たされる場合、候補者・政党の競争で最終的に選ばれる政策は、中位投票者の望むものになるということです。これは中位投票者の定理とともに政治経済学の重要な定理です。これらが、本章のタイトルの「選挙で最も影響力があるのは『真ん中の人たち』」ということの意味です。これは、民主主義のクセの一つと考えられます。

さて、これらの定理で述べられていることは、データと整合的なのでしょうか。最後にこの点を確認しましょう。確認の仕方ですが、仮に政策が中位投票者の至福点で決まっているのであれば、中位投票者が何かしらの理由で別の人たちに変わったら（例：今までAさんだったのが、突然Bさんになる）、その結果、政策も同じように変わるはずです。以下では、データを使って、このことを確認していきます。

では、どういうときに中位投票者が変わるのでしょうか。

いろいろと考えられますが、ここで着目するのは、有権者の構成がガラリと変わるようなケースです。具体的には、女性参政権の導入を考えます。つまり、これまで投票できたのは男性のみだったのが、導入以降、女性も投票できるようになるという大きな変化に着目します。

女性参政権の影響

さて、日本の国政選挙に関して、初めて女性が投票したのは、1946年です。つまり、女性の参政権が認められてから、まだ100年も経っていません。今では当たり前のようになっていることも、当たり前ではなかった時代があったということです。ちなみに第1章で、日本の民主制への移行は先進国の中では遅いほうだと述べましたが、スイスの場合は、全土で女性の参政権が認められたのは1991年です。バチカン市国ではいまだに認められていません。

さて、男性と女性では、政策に関する選好が必ずしも同じとは限りません。例えば、子どもの健康に関しては、男性よりも女性のほうが、そのような政策をより支持する可能性がありま す。仮にそうだとすれば、女性が投票できるようになった場合、子どもの健康に関する政府支出が増えることが予想されます。

このことを図示して考えてみましょう。図3-7は、図3-6と同様の図ですが、消費税率の

図3-7

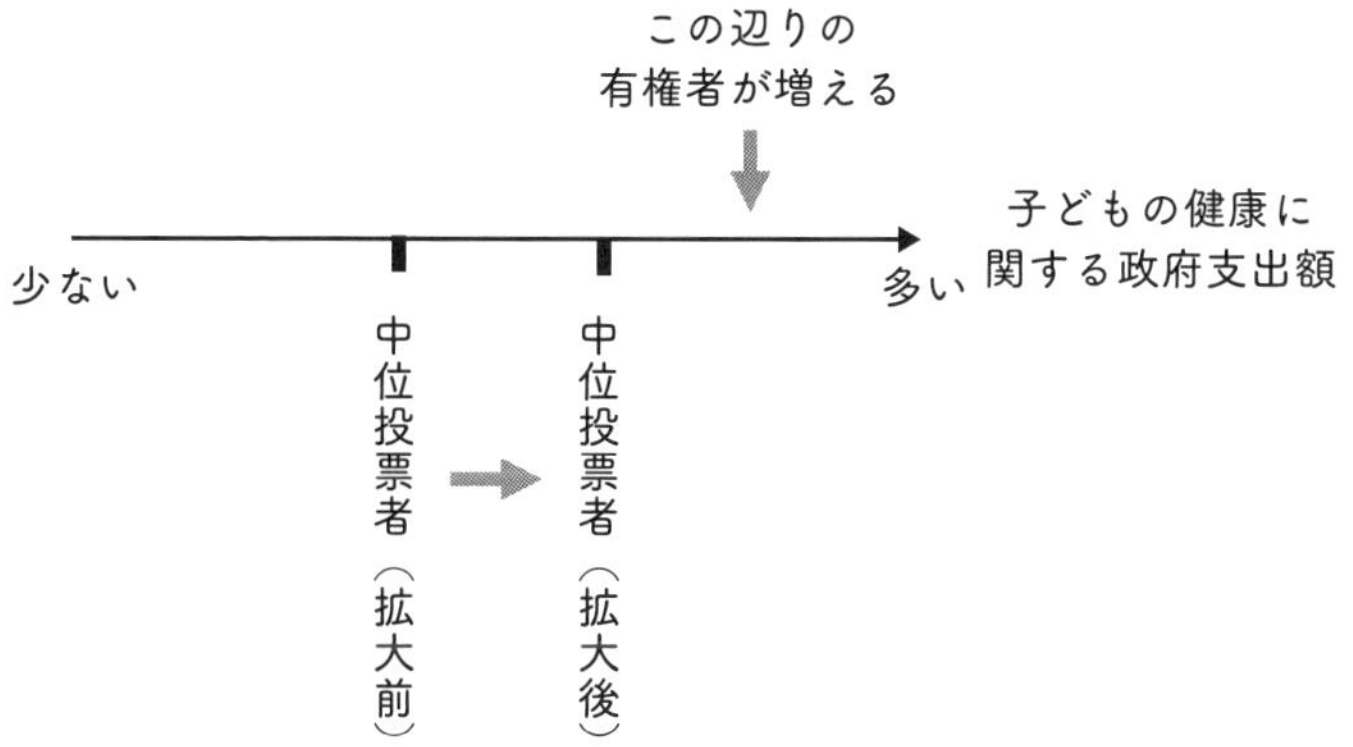

代わりに、子どもの健康に関する政府支出額を横軸に使っています。左にいくほど支出額は少ないほうがいいと思っている有権者がいて、逆に右にいくほど、それが多いほうがいいと思っている有権者がいる、というイメージです。

さて、女性の参政権が認められる前の中位投票者の位置が、「中位投票者（拡大前）」という位置で表されるとしましょう。次に、女性の参政権が認められると、恐らく図の右側のほうの有権者数がグンと増えますので、中位投票者の位置も、それに釣られて右のほうにシフトします。例えば、参政権拡大前は、中位投票者の左右に、それぞれ50人の男性がいたときに、参政権拡大によって100人の女性が中位投票者の右側に入ってきたとしたら、左側には50人、右側には150人いることになります。するとこの中位投票者は、もはや真ん中にいません。もっと右側にいる有権者が中位投票者になります。

以下ではアメリカの例を使って、参政権の拡大がどのように政策をシフトさせたのかについて見ていきます。アメリカを取り上げる理由の一つは、ダウンズの政策収束定理が想定しているような、二大政党制を取り入れている国だからです。

アメリカの女性参政権は、州によって認められた年が違います。図3-8に表したのが、それぞれの年です。ワイオミング州の１８６９年に始まり、１９２０年の合衆国憲法修正19条の発効までさまざまです。このように、州によってタイミングが違うという事実を使って、参政権拡大の影響を調べたのが、グラント・ミラーです。[36]

ミラーが使ったのは、第2章で紹介した因果推論の四天王のうち、ＤＩＤです。ＤＩＤは、データに表れる「傾きの変化」を使って、因果効果を識別します。

基本的なアイデアをご紹介します。話を単純にするために、A州とB州という隣り合わせの2つの州を考えます。このうち、A州では、１９１７年末の選挙時に女性の参政権が認められますが、B州ではもっとあとに認められるとします。

このとき、A州とB州の、子供の健康に関する年間政府支出額の推移を示したのが88ページの図3-9です。実線で表したのがA州の支出額で、一番下に破線で表したのが、B州の支出額です。実際は年ごとの値ですが、それらを繋いで線にしています。また、B州の破線をそのまま上に上げていったのが真ん中の破線です。

図3-8

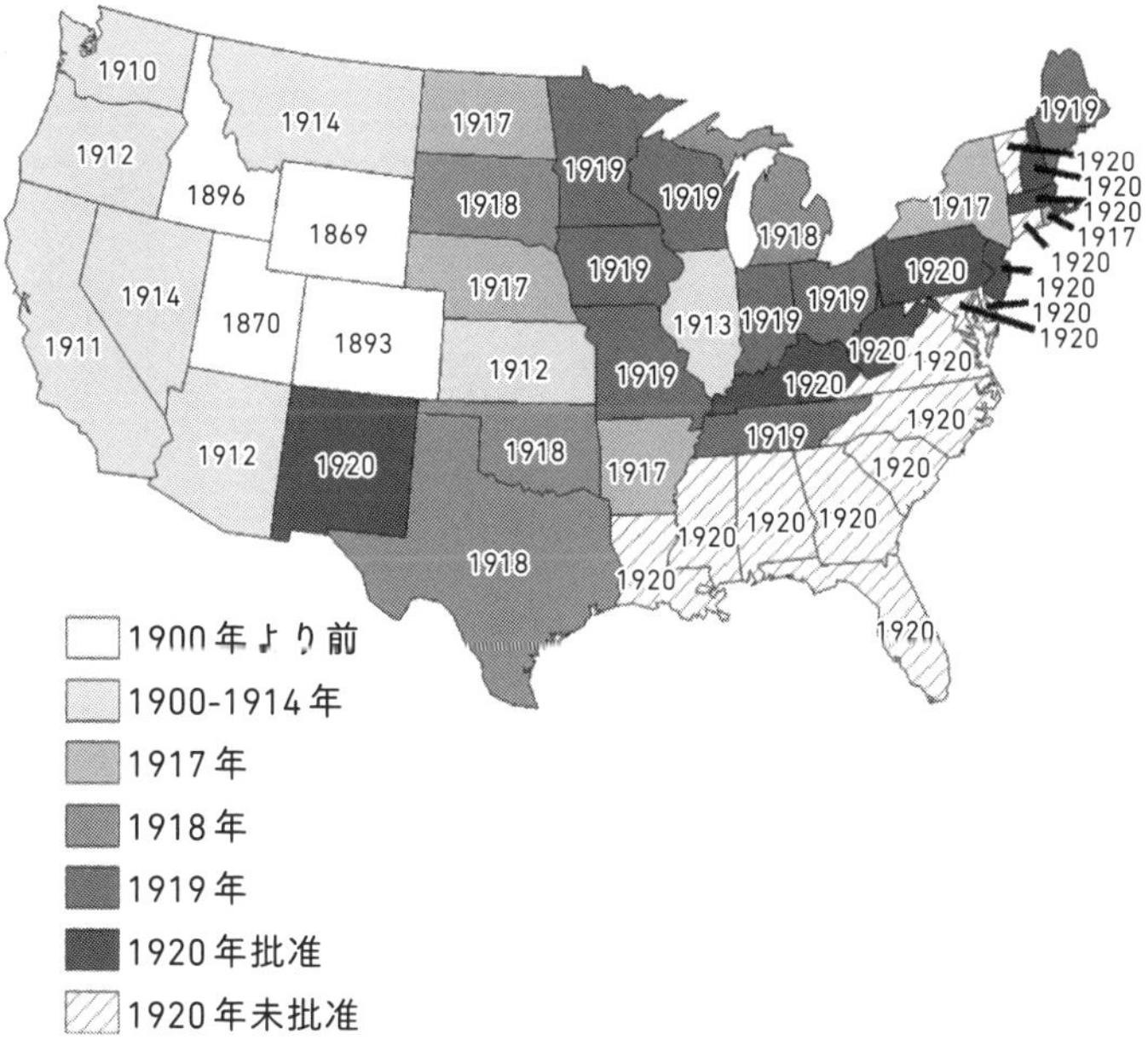

出典：Miller (2008).

図3–9

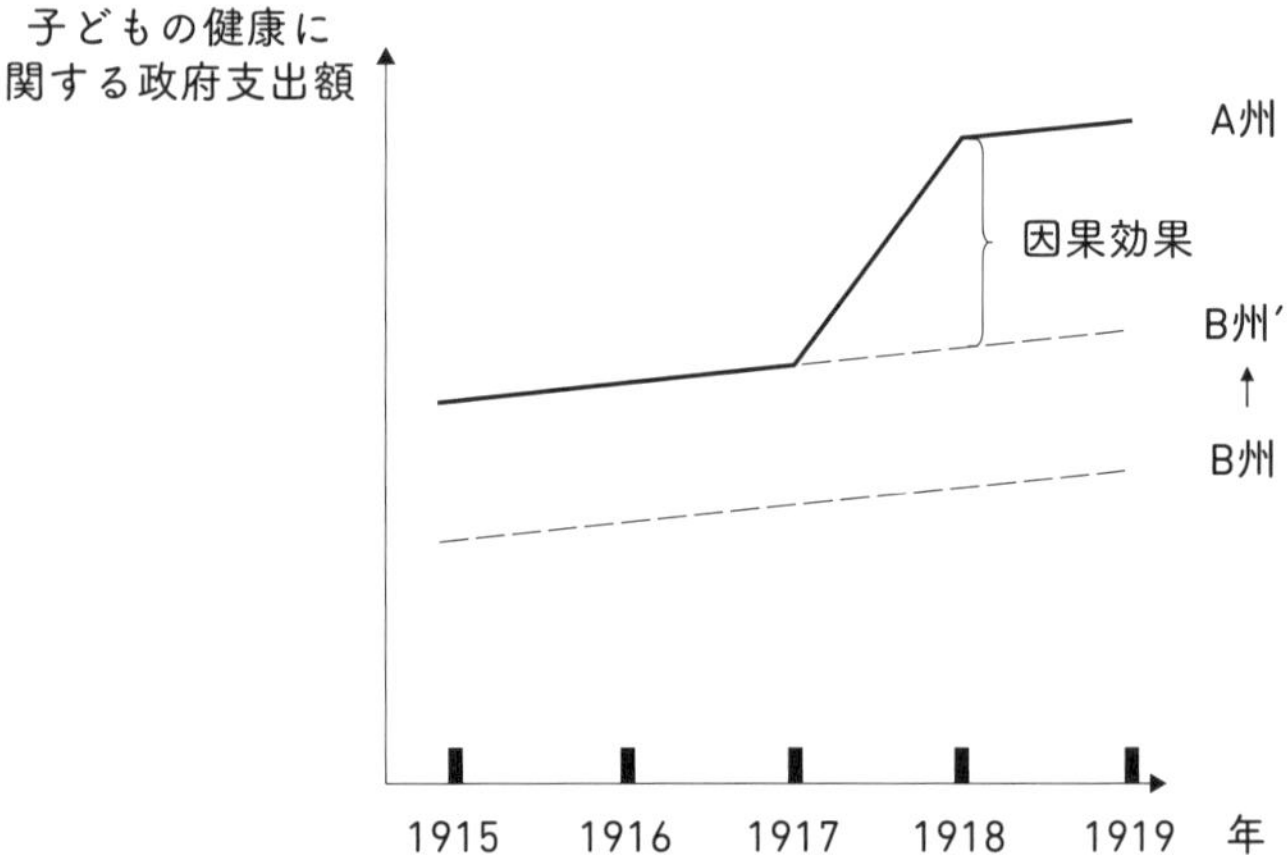

この図から、上に上げていったB州の線とA州の線を比べると、A州の支出額だけ途中で大きく増えていることがわかります。この水準の変化が因果効果を表しています。[37] この変化は、1917年から1918年にかけてA州の線の傾きが変わったことによって生み出されています。DIDは、データに表れる「傾きの変化」を使って因果効果を識別すると書きましたが、このことを意味しています。

DIDで因果効果を識別するためには、いくつかの仮定を満たす必要があります。とりわけ重要なのが、平行トレンドの仮定です。この仮定を満たすためには、A州とB州の支出額の推移は、参政権が拡大する直前まで似通っている必要があります。

また、参政権拡大と同じタイミングで、別の政策変化が起こっていない必要もあります。

仮にどちらかの州で別の政策変化があった場合、因果効果が何の効果を測っているのかよくわからなくなります。[38]

以上、州の数が2つの場合を考えましたが、実際はそれ以上の数の州があり、さらに参政権拡大のタイミングも州によって異なります。このため、本当はもっと複雑な話なのですが、傾きの変化を使って因果効果を識別するという基本的な考え方は一緒です。

ミラーがこの手法を使って分析したところ、参政権の拡大により、自治体の財政支出額が増えたことがわかりました。また、その内訳を見てみると、子どもの健康に関する支出額が増えたことがわかりました。以上は、少なくとも定理と整合的な結果です。[39]さらに、参政権の拡大

＊36 Miller, G. (2008). "Women's Suffrage, Political Responsiveness, and Child Survival in American History." *The Quarterly Journal of Economics*, 123 (3), 1287-1327

＊37 図3-9で、B州の線を上に上げて、それとA州の線を比べた理由は、拡大前のA州とB州の支出額の差を取り除くためです。より正確には、まず、1918年と1919年の支出額の平均値に関して、A州の平均値からB州の平均値を引き算し、差分を取ります。これで、拡大後のA州とB州の違いがわかります。次に、1915年から1917年までの支出額に関しても同じように差分を取ります。これで、拡大前からもともとあったA州とB州の違いがわかります。最後に、前者から後者を引き算し、差分をとります。こうすることで、拡大後の差分から、もともとあった差分を取り除くことができます。この差分の差分が因果効果です。差の差法という名前はここから来ています。

＊38 この他、参政権拡大を予測して前もって政策が変わらないことや、参政権を拡大していない州の政策に影響を及ぼさない必要があります。

図3-10

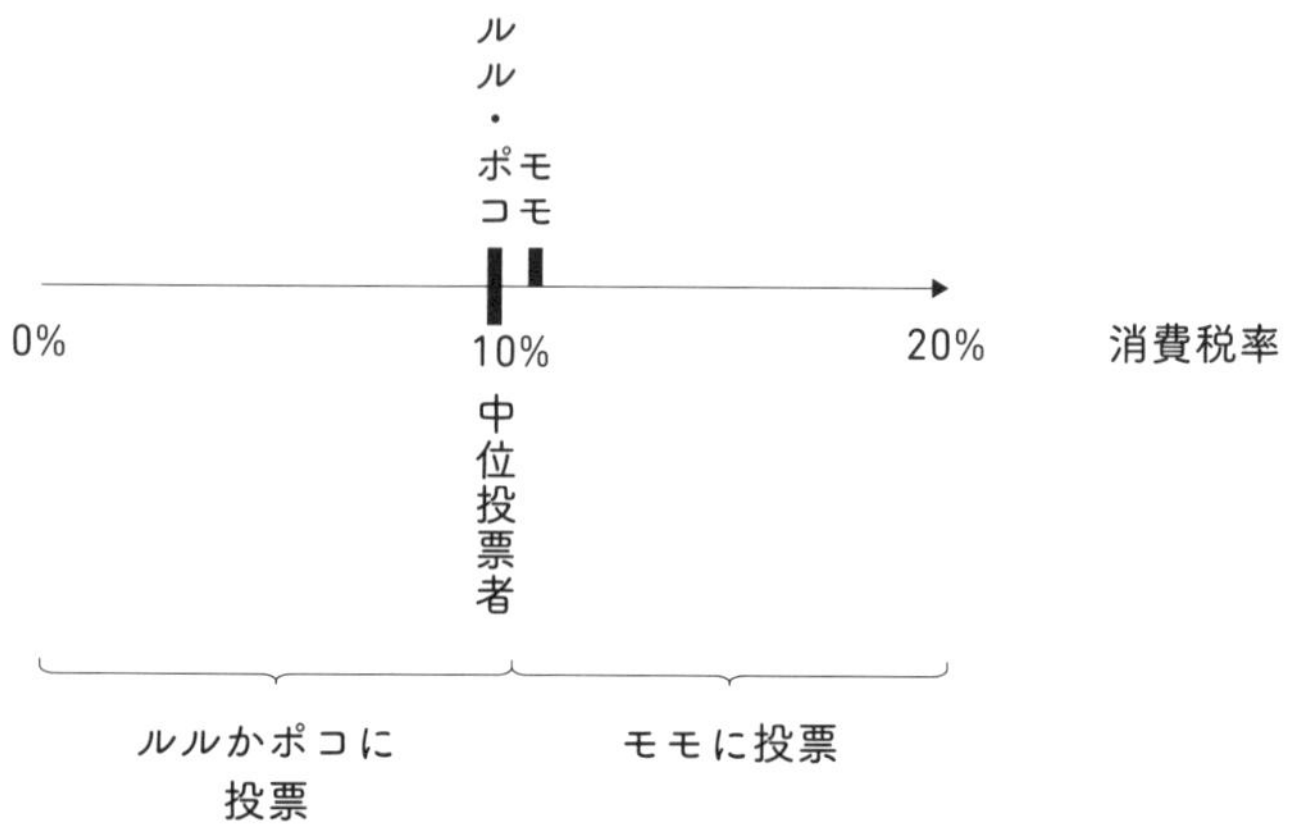

は子どもの死亡者数にも影響を及ぼします。参政権拡大によって、1歳から9歳の子どもの死亡者数が減ったのです。

しかし、ダウンズの政策収束定理にも限界があります。例えば、候補者が3人になると成り立たなくなるケースが出てきます。そのことを見るために、先ほどのポコとルルに加えて、モモという第3の候補者を考えます。

仮に、3人とも中位投票者の位置にいるとします。候補者が2人であれば、どちらもそれ以上動かないのはすでに見ましたが、3人の場合だとどうでしょうか。

例えば、図3-10のように、モモが少しだけ中位投票者の位置から右に動くとどうでしょうか。すると、まず、モモと同じ位置にいる人たちとそれよりも右側の人たちはモモに投票します。次に、モモの左側から中位投票者の間に位置する人たちも、右半分がモモに投票します。残りの人たちは、ルルかポコに投票します。というわけで、モモは、右に少しだけ動いたことにより、より多くの票を獲得することができます。

この例ではモモが動くケースを考えましたが、それはルルでもポコでも構いませんし、動くのは左でも構いません。重要なのは、この場合は全員が中位投票者の場所にとどまることができない（誰かが必ず動こうとする）、ということです。このように複数の候補者がいるケースは、第6章で扱う別のモデルで考えます。

上級編：アローの不可能性定理

本章の冒頭で学んだコンドルセのパラドックスは、ケネス・アローという大経済学者が証明した、**アローの不可能性定理**（Arrow's Impossibility Theorem）という有名な定理と密接に

＊39 アメリカにおける女性参政権に着目した研究は他にもあり、例えば、女性への参政権の拡大が、州の政府支出額を増やした（＝州政府を大きくした）という研究があります。Lott, Jr., J. R. and L. W. Kenny (1999). "Did Women's Suffrage Change the Size and Scope of Government?" *Journal of Political Economy*, 107 (6), 1163-1198.

関連しています。民主主義を考える上でとても重要な定理ですので、以下でご説明したいと思います。しかし、少し込み入った話になりますので、上級編としてあります。

さて、アローの不可能性定理ですが、その話をするために、2人以上の構成員からなり、3つ以上の選択肢からなる社会を考えます。本章の冒頭で取り上げた例では、構成員はルル、モモ、ポコの3人、選択肢はアンパン、食パン、カレーパンの3つなので、これらの条件を満たしています。

このとき、構成員一人一人の選好に関して、2つの仮定を置きます。

仮定1（完備性）　任意の2つの選択肢について、どちらを好むか、あるいは無差別かがわかる。

仮定2（推移性）　任意の3つの選択肢（x, y, z）について、yよりもxが望ましいか無差別で、zよりもyが望ましいか無差別ならば、zよりもxが望ましいか無差別。

これだけではよくわかりませんので、パンの例を使って補足します。仮定1は、任意の2種類のパンについて、どちらを好むか、あるいは無差別かがいえるということです。この無差別というのは、同じだけ好き（嫌い）、ということです。ある人がアンパンと食パンで無差別ならば、アンパンと食パンが同じだけ好き（嫌い）、ということです。先ほどの例では、アンパンより食パンが好きなどのように、3人ともすべてのパンの種類について自分の選好を表明していました。ですので、仮定1は満たしています。ちなみに、どの人にとっても無差別な選択肢はありませんでした。

次に仮定2は、例えばアンパンよりも食パンが好きで、食パンよりもカレーパンが好きならば、アンパンよりもカレーパンが好きということが成り立つ、ということです。例えば、ある構成員の選好について考えたときに、アンパンよりもカレーパン、カレーパンよりも食パン、食パンよりもアンパンが好きという感じで堂々巡りしていない必要があります。先ほどの例では、この仮定も満たされていました。

ある社会の構成員の選好がこれら2つの仮定を満たすとき、その人は「合理的」と言います。ここでは、すべての構成員が合理的と仮定します。

続いて、これらすべての構成員の選好が、何らかのかたちで社会的な選好（社会的に好ましい順番。以下、社会選好）に変換できるとします。

（3-1）

R(社会) = Rule(R(ルル), R(モモ), R(ポコ))

このうち、「R（ルル）」というのは、ルルのパンに関する選好（食パンが一番好き、二番目がカレーパン、三番目がアンパンといった順番のこと）、「R（モモ）」というのはモモの選好、「R（ポコ）」というのはポコの選好を表しています。この{R（ルル）, R（モモ）, R（ポコ）}という3人の選好の集合を、「選好の集まり」と呼んでおきます。その名の通り、3人の選好の集まりです。

（3-1）式が示しているのは、これら3人のそれぞれの選好を、「Rule」というあるルールを使って、社会選好（「R（社会）」）に変換できるということです。このときのRuleを「集計ルール」と呼びましょう。例えば、すでにお話ししたボルダ得点は、そのような集計ルールの一つです。（3-1）式を簡単に言い換えると、構成員の選好を集計ルールに入力すれば、社会選好が出てくるというような意味です。

先ほどの図3-3の例を使って具体的に考えてみましょう。ボルダ得点を使って、最も好きなパンに3点、2番目に好きなパンに2点、3番目に好きなパンに1点あげるとしますると図3-3から、

食パン　　7点
アンパン　6点

カレーパン　5点

ということがわかります。つまり、この場合の社会選好は、1位食パン、2位アンパン、3位カレーパンです。図3-3に表された3人のそれぞれの選好を、ボルダ得点という集計ルールに入力することで、社会選好（社会的に好ましい順番）が出てきました。

以下では、この社会選好についても完備性と推移性が満たされると仮定します。これらの意味は、先ほど個人の選好について定義したものと同じですが、それが社会選好についても満たされるということです。

次に、集計ルールは、社会の構成員のどのような選好の集まりについても当てはめることができるとします（定義域の非限定性）。

さらに、この集計ルールについて、民主主義と密接に関連する以下の3つの条件を考えます。これが重要なポイントです。

条件A（パレート効率性）　仮にすべての構成員にとってyよりもxが好ましいなら、社会的にもyよりxが好ましい。

条件B（無関係な選択肢からの独立性）　任意の2つの選択肢についての社会選好は、それらの選択肢に関する各構成員の選好の集まりのみによって決まる。

条件C（非独裁制）　ある特定の構成員の選好のみが社会選好を決めるのではない。

このままでは少し難しいので簡単に言い換えます。まず条件Aは、例えば仮に3人ともアンパンより食パンを好むなら、社会的にもアンパンより食パンが好まれるということです。これは、逆にそうなってくれないと困る気もします。

次に条件Cは、社会選好は、ある特定の構成員（例えば、ルル）の選好のみによって決まるのではないということです。逆に、ある特定の構成員の選好のみによって社会選好が決まることを**独裁制**と言います。民主主義社会を希望する場合、独裁制は避けたい気がします。

最後に条件Bですが、少し難しいので簡単な例を考えましょう。ルルとモモだけを考えて、彼女らが次のような選好の集まりを持っているとしましょう。

ルル　（最も好き）アンパン　（2番目）カレーパン　（3番目）食パン
モモ　（最も好き）食パン　（2番目）アンパン　（3番目）カレーパン

ここでボルダ得点という集計ルールを考えて、1番目が3点、2番目が2点、3番目が1点とします。すると、社会選好は、

アンパン　5点
食パン　4点
カレーパン　3点

という順番になります。以下では、条件Bに書かれている「任意の2つの選択肢」として、アンパンと食パンという2つの選択肢に注目して考えてみます。

　さて、ここで彼女らが以下のような全く別の選好の集まりを持っているとしましょう。

ルル　（最も好き）アンパン　（2番目）食パン　（3番目）カレーパン
モモ　（最も好き）食パン　（2番目）カレーパン　（3番目）アンパン

注意していただきたいのは、アンパンと食パンという今注目している2つのパンについては、順番が変わっていないということです。違うのは、カレーパンとそれらのパンとの間の相対的な順番だけです。

　すると、社会選好は、同じくボルダ得点を使って集計すると、

食パン　5点

アンパン　4点
カレーパン　3点

となります。つまり、個々人のアンパンと食パンの順番については変わっていないのに、2つ目の選好の集まりのもとでは、アンパンと食パンの社会選好が変わってしまいました（1位と2位が逆転してしまいました）。このような場合は、条件Bが満たされていません。逆に条件Bを満たすためには、相対的な順番が変わっても、社会的な順番は変わらない必要があります。ですので、ボルダ得点という集計ルールはそれを満たさないということがわかります。

これらを踏まえた上でアローが数学的に証明したのは以下の定理です。

アローの不可能性定理　条件AとBを満たす集計ルールは、独裁制である。

言い換えると、条件AとBを満たす集計ルールを考えた場合は、ある特定の構成員（例えば、ルル）の選好のみによって社会選好が決まるということです。別の言い方をすれば、条件A、B、Cがすべて成り立つような集計ルールは存在しないということです（ですので、「不可能性」定理と言います）。

これら3つの条件がすべて同時に成り立たないので、人びとの選好を集計する場合には、いずれかの条件を諦めたり緩めたりしないといけません。例えば、条件AとCは民主主義的にどうしても捨てがたいということであれば、条件Bを緩める手が考えられます。しかし、ボルダ得点の例で示したように、条件Bを緩めることにもコストがつきまとうことは念頭に置いておく必要があります。

Column 2

知的には左翼だが、収入的には右翼？

第

4章では、所得の低い人たちのほうが左寄り、高い人たちのほうが右寄りという話をします。この見方は、プロレタリアート（労働者階級）とブルジョア（資本家階級）という階級の話とも関連しています。また、所得ではなく教育水準に関しては、少なくとも50年代、60年代の欧米においては、教育水準の低い人たちのほうが左寄り、高い人たちのほうが右寄りだったことがデータからわかっています。

しかし、この傾向は時代を追って変わってきています。『21世紀の資本』（邦訳みすず書房）の著者でもあるトマ・ピケティらが欧米のデータを使って分析したところ、所得に関しては傾向が変わらないものの、教育水準に関しては、それが高い人たちは、時代を追うごとに徐々に左寄りになっていることがわかりました。最近では傾向が逆転してしまい、むしろ教育水準の高い人たちが左寄り、低い人たちが右寄りになっています。

では、どうしてそのような逆転現象が起きてしまったのでしょうか。

研究者たちによると、その理由はいくつか考えられます。まず、１９７０年代と80年代に、エコロジーや脱炭素などを掲げる緑の党と、反移民を掲げる政党が登場したのが要因の一つです。

教育水準の高い有権者ほど緑の党に投票し、逆に反移民政党に投票しない傾向があります。

しかし、要因はこれだけではありません。次に、研究者たちが政党のマニフェストを分析したところ、「経済的な軸」に関しては昔からほとんど変化がないが、「社会文化的な軸」に関しては、右と左で分極化が進んでいることがわかりました。このうち経済的な軸は、第2章でもご説明した、「大きな政府か小さな政府か」という話です。左寄りの政党は大きな政府を掲げ、右寄りの政党は小さな政府を掲げる傾向は、昔からほとんど変わりません。

一方、社会文化的な軸に関しては、右寄りの政党は、政治権力・伝統的な倫理観、多文化主義への否定的な態度をマニフェストに書くようになり、左寄りの政党は、環境・マイノリティ保護、多文化主義への肯定的な態度を書くようになってきています。これが、分極化が進んでいるということの意味です。

そして、教育水準の高い有権者は社会文化的に左寄りの政党を支持し、教育水準の低い有権者は社会文化的に右寄りの政党を支持するという傾向が、近年ますます強まっていることもわかりました。言い換えると、経済的な軸とは異なる軸がこの現象を引き起こしていると言えます。

民主主義は階級的なものから、より多次元的なものへと進化しているようです。

参考文献　Gethin, A., C. Martínez-Toledano, and T. Piketty (2022). "Brahmin Left Versus Merchant Right: Changing Political Cleavages in 21 Western Democracies, 1948-2020." *The Quarterly Journal of Economics*, 137 (1), 1-48.

第4章

民主主義は政府を大きくする？

この章の要約

・民主主義の発展によって、政府は大きくなる。

キーワード

所得階層ごとの政治的な好み

中位投票者と平均投票者

所得階層ごとの政治的な好み

第2章では、右寄りの人たちは小さな政府を好み、左寄りの人たちは大きな政府を好むということを見ました。続く第3章では、選挙では、中位投票者が好む政策が選ばれるということを見ました。本章では、これら2つのことを関連させて考えていきます。その上で、民主主義の発展と政府の大きさの関係について見ていきます。

まず、簡単な財政のモデルを考えます。[40]ある国には国民がN人いるとします。彼・彼女らは、全員が選挙で投票するとします。そして、国民の一人であるルルの効用が、以下のように表されるとします。[41]

＊40　ここで使用するモデルは、Persson and Tabellini (2000) を参考にしています。
＊41　厳密には、効用「関数」というほうがより正確なのですが、本書では効用としています。

（4-1）

$$c_{ルル}+V(G)$$

このうち「$c_{ルル}$」は、ルルが自分自身の消費から得る効用を表し、「V(G)」は、彼女が政府支出額Gから得る効用を表しています。

いきなり「効用」という言葉が出てきて驚いている方もいらっしゃるかもしれません。効用というのは、人々の幸福度を数字で置き換えたものというようにイメージしてください。前章ではパンの選好について考えましたが、そのときは、アンパンよりも食パンが好きなどのように、好きな順番を考えました。一方、効用の場合は、アンパンの消費から得られる効用は50、食パンの消費から得られる効用は100などのように、順番ではなく具体的な数字の大小を考えます。例えば、$c_{ルル}=100$ならば、ルルが自分の消費（例えば、食事をする、洋服を買うなど）から得る効用は100ということです。

同様にして、V(G)のほうは、政府支出額G（例えば、教育や道路など政府が提供するもの。詳しくは、第2章を参照）からルルが得る効用です。例えば、$V(G)=100$ならば、ルルが政府支出から得る効用は100ということです。ですので、この場合のルルの効用は、$c_{ルル}+V(G)=100+100=200$

になります。

次に、他の国民の効用もルルと同じように書けるとします。例えば、モモとポコの効用は、それぞれ、

(4-2)

$$c_{モモ}+V(G)$$

と、

(4-3)

$$c_{ポコ}+V(G)$$

と書けます。一つ注意していただきたいのは、$c_{ルル}$、$c_{モモ}$、$c_{ポコ}$などは、人によって違う値をとることができますが、V(G)は全員が同じ値をとると仮定していることです。このため、V(G)には個人の名前が付いていません。以下では、Gを国民の数で割った平均値を、小文字のg(＝G/N)

と書くようにします。国民の数で割っていますから、国民一人当たりの政府支出額という意味になります。

この国の国民一人一人は政府に税金を支払います。税率は全員同じと仮定した上で、それを「t」で表し、各個人の所得に税率をかけた分が税金として支払われるとします。例えば、ルルが政府に支払う税額は、

（4-4）

$$t \times y_{ルル}$$

と表せます。ただし、「$y_{ルル}$」は、ルルの所得です。例えば単位を万円とすると、ルルの所得が500万円のとき、$y_{ルル}=500$ と書けます。したがって、税率が5％で年収が500万円なら、ルルが支払う税金は、0・05×500＝25万円です。一方、彼女に残された額は、

（4-5）

$$(1-t) \times y_{ルル}$$

です。これは税引き後の所得で、可処分所得を表します。今の例ですと、（1－0・05）×500＝475万円です。以下では、ルルを含め、国民は手元に残ったお金をすべて個人消費に使うと仮定します。言い換えると、貯蓄などは考えないということです。この仮定のもとでは、ルルが自分自身の消費から得る効用$c_{ルル}$は、この可処分所得と等しくなります。つまり、

（4-6）

$$c_{ルル}=(1-t)\times y_{ルル}$$

です。第2章では政府の予算制約式が出てきましたが、それに対し、この式は**消費者の予算制約式**と呼ばれます。収入と支出が等しくなるという意味では、政府の予算制約式の場合と考え方は一緒です。

さて、所得の話が出てきましたので、次に、国民の所得（年収）はそれぞれどれぐらいなのかを考えます。仮に人々を所得順に左から右に並べると、所得階層ごとの人々の割合が次ページの**図4-1**のように分布しているとします（以下、所得の分布のことを「所得分布」と呼びます）。この図の見方ですが、まず横軸は、所得を100万円単位で分けています。例えば、「200万～300万円」というのは、所得が200万円以上300万円未満という意味です。一方、縦軸は、全

図4-1

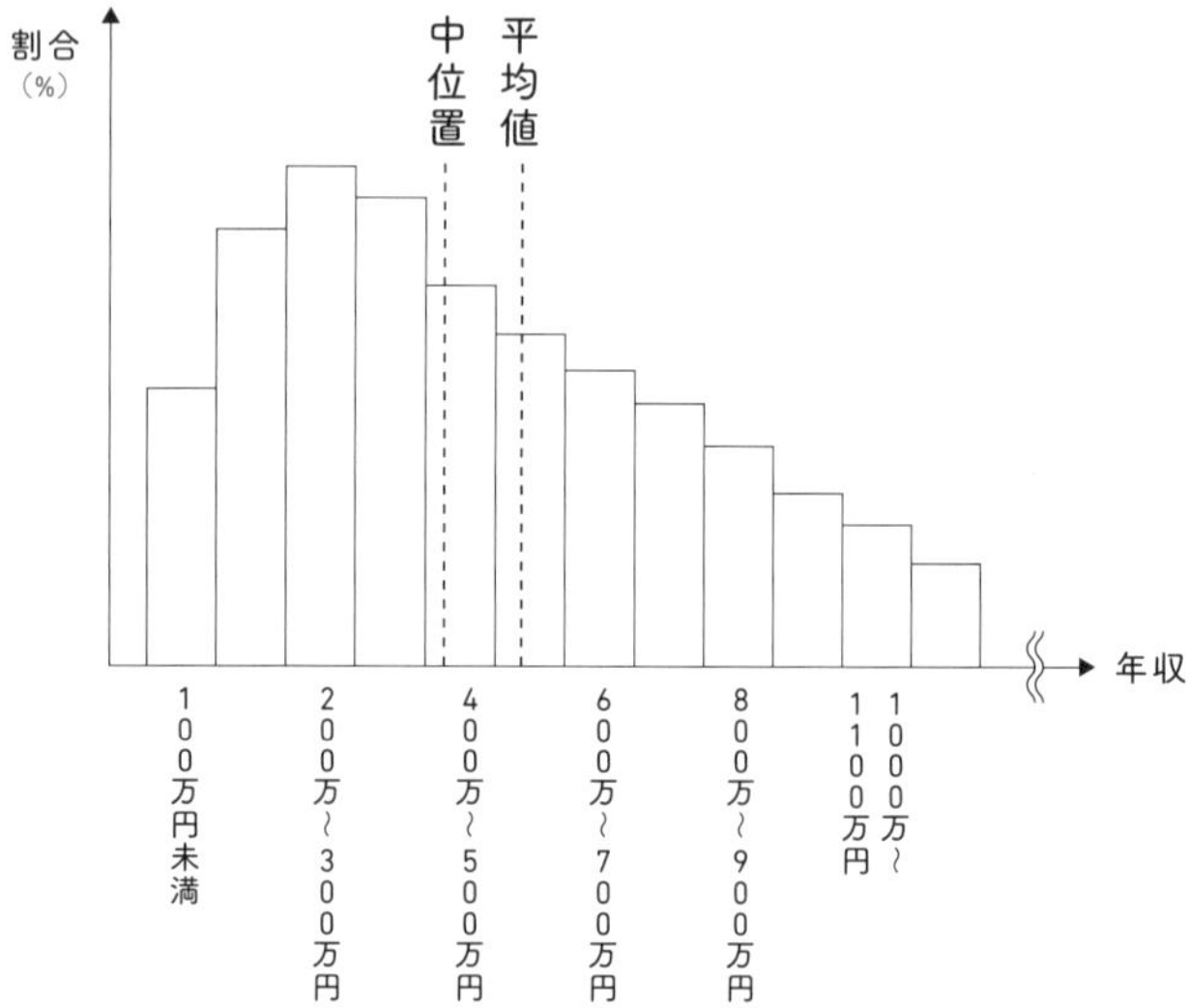

人口に占める割合です。例えば、「200万~300万円」の縦軸の値が13ならば、所得が「200万~300万円」の人たちは、全人口の13%を占めているという意味です。

実際、日本人の所得分布をデータで見てみると、このように右に裾野が長くなります。裾野が右に長いというのは、ごく一部の人たちの所得が、ほかの人たちのそれと比べて非常に高いということです。このことは、日本以外の多くの国についても当てはまります。

右に裾野が長い分布の特徴の一つは、**図4-1**に示している通り、平均値が中位値よりも右側に位置するということです。このうち、平均値は平均の値のことですが、中位値は、前章でも出てきたように、右から数えても左から数えても真ん中の値のことです。例えば、厚生労働省が2019年に行った国民生活基礎調査によると、平均値は552・3万円で、中位値は437万円でした。

では、右に裾野が長いと、平均値が中位値よりも右側に位置するのはなぜでしょうか。それは、平均値が高所得者によって右のほうに引っ張られるからです。例えば、年収数億円など、所得がとても高い人たちがいると、平均値がそれに引っ張られて大きな値になります。一方、中位値は、人の数を所得の低いほうから、あるいは高いほうから数えたときの真ん中の値ですので、どれだけ高所得者の所得が高くなっても、その影響を受けることはありません。以下では、中位値の所得を「$y_{中位値}$」、そして平均値の所得を「$y_{平均値}$」と表すことにします。

次に、この国の政府について考えます。政府が得る税収は、国民一人一人から集めた税金をすべて足し合わせたものです。つまり、

(4-7)

$$t \times y_{ルル} + t \times y_{モモ} + t \times y_{ポコ} \cdots = t \times (y_{ルル} + y_{モモ} + y_{ポコ} \cdots) = t \times Y$$

です。最後の「Y」というのは、国民一人一人の所得をすべて足し合わせたものです。[42] 仮にこ

れを国内総所得と呼ぶと、これは国内総生産（GDP）と常に等しくなります（このことを三面等価の原則と言います）。ですから、YはGDPと解釈することもできます。そして、このYを国民の数Nで割ったものは、平均所得、あるいは一人当たりGDPです。以下では、これを、$y_{平均値}$（$=Y/N$）と表します。

ここで、第2章で扱った政府の予算制約式を思い出してください。国債を考えなければ、この$t\times Y$という税収は、政府支出額Gと等しくなります。つまり、

（4-8）

$$t\times Y=G$$

です。これで、消費者から支払われる税金の合計値（$t\times Y$）と、政府支出額Gが繋がりました。[43]

次に、消費者の効用に戻ります。消費者の予算制約式（（4-6）式）と政府の予算制約式（（4-8）式）を使うと、ルルの効用を、以下のように書き換えることができます。

（4-9）

$$c_{ルル}+V(G)=(1-t)\times y_{ルル}+V(G)$$
$$=\frac{Y\times(1-t)\times y_{ルル}}{Y}+V(G)$$
$$=(Y-G)\times\frac{y_{ルル}}{Y}+V(G)$$

そして、他の国民の場合も、同じように書き換えることができます。
次に、これら個人の効用を、国民全員分足し合わせます。

＊42 式では、ルル、モモ、ポコの3人だけしか書かれていませんが、残りの人たちは、「…」として省略されています。
＊43 このモデルは選挙のモデルなので企業は出てきません。

（4-10）

$$
\begin{aligned}
&\left((Y-G)\times\frac{y_{ルル}}{Y}+V(G)\right)+\left((Y-G)\times\frac{y_{モモ}}{Y}+V(G)\right)+\left((Y-G)\times\frac{y_{ポコ}}{Y}+V(G)\right)\cdots\\
&=\frac{Y-G}{Y}\times\left(y_{ルル}+y_{モモ}+y_{ポコ}\cdots\right)+\left(V(G)+V(G)+V(G)\cdots\right)\\
&=\frac{Y-G}{Y}\times Y+N\times V(G)\\
&=(Y-G)+N\times V(G)
\end{aligned}
$$

これは国民全員の効用を足し合わせたものですので、以下では、「社会効用」と呼ぶことにします。仮に政府の目的が社会全体の効用を最大にすることならば、政府はこの社会効用を最大にするような政府支出額Gを選びます。以下では、そのようにして選ばれたGを、社会効用を最も大きくする政府支出額という意味で、「社会的に最適な政府支出額」と呼びます。以下では、そのようなGをG^*と表し、それを国民の数Nで割ったものを小文字のg^*と表します。国民の数で割っていますので、このg^*は、社会的に最適な国民一人当たりの政府支出額です。

社会的に最適な政策

さて、社会効用を最大にするGは、どうやって見つければいいでしょうか。これを図的に考えてみます。仮に（4-10）式を図示したところ、次ページの図4-2の山のように表せたとします。横軸は政府支出額を表し、縦軸は社会効用を表しています。つまりこの図は、政府支出額（横軸）が変化したときに、社会効用（縦軸）がどう変化するかという関係を表しています。そして、この山の頂点が社会効用が最も大きくなる点ですので、頂点となる場所のGの値を求めることができれば、それが社会的に最適なG、すなわちG^*ということになります。

詳しい計算は本書の付録に載せますが、V(G)を自然対数と仮定した上で、社会的に最適な政府支出額を計算すると、

（4-11）

$$1 = N \times \frac{1}{G^*}$$

という式を導くことができます。

図4-2

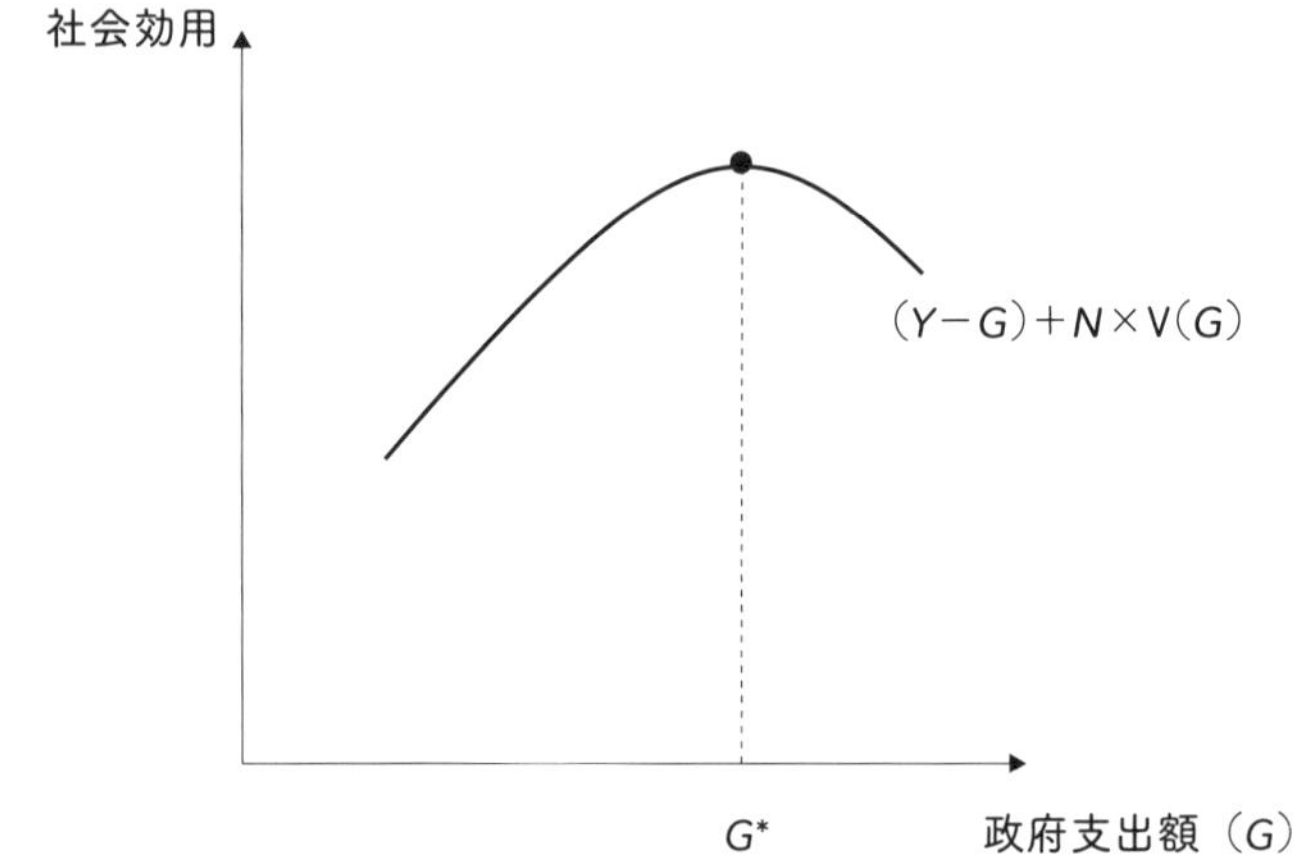

　まず、式の左側は、政府支出額を一単位増やすことからくる社会的な「コスト」を表しています。政府支出を増やすと、（税金が増えるので）可処分所得が減ってしまうことを表しています。（4-10）式でいうと、「Y－G」の部分が該当します。Gを1単位増やすと、その値は1単位減ります。

　次に、式の右側は、政府支出額を一単位増やすことからくる社会的な「ベネフィット」を表しています。政府支出を増やすと、人びとのV(G)が大きくなることを表しています。（4-10）式でいうと、「N×V(G)」の部分が該当します。Gを1単位増やすと、その値はN×(1/G)だけ増えます。

　つまりこの式が示しているのは、政府支出額がG^*のときは、Gを1単位増やすことのベネフィットとコストが、ちょうど釣り合っているということです。[44]

この（4-11）式は、

（4-12）

$$g^*=1$$

と書き換えることができます。つまり、社会的に最適な国民一人当たりの政府支出額g^*は、「1」ということです。この1という数字自体はあまり重要ではないのですが、あとで比較することになりますので、g^*はこのような値になるということだけ覚えておいてください。

*44 仮に政府支出額がG^*よりも小さい場合は（つまり、図4-2のG^*よりも左側にある場合は）、政府支出額を1単位増やすことで生じるベネフィットがコストを上回ります。このため、図4-2で言うと、左側の山の斜面を、頂上に向けて進んだほうが（政府支出額をG^*に向けて増やしたほうが）、社会効用が上がります。同様に、政府支出額がG^*よりも大きい場合は（図4-2のG^*よりも右側にある場合は）、政府支出額を1単位増やすことで生じるコストがベネフィットを上回ります。つまり、右側の山の斜面を頂上に向けて戻ったほうが（政府支出額をG^*に向けて減らしたほうが）、社会効用が上がります。頂上では、このコストとベネフィットが釣り合っています。

選挙で選ばれる政策

次に、選挙という民主的なプロセスで政府支出額を決めたいと思います。ここでは中位投票者の定理が成り立ち、最終的に選ばれる政策は、中位投票者の至福点に一致するとします。[45]

それでは、この場合の中位投票者とは一体誰のことでしょうか。それは、図4-1で示した所得分布において真ん中に位置する人たち、つまり所得が中位値の人たちのことです。例えば、2019年の日本の場合ですと、所得が437万円の人たちです。

選挙で選ばれる政府支出額は、社会全体の効用（(4-10)式）を最大にする値ではなく、中位投票者個人の効用（(4-9)式の「ルル」を「中位置」に変えたもの）を最大にする値です。詳しい計算は付録に載せますが、選挙で選ばれる政府支出額を計算すると、

（4-13）

$$\frac{y_{中位置}}{Y} = \frac{1}{G^{**}}$$

という式を導くことができます。(4-11)式と同じように、式の左辺は、政府支出を1単位増

やすことのコストを表し、右辺はベネフィットを表します。ただし、社会全体のコストやベネフィットではなく、あくまで中位投票者個人に関するものだということに注意してください。

さらに、$y_{平均値}$＝Y/Nと定義したことを利用すると、この（4-13）式は、

（4-14）

$$g^{**} = \frac{y_{平均値}}{y_{中位値}}$$

と書き換えることができます。式の右辺は、所得の平均値を所得の中位値で割ったものです。

ここで、先ほど、所得は中位値よりも平均値のほうが大きくなる傾向があると説明したことを思い出してください。つまり、この場合、g^{**}は1よりも大きくなります。一方、g^{*}は1だったことを思い出してください。つまり、選挙で選ばれるg^{**}は、社会的に最適な値g^{*}よりも値が大きくなります。これは、選挙という制度によって生み出された「民主主義のクセ」の1つと

*45 第3章でも触れたように、消費者の効用が**中間的選好**（intermediate preference）という仮定を満たすならば、中位投票者の定理が成り立ちます。そして、このモデルの効用は、この仮定を満たしています。詳しくは、Persson and Tabellini (2000) などを参照。

いえます。

所得の平均値が中位値よりも大きいとき、選挙で選ばれる国民一人当たり政府支出額が中位投票者の至福点ならば、その値は、社会的に最適なものよりも大きくなる。

社会的に最適な政府支出額を導くときは社会全体の効用が考慮されますが、選挙で選ぶときは中位投票者の効用のみが考慮されます。そして、この違いが政府支出額の違いを生みます。ただし、次章で見るモデルでは、ある仮定のもとで、選挙で選ばれる政府支出額も社会的に最適なそれと等しくなります。つまり、これはあくまで、「選挙で選ばれる政府支出額が中位投票者の至福点」の場合に成り立つ話であることに注意してください。

また、社会的に最適な政府支出額は、「所得が平均値の人たち（以下、平均投票者）の効用を最大にする政府支出額」と言い換えることもできます。このことを確かめるためには、平均投票者の効用を最大にする政府支出額を計算する必要がありますが、それは、単純に（4-14）式の $y_{中位値}$ を、$y_{平均値}$ に置き換えるだけで求まります。このとき右辺は約分ができて、政府支出額は1、つまり社会的に最適な政府支出額と等しくなります。このことを踏まえると、以上の結果は、選挙で（平均投票者の選好ではなく）中位投票者の選好が選ばれることで生じていることがわかります。

ところで、所得の平均値が中位値よりも大きいとき、（平均投票者でなく）中位投票者の好みに合わせると、社会的に最適な値よりも政府支出額が大きくなってしまうのはなぜでしょうか。

前提として、所得の高い人たちはより小さな政府を希望（つまり、より小さなGを希望）し、所得の低い人たちは、より大きな政府を希望（つまり、より大きなGを希望）する傾向があることを踏まえる必要があります。これは、政治経済学で常識のようにとらえられていることなので強調しておきます。

所得の高い人たちは小さな政府を希望し、所得の低い人たちは大きな政府を希望する。

どうしてそうなるのでしょうか。

モデルの中の人たちは税金を払い、代わりに政府支出を得ていたことを思い出してください。このとき、所得の高い人ほど税金をより多く払いますが、返ってくる政府支出額は全員一緒でした。これが原因で、所得の高い人たちは、政府支出から得られるものよりも税金として支払う分をより割高に感じます。このため、彼・彼女らはより小さな政府を希望します。

より詳しく知りたい人向けの説明

ある個人iの消費者の効用（これは個人の効用で、社会効用ではないことに注意してください）を最大にするようなGを選ぶと、以下の式を導くことができます。

$$\hat{G}_i=\frac{Y}{y_i} \quad (4\text{-}15)$$

この$\hat{G}_i$というのは、その個人が望ましいと思っている政府支出額です。この式の分母にはその人の所得が入っています。つまり、個人の所得がどれぐらいかによって、それぞれが望ましいと思う政府支出額が異なるということがわかります。分母の値が大きい人、つまり所得の高い人ほど、個人にとって望ましい政府支出額は小さくなります。逆に、分母の値が小さい人ほど、つまり所得の低い人ほど、$\hat{G}_i$は大きくなります。これが、「所得の高い人たちは小さな政府を希望し、所得の低い人たちは大きな政府を希望する」ということの意味です。

どうしてこうなるのでしょうか。その理由を、ルルの効用（〈4-9〉式）を使って考えてみます。

〈4-9〉

$$(Y-G)\times\frac{y_{ルル}}{Y}+V(G)$$

このうち1つ目の項（$(Y-G)\times y_{ルル}/Y$）は、所得のうち税金を支払った後に残った分、つまり可処分所得です。そして支払われた税金は、政府支出というかたちで自分たちに返ってきます。ルルは、そのGから$V(G)$という効用を得ます（2つ目の項）。つまり、税金をたくさん支払えば政府支出は増えますが（「ベネフィット」の部分）、一方、可処分所得が減るので、個人の消費から得られる効用は下がります（「コスト」の部分）。

このことを踏まえた上で、次に税金として支払っている額を考えると、それは個人の所得に比例しているため、所得の高い人は所得が高い分、他の人たちよりも多くの税金を支払っていることがわかります。このため、政府支出から得られるものよりも（式の2項目）、税金として支払う分（式の1項目）を割高に感じます。実際、所得の高い人と低い人の山を図4-2のようにそれぞれ書いたとすると、所得の高い人の山の頂上は、低い人の山の頂上よりも左側に位置します。言い換えると、所得の高い人は、所得の低い人が望むものよりも小さな政府支出額から最も高い効用を得ます。

この関係を踏まえた上で、再び図4-1を見てみましょう。中位値というのは、平均値よりも所得の低いほう（つまり、図の左側）に寄っているのがわかります。つまり、選挙で中位投票者の至福点が選ばれるということは、社会的に最適な値（＝平均投票者の至福点）よりも所得の低い人たちの好みがより重視されるということを意味します。このため、彼・彼女らの「大きな政府を希望する」という選好がより政策に反映されるため、選挙で選ばれるg^{**}が社会的に最適なg^*よりも大きくなります。

社会的に最適な政策を選ぶには

さて、それでは、選挙で選ばれるg^{**}を、社会的に最適なg^*と一致させることはできるのでしょうか。それを可能にする方法は、少なくとも3つ考えられます。

・独裁者が社会的に最適な値を選ぶ。
・(4-14)式の分母と分子を一致させる。
・所得に応じて票に重みをつける。

1つ目の方法は、もはや民主主義ではなくなりますが、独裁者が社会的に最適な値を選ぶという方法です。しかしながら、独裁者が本当に社会的に最適な値を選ぶかは確証がありません。

2つ目の方法は、(4-14)式の分母と分子を一致させるということです。例えば、中位投票者の代わりに、平均投票者の至福点を政策に反映することが考えられます。しかしながら、中位投票者の定理が成り立つ場合は、中位投票者の至福点が選挙で選ばれてしまいますので、その代わりに平均投票者の至福点が選ばれるようにするのは難しいです。

代わりに考えられるのは、所得分布を変えるという方法です。どういうことでしょうか。先ほど図4-1の説明をしたときに、平均値が中位値よりも右側にあるのは、右のほうにいる高所得者に引っ張られているからという話をしました。言い換えれば、国民の所得分布がもっと平等になれば、右に伸びている裾野が短くなってきますので、平均値と中位値はどんどん近づいてきます。そうすれば、仮に中位投票者の至福点が選ばれたとしても、それは平均投票者の至福点とそれほど変わらなくなります。

そして、3つ目の方法は、所得に応じて票に重みをつけるということです(例えば、所得の高い人の一票をより重くする）。うまく重みをつけることができれば、選挙で社会的に最適な値を選ぶことが可能です。このように特定の票を重み付けした制度は、**加重投票**（weighted voting）と呼ばれます。例えば、スウェーデンの地方選挙では、19世紀後半から20世紀初頭にかけて実際に利用されていました。その制度のもとでは、一人一票ではなく、所得が高い人の票数がより多くなります。

しかしながら、これらはあくまで可能性の話です。そもそもそういった方法が望ましいかは、国民的な議論が必要な問題だと思います。

民主主義の発展と政府の大きさ

次に、民主主義が発展すると、政府の大きさがどうなるか見ていきます。

第1章では、民主主義の発展の一つの指標として、「法的に政治に参加できる人の割合」を挙げました。例えば日本の場合ですと、当初は納税額の多い比較的裕福な男性のみが投票できましたが、普通選挙法制定以降は、年齢の条件だけ満たしていれば、どの男性でも投票できるようになりました[46]。これは言い換えると、これまで投票できなかった所得の低い男性が、制度変化をきっかけに投票できるようになったことを意味します。

このような制度変化の結果、一体何が起こったのでしょうか。第3章の女性の参政権のところでは、参政権拡大の結果、中位投票者の位置が変わったという話をしました。一方、この場合も、制度変化の結果、より所得の低い人たちが中位投票者になった可能性があります。

仮にそうだとして、選挙で選ばれる政府支出額にはどのような違いが生まれるのでしょうか。（4-14）式に戻って考えてみましょう。

（4-14）

$$g^{**}=\frac{y_{平均値}}{y_{中位値}}$$

ここで、$g=G/N$、$y_{平均値}=Y/N$ という関係に着目して、両辺にNを掛けます。すると、

（4-16）

$$G^{**}=\frac{Y}{y_{中位値}}$$

*46 ただし、貧困のために援助を受ける人々などは除外されていました。

と表せるので、さらに両辺をYで割ると、

（4-17）

$$\frac{G^{**}}{Y}=\frac{1}{y_{中位値}}$$

と書き直すことができます。

（4-17）式の左辺は、政府支出額の対GDP比を表しています。この値が大きくなるほど、（GDPに比して）政府がより大きくなることを意味します。一方、右辺の分母には、中位投票者の所得が書かれています。つまり、この式が意味するのは、政府支出額の対GDP比は、中位投票者の所得によって決まる、ということです。さらに、右辺の分母の $y_{中位値}$ の値がより小さくなれば、つまり、より所得の低い人たちが中位投票者になれば、政府支出額の対GDP比は、より大きくなることもわかります。[47]

（低所得者層に参政権が拡大するという意味で）民主主義が発展すると、政府は大きくなる。

図4–3

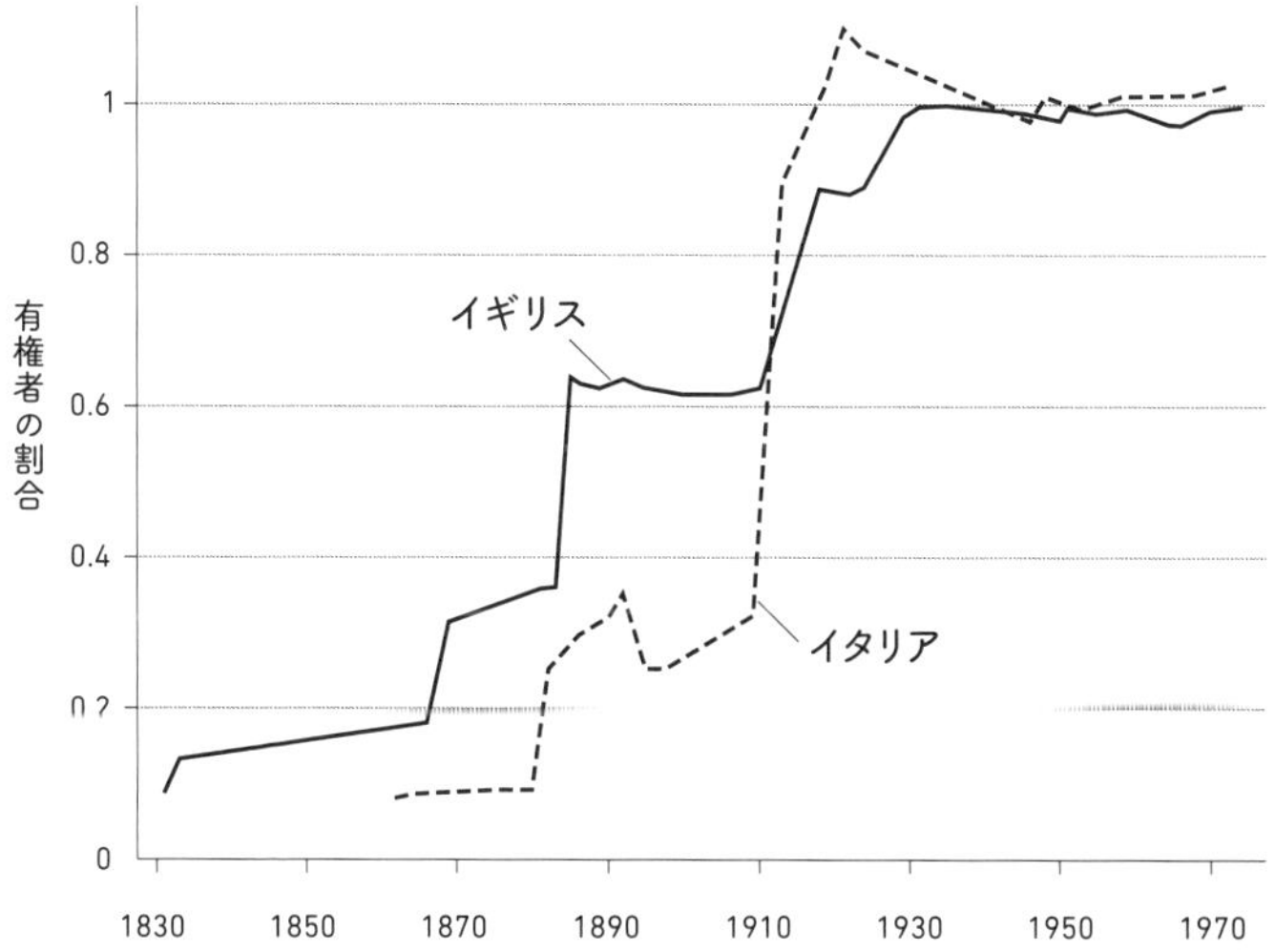

データ出典：フローラ (1987).

次に、実際に民主主義が発展すると政府が大きくなるのか見てみましょう。

まず、図4-3をご覧ください。これは、法定投票年齢以上の人口に占める有権者の割合がイギリスとイタリアにおいてどのように推移してきたかを表したものです。[48] この図から、法的に投票できる人の割合が徐々に増えてきたことがわかります。

*47　このように所得分布と政府の大きさの関係を理論的に明らかにしたのは、アラン・メルツァーとスコット・リチャードです。Meltzer, A. H. and S. F. Richard (1981). "A Rational Theory of the Size of Government." *Journal of Political Economy*, 89 (5), 914-927.

図4–4

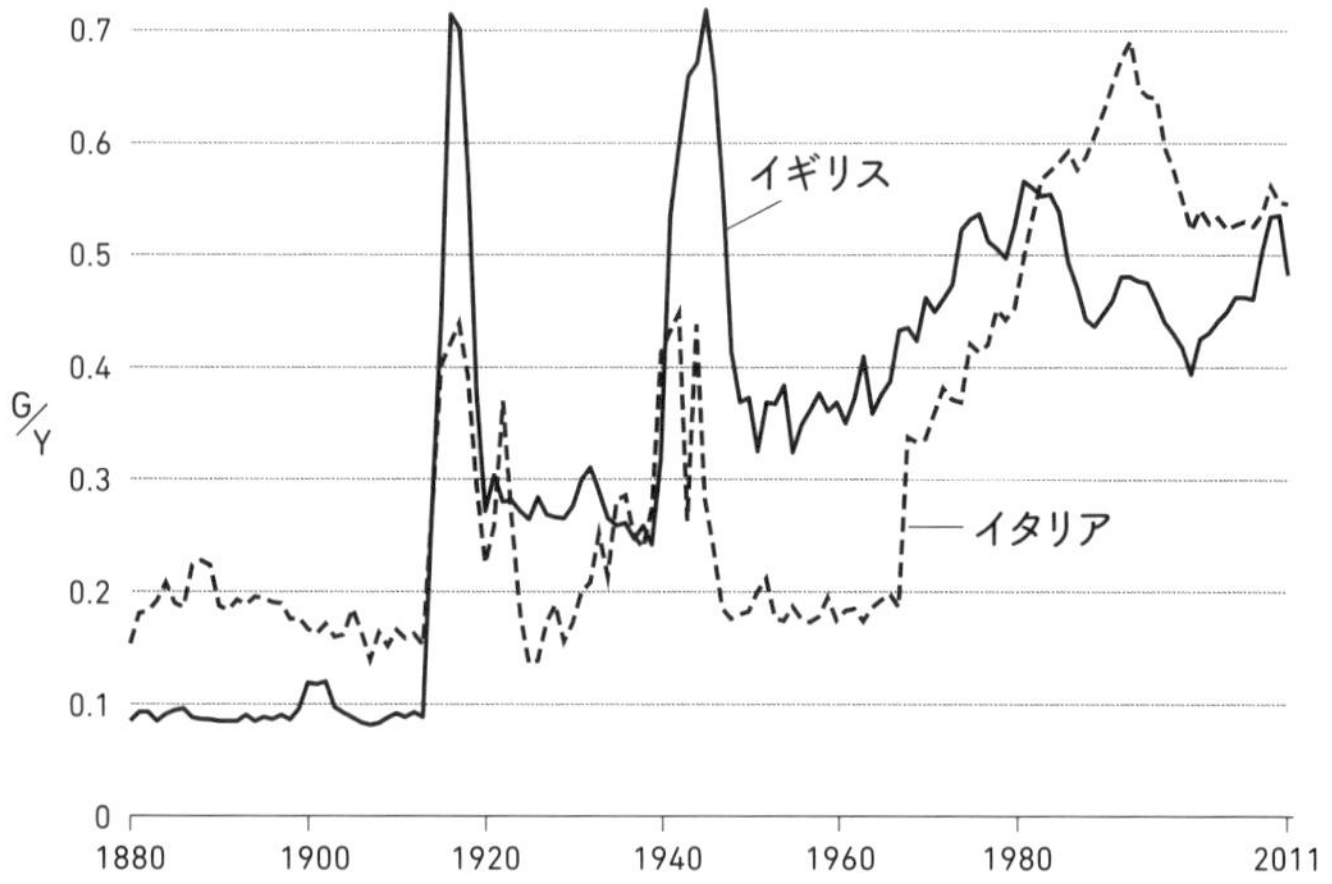

出典：Our World in Data.

次に、図4–4をご覧ください。これは、同じ国々において、政府支出額の対GDP比が、長期的にどのように推移してきたかを表したものです。この図から、これらの国々の政府支出額の対GDP比は徐々に上がってきていることがわかります。言い換えると、どちらの国でも、徐々に政府が大きくなってきています。[49]

参政権の拡大が政府の大きさに与える効果

さて、これら2つの図に示されているパターンに関連性はあるのでしょうか。トケ・エイドとピーター・ジェンセンは、これらの関係について分析し、参政権の拡大と、政府支出額の対GDP比の間には、統計的に有意な正の相関があることを示しました。[50]

さらに同じ著者たちは、別の論文で、参政権の拡大と政府の大きさに因果関係があるかどうかも分析しました。[51] この中で彼らが使ったのは、第2章で取り上げた因果推論の四天王のうち、IVと呼ばれる手法です。研究の内容をご紹介する前に、まずこの手法の考え方を簡単にご説明します。

次ページの図4-5の上の図をご覧ください。参政権の拡大と政府の大きさの関係は、それ自体では単に相関関係です。第2章でお話ししたように、内生性の問題をクリアしなければ、因果関係に迫ることができません。

IVの基本的な考え方は、この図のX（参政権の拡大）とY（政府の大きさ）のうち、Xにだけ影響を及ぼす第三の要素を見つけてくるというものです。図4-5の下の図では、この要素をZと

＊48 使用したデータは、ペーター・フローラ編『ヨーロッパ歴史統計　国家・経済・社会　1815－1975』上巻（原書房）です。たまに100%を超えているのは、分母の人口に国勢調査実施年次のデータを使用しているからだと思われます。

＊49 20世紀初頭や中頃に急激な伸びがありますが、これは主に戦争に関連した支出だと考えられます。

＊50 Aidt, T. S. and P. S. Jensen (2009). "Tax structure, size of government, and the extension of the voting franchise in Western Europe, 1860-1938." *International Tax and Public Finance*, 16(3), 362-394.

＊51 Aidt, T. S. and P. S. Jensen (2013). "Democratization and the size of government: evidence from the long 19th century." *Public Choice*, 157(3), 511-542.

図4-5

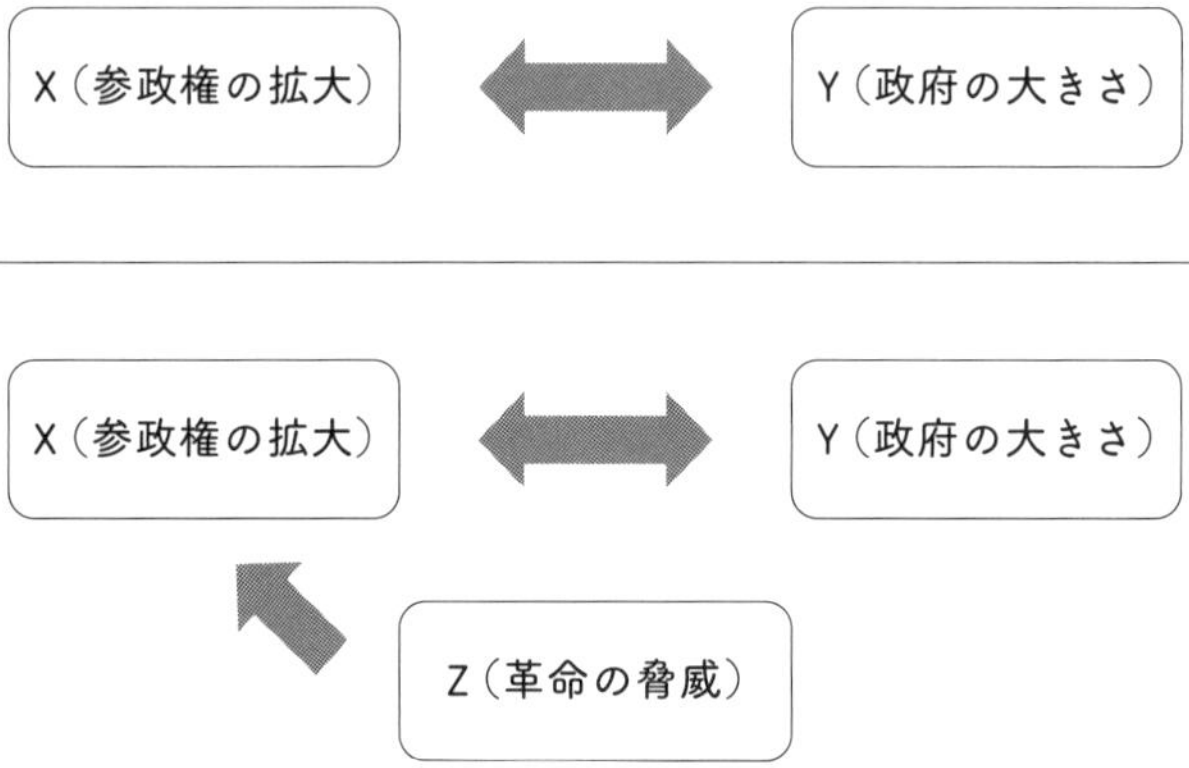

呼んでいますが、このZのことを、**操作変数**(instrumental variable) と呼びます。IVの名前はここから来ています。

　Zはどんなものでもいいわけではありません。いくつかの条件を満たす必要があります。特に、Zは、(a)「ランダム」であること、(b) Xに十分に影響を及ぼしていること、そして、(c) Xを介してのみYに影響を及ぼす（Yには直接影響を及ぼさない）ことといった条件を満たす必要があります。[52]

　一般に、参政権の拡大はさまざまな要因によって引き起こされます。もしかすると、政府が大きくなると参政権が拡大するというような逆の因果関係があるかもしれません。あるいは、人口のような別の要因が、参政権の拡大と政府の大きさの両方に関係しているかもしれません。このため、単に参政権の拡大と政府の大きさの関係を分析するだけでは、因果効果を識別することができません。

ＩＶでは、このようにさまざまな要因によって動かされているＸの「変動」のうち、ランダムなＺによって動かされた部分だけを取り出してくることを目指します。変動というのはデータの動きのことですが、参政権の例ですと、ある国はどのタイミングで参政権を拡大したか（あるいは縮小したか）という動きのことを指します。すでにお話ししたように、それ自体はさまざまな要因によって動いていますが、ＩＶでは、そのうちＺという要因で動かされたものだけを取り出します。このように取り出された変動のことを、Ｘの**外的変動**（exogenous variation）と呼びます。一方、そのままの変動は、さまざまなものの影響を受けているという意味で、**内的変動**（endogenous variation）と呼びます。

この外的と内的ということの意味ですが、厳密性には欠けますが、ビリヤードを例にすると以下のようになります。最初の一突きによってボールが影響を受けたあと、そのボールが別のボールやクッション（枠）にぶつかるなどして、それぞれのボールが相互に影響し合います。このうち外的変動というのは、最初の一突きによってボールが動かされた変動というイメージです。言い換えると、システムの外から加えられた外的な力によって動かされている変動です。一

＊52　これらの仮定をそれぞれ、（a）独立性（independence）、（b）強い第一段階（strong first-stage）、（c）除外制約（exclusion restriction）と呼びます。これらに加えて、（d）単調性（monotonicity）という仮定も満たす必要があります。

方、内的変動というのは、ボールがさまざまにぶつかりあうことによる変動というイメージです。システムの中で物体が影響しあって動かされている変動です。

このように、Zを使ってXの外的変動を取り出すことができれば、XがYに及ぼす因果効果を識別することができます。

エイドとジェンセンは、このようなZとして「革命の脅威」を使いました。ある国の周辺国で革命が起こった場合、それが自分たちの国にも波及するのではないかというのは、為政者にとっての脅威です。この場合、彼・彼女らは、自分たちの国で革命が起きて処刑されないようにあらかじめ譲歩して、参政権を拡大する可能性があります。

このように周辺国で起こった革命は、自分たちの国に対して外から与えられたショックということで、先ほど述べた仮定は満たされている可能性があります。ちなみに彼らが使ったのは、1820年から1913年のヨーロッパのデータですが、この間、革命の波は、1820年、1830年と1848年にありました。

彼らは、IVの手法を使って、参政権の拡大によって政府が大きくなる（一人当たり政府支出額が大きくなった）ことを示しました。もちろん参政権の拡大自体は、さまざまな要因によって引き起こされますが、革命の脅威によって動かされた変動を使うことで、参政権の拡大と政府の大きさの間にある因果効果を分析しました。

さて、エイドとジェンセンの分析は国単位の分析でしたが、最後に、ある特定の国に焦点を絞って見ていきます。以下では、アメリカとブラジルの研究を取り上げます。

黒人参政権の影響

第3章では、アメリカにおける女性の参政権拡大の効果を見ました。この他、同国における参政権に関する制限には、投票税（poll tax）によるものや、識字テスト（literacy test）によるものがありました。これらは特に南部の州で、１９６０、70年代に至るまで続けられていました。このような制度は、所得の低い人たちや教育水準の低い人たちの投票を困難にしていましたが、それは間接的に黒人の人たちの投票を妨げていました。

トーマス・ハステッドとローレンス・ケニーという研究者は、１９５０年から１９８８年のデータを使って、これらの制度の撤廃が、州政府などにおける財政支出額にどのような影響を及ぼしたのか分析しました。[53] ちなみに、この期間に投票税を廃止したのは、サウスカロライナ州、テネシー州（いずれも１９５１年）、アーカンソー州（１９６４年）、アラバマ州、ミシシッピ州、テキサス州、ヴァージニア州（いずれも１９６５年）です（カッコ内は廃止年）。

＊53 Husted, T. A. and L. W. Kenny (1997). "The Effect of the Expansion of the Voting Franchise on the Size of Government." *Journal of Political Economy*, 105 (1), 54-82.

一方、識字テストの廃止年は自治体によって異なりますが、1965年に成立した投票権法によって一部の自治体のテストが廃止され、さらに1970年の法律によって全廃されました。ハステッドとケニーは、投票税の廃止により社会福祉に関する財政支出額が11~20%増え、また、識字テストの廃止によりそれが13%増えたことを発見しました。より所得の低い人たちが参政するようになったことで、彼・彼女らの（大きな政府を好むという）選好が、より政策に反映されるようになった可能性があります。

投票マシンの効果

投票するために税金を支払ったり、識字テストをパスしたりしなければならないというのは、法律的に特定の人たち（所得の低い人たちや教育水準の低い人たち）の政治参加を制限しています。一方、仮にこのように明文化された制限がない場合でも、一部の人たちの声が政治に届かないケースが考えられます。

例えば、日本の選挙では、投票用紙に立候補者名や政党名を書きます。これらは、文字を読むことや書くことが難しい、あるいは立候補者名や政党名を覚えることが難しいといった人たちにとって、投票コストになります。[54] 本人は正確に書いたと思っていても、間違えて書いている場合もあるかもしれません。するとどうなるかというと、こういった人たちの声が、きちん

図4–6(a)

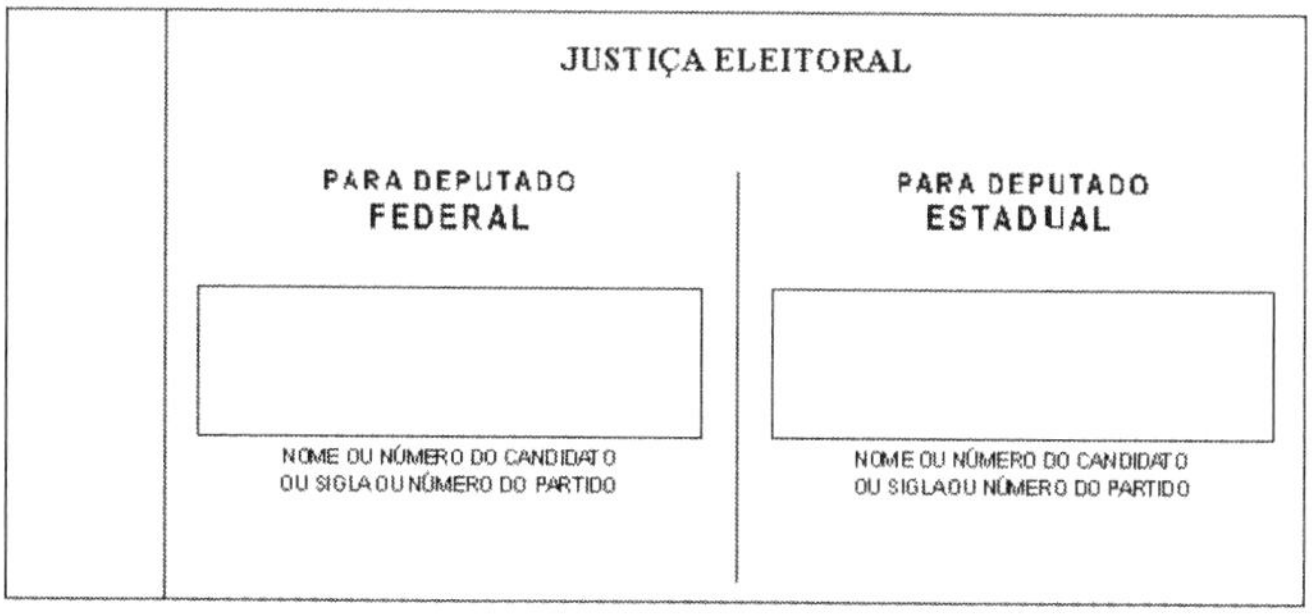

出典：Fujiwara (2015).

と政策に反映されなくなってしまいます。

トーマス・フジワラという研究者は、彼の母国であるブラジルのデータを使い、「投票マシン」の導入が及ぼした効果を調べました。[55]

同国では、選挙は4年ごとに行われます。1994年の選挙までは、有権者は、投票用紙に候補者や政党の名前を書いて投票していました（図4-6(a)）。一方、税金や識字テストによる制約はありませんでした。

その後、1998年の選挙より、次ページの図4-6(b)と(c)に示したような投票マシンが導入されます。投票所に行った有権者は、写真の右側に写っている

＊54　ちなみに、日本には、点字投票や代理投票という制度が用意されています。

＊55　Fujiwara, T. (2015). “Voting Technology, Political Responsiveness, and Infant Health: Evidence from Brazil.” *Econometrica*, 83 (2), 423-464.

図4–6(b)

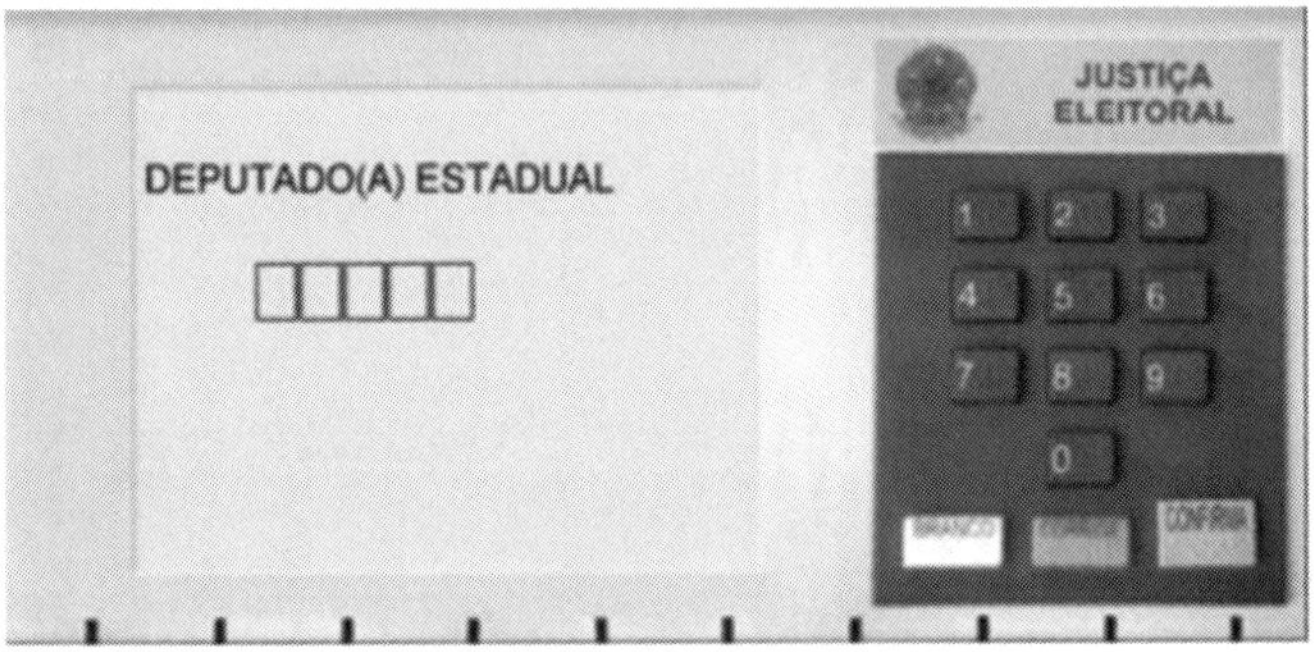

出典：Fujiwara (2015).

図4–6(c)

出典：Fujiwara (2015).

数字のボタンを使って投票したい人の番号を押します。すると、(c)の写真にあるように、この人で合っていますかといった感じで、画面に候補者の名前や顔写真が表示されます。合っていれば投票し、間違っていれば修正してから投票します。

フジワラによると、このような投票マシンの導入は、少なくとも4つの意味で、特に教育水準の低い人たちにとって恩恵があっただろうといいます。1つ目は、顔写真が表示されるので、目で確認して投票できるようになったこと。2つ目は、ブラジルでは、1つの選挙で同時に複数の投票を行いますが（大統領、副大統領、国会議員、州議員など）、投票マシンが一つ一つガイドしてくれるので、間違った投票用紙を使って投票することなどを防げるようになったこと。3つ目は、確認画面が表示されるので、再確認してから投票できるようになったこと。そして4つ目は、電話やATMといった身近な機械のように、数字のボタンを押すだけで投票できるようになったことです。

フジワラは、第2章で取り上げたRDDを使って、このような投票マシンの導入がもたらした因果効果を識別しました。彼が着目したのは1998年の選挙です。この年の選挙では、（1996年時点の）登録有権者数が4万5000人以上の自治体のみで投票マシンが導入されました。その理由は、投票マシンを製造する企業の生産力が限られていたなかで、まずはより大きな自治体で導入したほうが（集計などの意味で）恩恵が大きいだろうと考えられたからです。逆に、4万5000人に満たない自治体では、これまで通り紙による投票が行われました。そして、そ

図4-7

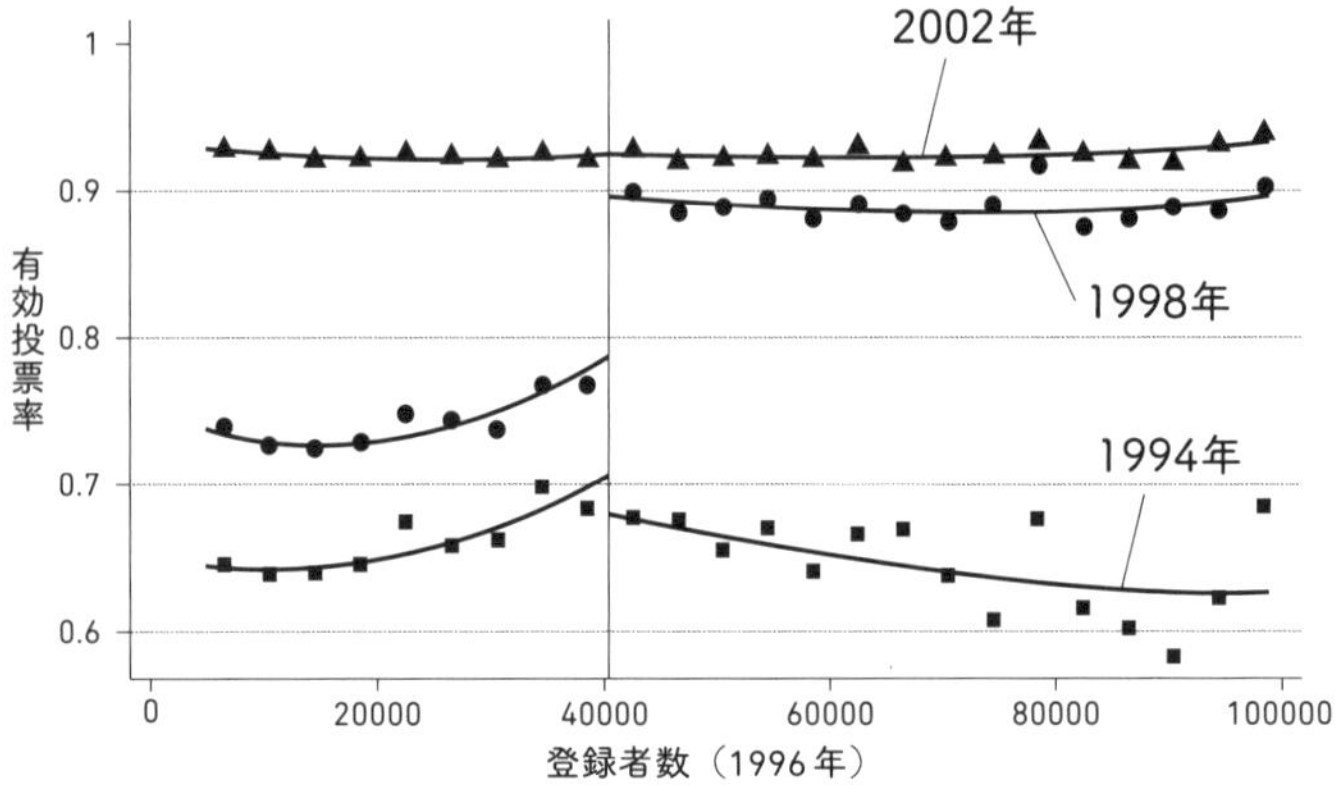

出典：Fujiwara (2015).

の後の２００２年の選挙では、すべての自治体で投票マシンが導入されます。

したがって、１９９８年の選挙を使ったＲＤＤでは、ぎりぎり４万５００人以上の自治体と、ぎりぎりそれに満たなかった自治体を比べることができます。そして、図4-7がそのことを示したものです。横軸は自治体ごとの登録者数を表し、縦軸は投票に占める有効投票の割合（以下、有効投票率）を表しています。それぞれの点は、それぞれの範囲（４０００人ごと）における平均値を示しています。例えば、登録者数が４万５００人から４万４５００人の範囲に収まる自治体が複数あれば、その平均値を計算して、それを１つの点で表しています。仮に、投票マシンの導入によって誤った投票の数を減らすことができれば、４万５００人の閾《しきい》値《ち》を超えたところでジャンプが起こるはずです。

まず、紙のみの投票が行われていた1994年の選挙結果を見てみましょう。図4-7の一番下に四角で表したものです。このときはどの自治体でも紙のみで投票が行われていたので、4万500という閾値はとくにジャンプを引き起こしていません。しかも、有効投票率が軒並み低いです。

次に、一部の自治体で投票マシンが導入された1998年の選挙はどうでしょうか。真ん中の丸で表したのがそれに当たります。この図から、4万500人の閾値をぎりぎり超えた自治体では、有効投票率が7・5割ぐらいから9割ぐらいまで一気にジャンプしていることがわかります。

ここで注意していただきたいのは、あくまで4万500人の閾値の付近を比べているのであって、単純に登録者数が多い自治体と少ない自治体を比べるわけではないということです。第2章でもお話ししたように、後者のような比較では、りんごとみかんを比べてしまっていますが、前者のような比較では、りんごとりんご、みかんとみかんの比較に近くなっています。

最後に、全国で投票マシンが導入された2002年の選挙を見てみましょう。図4-7の一番上に三角で表したものです。このときは、再び4万500人の閾値の左右で差がなくなり、なおかつ全国的に有効投票率が9割を超えています。

つまり、投票マシンの導入によって、有効投票率が格段に上がったということがわかります。

一方、この導入によって、全人口のうち投票に登録した人の割合や（ブラジルでは、投票するためにはまず登録しないといけません）、登録した人のうちで実際に投票した人の割合が増えたわけではありません。つまり、投票に参加する人の割合を増やしたわけではなく、これまで投票はしていたのに、きちんと自分たちの声を政治に届けられていなかった人たちの声が、新たに届けられるようになったのだと考えられます。

この結果、政策にどのような影響があったのでしょうか。紙のみで投票していた状況から、投票マシンのみで投票する状況に変化することで、政府支出に占めるヘルスケアに関する支出の割合が、サンプル平均と比べて34・4％増えたことがわかりました。さらに、2500g以下の低出生体重児の割合が、6・8％減ったこともわかりました。声が届いていなかった人たちの選好が、より政策に反映された可能性があります。

このように、法律上は税金や識字テストなどで制限がかかっていなくても、有権者の一部の声がうまく政治に届いていない場合があり得ます。そして、それが改善されたときに何が起こるかに関しては、先ほどのアメリカの例と同様に、本章のモデルを使って考えることができます。

第5章

選挙で最も影響力があるのは「偏りのない人たち」？

この章の要約

・浮動投票者の多いグループがより優遇される。

・多数代表制では、特定の選挙区・グループへの支出が多くなり、比例代表制では、より広い地域・グループへの支出が多くなる。

キーワード

浮動投票者　多数代表制と比例代表制の違い

確率的投票モデル

前の2つの章では、選挙で最も影響力があるのは中位投票者ということを前提に話を進めてきました。それ自体は強力な結果ですが、それだけでは説明できないようなケースももちろん存在します。本章では、必ずしも中位投票者ではない人たちが影響力を持つ場合を考えます。

これまでは、ダウンズ・モデル（第3章）、財政モデル（第4章）を使って考えてきましたが、ここでは、新たに**確率的投票モデル**（probabilistic voting model）というモデルを導入します。[56] このモデルは、前の2つのモデルとともに政治経済学の基本的なモデルの1つです。しかし同時に、この本で扱うモデルの中では、最も込み入ったモデルでもあります。それでもあえて本書で紹介するのは、このモデルから示唆される内容が、他の章のモデルから示唆されるものと同じぐらい重要だからです。

これまでのモデルでは、選挙に立候補している人たちは、有権者がある政策（例：税率）について、どのような好みを持っているのかを正確に知っていました。有権者の好みがはっきりわかっているので、中位投票者の好みに合わせることができたわけです。一方、確率的投票モデルでは、この仮定を緩めます。つまり、立候補者たちは、有権者の好みをはっきり知ることができないという状況を考えます（専門用語を使うと、有権者の好みに「不確実性」がある状況を考えます）。

それでは、本章のタイトルにあるように、選挙では「偏《かたよ》りのない人たち」が影響力を持つとは一体、どういうことでしょうか。順を追って見ていきましょう。

第4章では、所得階層ごとに政策に対する好みが異なることを学びました。本章のモデルでも人々の所得を考えます。まず、国民を所得に従って3つのグループに分け、それぞれのグループをP、M、Rと呼びます。次に、各グループの人たちの所得は、グループ内で全員同じとします（例えば、MグループのAさんの所得が500万円なら、同じグループのBさんの所得も500万円）。さらに、グループごとの所得（y_P, y_M, y_R）に、以下のような関係があると仮定します。

（5-1）

$$y_P < y_M < y_R$$

つまり、Rグループの人たちの所得が最も高く、Pグループの人たちの所得が最も低く、M

＊56 ここで使用するモデルは、Persson and Tabellini (2000) を参考にしています。もとのモデルは、Lindbeck, A. ahd J.W. Weibull (1987). "Balanced-budget redistribution as the outcome of political competition." *Public Choice*, 52(3), 273-279 です。論文の執筆者はどちらもスウェーデンの経済学者です。

グループの人たちの所得がその中間ということです。

人口全体を1に標準化し、それぞれのグループの人口割合を、(a_P, a_M, a_R)と表します。例えば、$a_P=0.2, a_M=0.6, a_R=0.2$など、さまざまな値をとることができますが、すべてのグループを足し合わせると、常に1（＝人口全体）になります。

候補者ですが、ルルとポコという2人が立候補しているとします。彼・彼女は、それぞれの公約を掲げ、当選した場合は、必ずそれを実行するとします。また、この国の人たちは全員投票するとします。

有権者の行動

さて、ここで、Rグループ内のｉさんの投票行動について考えてみます。ｉさんは、以下の関係が成り立っているときに、ポコに投票します。

（5-2）

$$W_R(g_{ポコ}) > W_R(g_{ルル}) + r_{Ri} + d$$

いきなり式が出てきて困惑している方もいらっしゃるかもしれませんが、一つ一つ説明していきます。

まず、「$W_R(g_{ポコ})$」や「$W_R(g_{ルル})$」というのは、iさんがポコの政策$g_{ポコ}$や、ルルの政策$g_{ルル}$から得る効用を表しています。第4章でも出てきましたが、効用というのは、人々の幸福度を数字で置き換えたものです。ここでは、ポコとルルの政策が同時に式に出てきていますが、仮にポコの政策が$g_{ポコ}$だったらどうか、ルルの政策が$g_{ルル}$だったらどうかというように見込みで考えています。

この$W_R(g_{ポコ})$と$W_R(g_{ルル})$ですが、第4章で考えた財政モデル的に考えると、自分自身の消費から得られる効用と、政府支出から得られる効用を足し合わせたものです。以下では、これらをまとめて、「政策から得られる効用」と呼びます。

ちなみに、$W_R(g_{ポコ})$と$W_R(g_{ルル})$には、Rグループを意味するRという添字がついていますが、iさん個人を意味する・iという添字がついていません。つまり、人びとが同じグループに属していれば、政策から得られる効用は皆同じであると仮定しています。一方、グループ間では異なる場合があり得ます。

例えば、とりあえずr_{Ri}やdのことは忘れて、仮に、

$$W_R(g_{ポコ}) > W_R(g_{ルル})$$

という関係が成り立っているとします。これは、Rグループのある個人は、ルルが公約で掲げる政策よりも、ポコが公約で掲げる政策からより高い効用を得る、ということを表しています。続いて、r_{Ri}の話に移ります。これは、iさんのルル推し度です。[57] このルル推し度は、正にも、負にも、あるいはゼロにもなります。例えばこれが0・1なら、iさんはルルを0・1だけ推しているという意味になります。一方、これが負の値、例えばマイナス0・1なら、iさんはルルをマイナス0・1だけ推している（＝ポコを0・1だけ推している）という意味になります。最後に、r_{Ri}がゼロならば、iさんはどちらか一方を推しているわけではないという意味になります。

先ほど出てきた$W_R(g_{ポコ})$と$W_R(g_{ルル})$は政策に関係するものでしたが、このルル推し度は政策とは無関係に、単にルルやポコが好き（推している）ということを表しています。r_{Ri}には、Rグループを意味するRの他に、iさん個人を意味するiという添字がついています。つまり、個人ごとに異なる値をとることができます。

そして、最後のdというのは、国民全体のルル推し度です。これは、個人やグループには依存せず、国民全員が同じ値をとります（このため、何も添字がついていません）。国民的な人気度のようにイメージしてください。個人のルル推し度と同様に、正にも負にも、あるいはゼロにもなります。仮に負の値ならば、ポコのほうが国民的に人気という意味になります。

以上をまとめると、まず、（5-2）式の左側は、ポコが勝った場合に、彼の掲げる政策からiさんが得る効用を表しています。次に、式の右側は、ルルが勝った場合に、彼女の掲げる政策からiさんが得る効用にルル推し度が加わっています。不等号より、前者の値のほうが大きいので、iさんはポコに投票します。一方、もし逆の不等号（$<$）になっていたら、iさんはルルに投票します。最後に、以下のように、もし等号（=）で結ばれていた場合は、

（5-3）

$$W_R(g_{ポコ}) = W_R(g_{ルル}) + r_{Ri} + d$$

となり、iさんはどちらの候補者に投票してもよくなります。

*57 あるいは、イデオロギー的な好みととらえていただいても構いません。

このように、政策から得られる効用と推し度を考慮した上で、特定の政党や候補者を支持しているわけではない人たちのことを、**浮動投票者**（swing voter）と呼びます。例えば、アメリカでは、民主党か共和党か、選挙で勝つ陣営がころころ変わる州があります。こういった州はスウィング・ステート（swing state）と呼ばれますが、こうなる原因として、浮動投票者が多いことが考えられます。一方、民主党色が強い州はブルー・ステート（blue state）、共和党色が強い州はレッド・ステート（red state）と呼ばれます。スウィング・ステートに対してこれらの州では、選挙結果がひっくり返ることがほとんどありません。

さて、この（5-3）式は、

（5-3）′

$$r_{R浮動} = W_R(g_{ポコ}) - W_R(g_{ルル}) - d$$

と書き直すことができます。これは、Rグループ内の浮動投票者のルル推し度です（ですので、「・i」を「浮動」に書き換えています）。同様に、Pグループ内、Mグループ内の浮動投票者のルル推し度を、それぞれ $r_{P浮動}$、$r_{M浮動}$ と表します。

図5-1

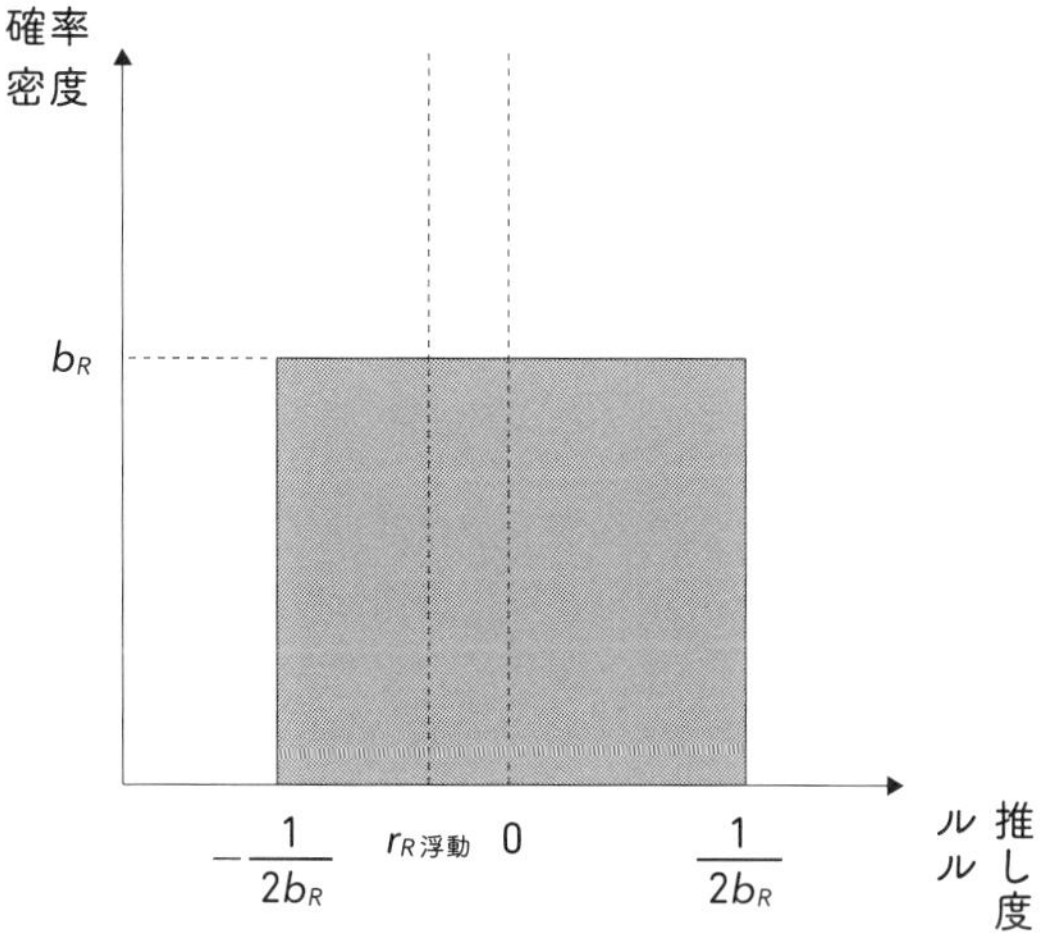

推し度の分布

ポコもルルも、人びとの$W_R(g_{ポコ})$や$W_R(g_{ルル})$といった値は知っているが、r_{Ri}やdといった推し度については、正確な値を知らないと仮定します。これが、冒頭で書いた「有権者の好みに不確実性がある」ということの意味です。その代わり、それらの分布だけは知っているとします。第4章で所得分布の図を見ましたが、あれは所得の分布でした。一方、ここで考えるのは、所得ではなく推し度の分布です。ルル推しの人からポコ推しの人までさまざまな人がいますので、推し度を分布として考えることができます。

図5-1は、Rグループにおける、個人の

ルル推し度（確率）の分布を表しています（同様に、MとPグループの場合も考えることができます）。横軸は、ルル推し度（Rグループならば、r_{Ri}など）がとり得る具体的な値を表しています。例えば、Rグループのiさんは$r_{Ri}=0.3$という推し度、同じグループの別のjさんは$r_{Rj}=-0.2$という推し度といったように、人によって異なる値をとることができます。一方、縦軸は確率密度を表しています。この図で表されるような四角形の分布のことを、専門用語で、一様分布（uniform distribution）と呼びます。

この図の解釈の仕方ですが、ある一定の幅を底辺とし、b_Rを高さとした四角形の面積が確率を意味します。確率というとイメージしにくい方もいらっしゃると思いますので、以下では、グループ内における「割合」だとイメージしてください。例えば、Rグループのうち、推し度が0・2から0・3の範囲に収まる人たちの割合が知りたければ、底辺が0・2から0・3で、高さがb_Rの四角形の面積を計算します。つまり、そのような人たちがRグループに占める割合は、$(0.3-0.2)\times b_R=0.1\times b_R$です。

さて、図5-1の四角形ですが、灰色の部分の面積は1（100％）です。それを維持したまま高さや幅を自由に伸縮させることができます。例えば、Rグループの分布の高さであるb_Rと、Pグループの分布の高さであるb_Pが以下のようになっているケースを考えます。

図5-2

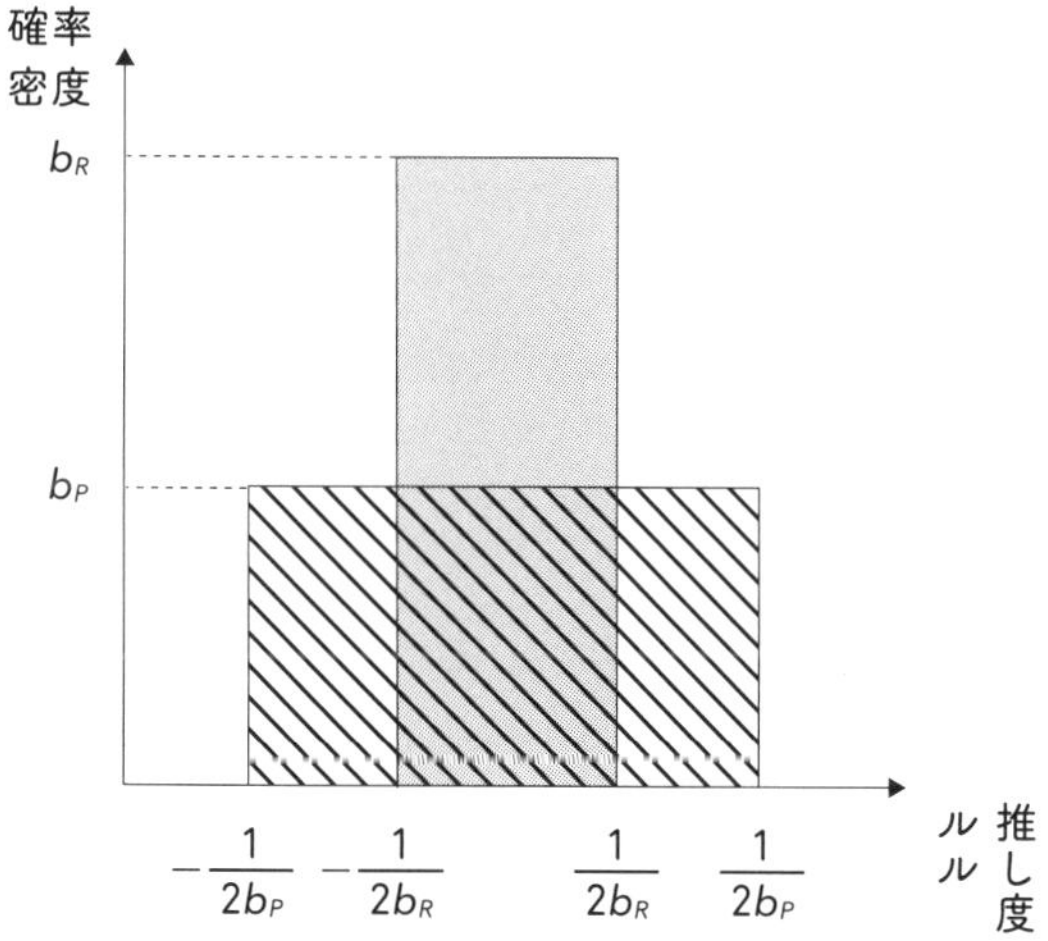

$b_P < b_R$

この状況を表しているのが図5-2です。図のように、この場合はRグループの四角形の高さのほうが高くなります。しかし、変わるのは高さだけではありません。幅のほうは、Rグループのほうが狭くなります（$1/2b_R$ と $-1/2b_R$ の分母にも b_R があるのに注意してください）。ちなみに、どちらの四角形も面積は1のままです。

これは何を意味しているのでしょうか。四角形の高さが高くて幅が狭いほど、その狭まった範囲の中に人々の推し度がぎゅっと収まっているというイメージです。言い

図5-3

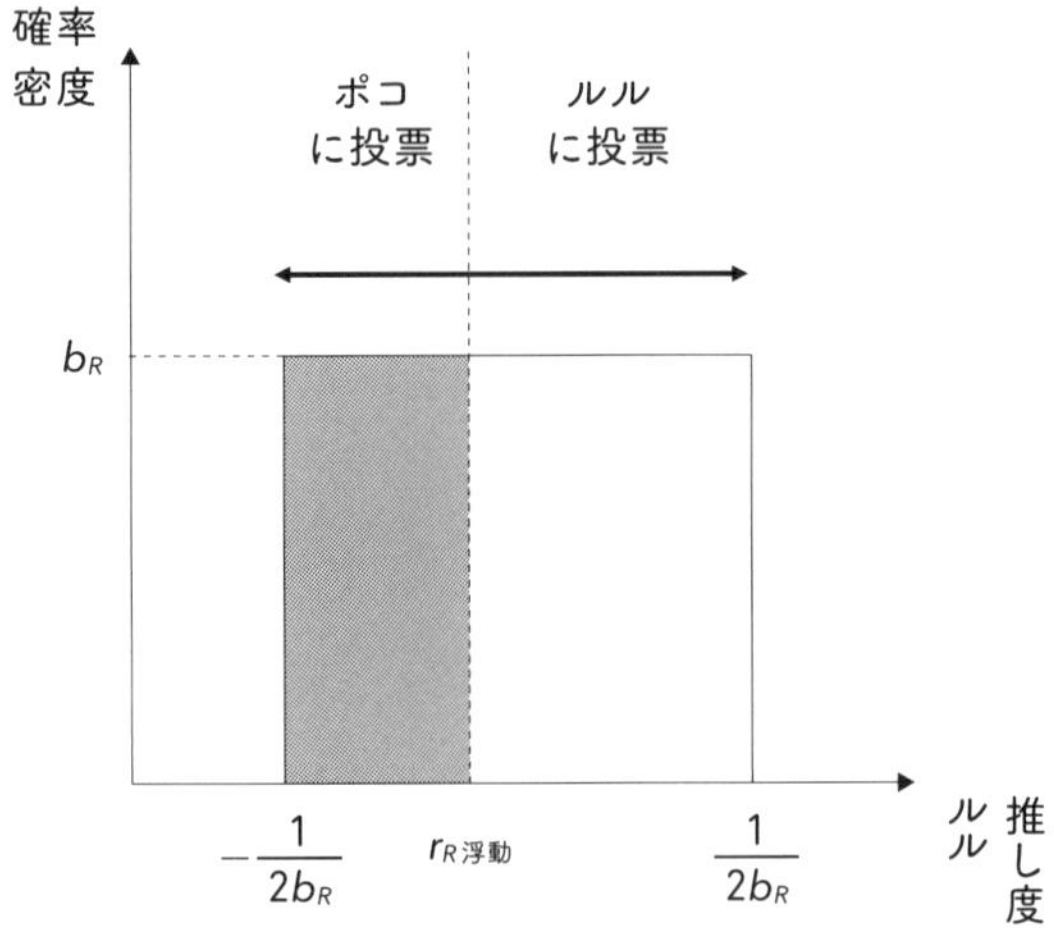

換えると、極端な推し度をとる人たちが少なく、グループがより同質的であると言えます。さらに、このようなグループには、浮動投票者が多くいることもわかります。図5-1に、Rグループの浮動投票者の位置を示しました。図中の $r_{R浮動}$ というのがそれです。四角形の背が高くて、幅が狭いグループほど、浮動投票者が多くなります。

さて、浮動投票者はルルとポコの間で無差別な人たちですので、ルル推し度がそれよりも小さい人たちはポコに投票し（(5-2)式の不等号が成り立つ）、逆に大きい人たちはルルに投票します（(5-2)式とは逆の不等号が成り立つ）。そのことを示したのが、図5-3です。図にはRグループの分布のみを示していますが、PグループとMグループについても図示することができます。分布の高さや幅もそうですが、浮動投票者の位置も、グループによって異なる値をとることができます。

候補者の行動

さて、個人の推し度がこのように分布しているとき、ルルとポコは、選挙で勝つためにどう行動するでしょうか。すでにお話ししたように、候補者は、個人の推し度をはっきりとは知りませんが、それがどのように分布しているかは知っています。この状況下で、候補者が多くの人たちから票を得るためには、政府支出額（$g_{ポコ}$ や $g_{ルル}$）を調整して、より多くの人たちの効用を上げなければなりません。政府支出額が大きすぎれば、小さな政府を好んでいる人たちからは支持が得られないでしょうし、逆にそれが小さすぎれば、大きな政府を好んでいる人たちからは支持が得られないでしょう。それでは、どのような値にしたらいいでしょうか。

そのことを考えるために、ポコを例に、彼の得票率を計算します。先ほど図5-3を見たときに、Rグループのうちポコに投票するのは、$r_{R浮動}$ よりも左側の人たちという話をしました。その面積を計算すると、

(5-4)

$$b_R \times \left(r_{R浮動} - \left(-\frac{1}{2b_R} \right) \right) = b_R \times r_{R浮動} + \frac{1}{2}$$

となります。ただし、$r_{R浮動} - (-1/2b_R)$ は底辺で、b_R は高さです。同様に、Mグループ、Pグループの場合も計算ができ、それぞれ、

(5-5)

$$b_M \times r_{M浮動} + \frac{1}{2}$$

と、

(5-6)

$$b_P \times r_{P浮動} + \frac{1}{2}$$

と計算できます。これらが、それぞれのグループにおけるポコの得票率です。

まず、（5-3）式をご覧ください。仮にポコが $g_{ポコ}$ を動かして、$W_R(g_{ポコ})$ の値が大きくなったとします（つまり、Rグループの人たちの効用が上がる）。すると、（5-3）式より、$r_{R浮動}$ の値が大きくなります。次に、（5-4）式をご覧ください。この式の中には $r_{R浮動}$ が入っていますので、ポコの得票率も上がることがわかります（一方、$W_R(g_{ルル})$ や d には、変化がないとします）。これは、図5-3を使って考えると、$r_{R浮動}$ の位置が右側にシフトし、それよりも左側の色付けした四角形の面積が大きくなることを意味します（＝ポコに投票する人の割合が増える）。同様のことは、PグループとMグループに関しても言えます。

このことを理解した上で、（5-4）式から（5-6）式を見ると、浮動投票者のルル推し度（$r_{P浮動}$, $r_{M浮動}$, $r_{R浮動}$）に、四角形の高さ（b_P, b_M, b_R）が掛けられているのがわかります。つまり、ポコが得票率を上げるためには、なるべく四角形の高さの高いグループの人たちの効用を上げる必要があります。そして、四角形の高さの高いグループというのは、浮動投票者が多いグループだったことを思い出してください。

また、「浮動投票者が多いグループ」は、「政策に対する反応度が高いグループ」と言い換えることもできます。浮動投票者が多いグループは、$g_{ポコ}$ や $g_{ルル}$ の値の変化に最も良く反応してくれるからです。候補者は、選挙で勝つために、特にこのようなグループを喜ばせるように政策を決めます。

それでは、実際にポコが選ぶ政策を見ていきましょう。ポコは、ルルの行動を所与としつつ、自分の当選確率を最大にするように $g_{ポコ}$ の値を決めます。このためには、まず、ポコの当選確率を計算しなければなりません。詳しい計算は付録に載せますが、d も一様分布していると仮定した上で、先ほど計算したポコの得票率を使うと、ポコの当選確率 $p_{ポコ}$ は、

（5-7）

$$p_{ポコ}=\frac{1}{2}+\frac{e}{b}\times\left(a_P\times b_P\times(W_P(g_{ポコ})-W_P(g_{ルル}))+a_M\times b_M\times(W_M(g_{ポコ})-W_M(g_{ルル}))+a_R\times b_R\times(W_R(g_{ポコ})-W_R(g_{ルル}))\right)$$

と書くことができます。このうち、e はある値で、$b=a_P\times b_P+a_M\times b_M+a_R\times b_R$ は確率密度の平均値です。後者は、図5-2に示したようなグループごとの分布の高さの（人口に占める割合を加味した）平均の高さを意味します。

一方、ルルの当選確率は、$p_{ルル}=1-p_{ポコ}$ です。彼女も、ポコの行動を所与としつつ、自分の当選確率を最大にするように $g_{ルル}$ の値を決めます。

さて、（5-7）式は、そのままでは複雑なので、人口に占める各グループの割合はすべて等

しい（つまり、$a_P=a_M=a_R=\frac{1}{3}$）と仮定した上で、$W_P(g_{ルル})$、$W_M(g_{ルル})$、$W_R(g_{ルル})$をひとまず無視します（ルルの行動を所与としているので、こうすることが可能です）。すると（5-7）式のカッコ内の値は、

（5-7）′

$$\left(\frac{1}{3}\times b_P\times W_P(g_{ポコ})+\frac{1}{3}\times b_M\times W_M(g_{ポコ})+\frac{1}{3}\times b_R\times W_R(g_{ポコ})\right)$$

とシンプルに書き直すことができます。

このとき、ポコが$g_{ポコ}$の値を変化させると、あるグループにとっては、効用（$W_M(g_{ポコ})$など）が大きくなりますが、別のグループにとっては小さくなります。このように、政府支出額を変化させると、当選確率$p_{ポコ}$が変化します。その理由は、先ほど見たように、政府支出額を変化させると、得票率が変化するからです。

詳しい計算は付録に載せますが、ポコの当選確率である（5-7）式の$W_P(g_{ポコ})$などを具体的に定義した上で、当選確率を最大にするような$g_{ポコ}$を計算すると、

（5-8）

$$g_{ポコ} = \frac{y}{\tilde{y}} = y \times \frac{b}{a_P \times b_P \times y_P + a_M \times b_M \times y_M + a_R \times b_R \times y_R}$$

という値を導くことができます。ただし、$y = a_P \times y_P + a_M \times y_M + a_R \times y_R$ は平均所得、$\tilde{y} = (a_P \times b_P \times y_P + a_M \times b_M \times y_M + a_R \times b_R \times y_R)/b$ は、分布の高さ（b_Pなど）によって重みづけられた所得です。

$g_{ルル}$ もこれと同じ値になりますので、以下では、どちらも g^{***} と表します。

（5-8）式は、分子と分母にbを掛けることで、

（5-8）′

$$g^{***} = \frac{y}{\tilde{y}} = \frac{by}{b\tilde{y}} = \frac{a_P \times b \times y_P + a_M \times b \times y_M + a_R \times b \times y_R}{a_P \times b_P \times y_P + a_M \times b_M \times y_M + a_R \times b_R \times y_R}$$

と書き換えることができます。

このとき、仮にすべてのグループの分布の高さ(b_P, b_M, b_R)が同じとすると$(b_P = b_M = b_R = b)$、（5-8）′式は約分ができて、

$$g^{***}=1 \qquad (5\text{-}9)$$

となります。つまり、分布の高さがどのグループも同じであれば、すべてのグループが平等に扱われるため、最終的に出てくる一人当たり政府支出額g^{***}は、社会的に最適な値と等しくなります。これは、第4章で見た結果とは異なります。このモデルの場合は、選挙を通して政策を決めたとしても、社会的に最適な政策を導くことができます。

政府支出に関する政治的な歪み

しかし、実際はグループによって分布の高さは異なるでしょう。その場合、選挙で選ばれる政策は、社会的に最適な政策ではなくなることが予想されます。仮に、分布の高さが、

（5-10）

$$b_P < b_M = b < b_R$$

である場合を考えます。この場合、浮動投票者が最も多いグループは、Rグループです。さらに、所得に関して、

（5-1）

$$y_P < y_M < y_R$$

という関係を仮定していたことを思い出してください。これらを踏まえた上で、改めて（5-8）式を見ると、y_Rがy_Pよりも十分大きければ、分母のほうが分子よりも大きな値になることがわかります。

(5-11)

$$g^{***} < 1$$

つまり、この場合は、選挙で選ばれる一人当たり政府支出額は、社会的に最適な値よりも小さくなります。その理由は、浮動投票者が最も多いRグループの小さな政府を好むという選好が、より政策に反映されるからです。

また、本章で扱ったモデルでは、政府支出額はどのグループも一緒でしたが、グループごとに差別化された支出額を考えることもできます。その場合は、浮動投票者が多いグループに対する政府支出額がより多くなります。[58]

これらを踏まえると、このモデルが総じて示しているのは、

浮動投票者が多いグループがより優遇される。

*58 本章の上級編では、そのようなグループごとの支出もモデルに取り入れています。

ということです。先ほどお話ししたように、浮動投票者が多いグループというのは、政策に対する反応度が高いグループです。候補者は、選挙で勝つために、そういったグループをより優遇します。

さらに、このモデルを使うと、所得格差と政府の大きさに関する、興味深い結果を導くことができます。第4章では、所得分布がより平等になれば、選挙で選ばれる政策も社会的に最適なものに近づくという話をしました。この場合、逆に所得格差が広がれば、政府支出額は社会的に最適なものよりもどんどん大きくなります。一方、先ほどの例では、所得格差が広がるほど（つまり、y_Pに比べてy_Rが大きくなるほど）、選挙で選ばれる一人当たり政府支出額はどんどん小さくなることがわかります。

このように、確率的投票モデルを使うと、所得格差と政府の大きさに関して異なる結果を導くことができます。ただし、本章のモデルでも、所得の低いグループがより優遇されるような状況を考えれば、第4章のモデルと同じ結論を導くことができます。

民族と政党バイアス

さて、浮動投票者が多いグループがより優遇されるという予測は、データと整合的なのでしょうか。このことを調べるためには、浮動投票者が多い選挙区と、そうでない選挙区を比べないといけません。仮に、過去の投票データを使って、選挙結果がころころ変わる選挙区（＝浮動投票者が多い選挙区）と、そうでない選挙区（＝特定の政党が強固な基盤を持っている選挙区）を比べるとしましょう。その上で、前者のほうが後者よりも優遇されていることがわかったとします。

しかし、このように過去の選挙結果をもとに選挙区を比較することには問題があります。なぜならば、過去の選挙結果は、それ自体が政策の影響を受けている可能性があるからです。つまり、過去の選挙結果は必ずしもランダムではなく、多くの場合、内生的に決まっています。

この問題に対処しつつ、浮動投票者が優遇されることを調べた研究があります。研究者が着目したのは、シエラレオネでした。[59] シエラレオネなどのアフリカの多くの国では、民族ごとに支持政党や政治家が大きく異なります。このような民族と政治の強い結びつきは、浮動投票者の数を調べるためには好都合です。なぜならば、空間的な民族の分布を見れば、ある選挙区に浮動投票者がどれぐらいいるか、すぐにわかるからです。過去の選挙結果を使うことで生じる問題の多くを回避することができます。

シエラレオネには、シエラレオネ人民党（ＳＬＰＰ）と全人民会議（ＡＰＣ）という二大政党があります。前者は南部のメンデ族などが支持母体で、後者は北部のテムネ族などが支持母体で

＊59　Casey, K. (2015). "Crossing Party Lines: The Effects of Information on Redistributive Politics." *American Economic Review*. 105 (8), 2410-2448.

す。メンデ族もテムネ族も、それぞれ全国民の3分の1ほどを占めます。

まず研究者は、人口統計から、それぞれの選挙区に各民族がどれぐらいいるのか調べました。次に、選挙区ごとの各民族の割合に、それぞれの民族が一般的にどちらの政党をより支持しているかを示す値を掛けました。こうすることで、各選挙区の支持バイアスを測ることができます。その結果が、図5-4です。プラスの大きな値になるほどAPCの支持が強く、マイナスの大きな値になるほどSLPPの支持が強くなります。この図から、北部と南部で支持がはっきりと分かれているのがよくわかります。一方、色が薄くなっている選挙区は、浮動投票者が多い選挙区といえます。

彼女は、この選挙区ごとの支持バイアスが、選挙キャンペーン中の支出とどのような関係にあるのか調べました。[60] 166ページの図5-5は、そのうちの1つの結果を示したものです。縦軸は選挙キャンペーン中に各選挙区に投下された現金の額を表し、横軸は各選挙区の支持バイアスを表しています。横軸は絶対値をとっていますので、図の左側のほうの選挙区が浮動投票者の多いところで、逆に右側のほうの選挙区がより基盤の強固なところです。

それぞれの点の意味ですが、横軸をいくつかの区間に分けた上で、最もバイアスのある選挙区（図には見えていませんが、最も右側に位置する選挙区）と比べて、それぞれの区間への投下額が平均的にどれだけ多いか（少ないか）ということを表しています。[61] 図から右下がりの関係になっていることがわかりますが、これは選挙キャンペーン中、各候補者は浮動投票者が最も少ない選挙

図5-4

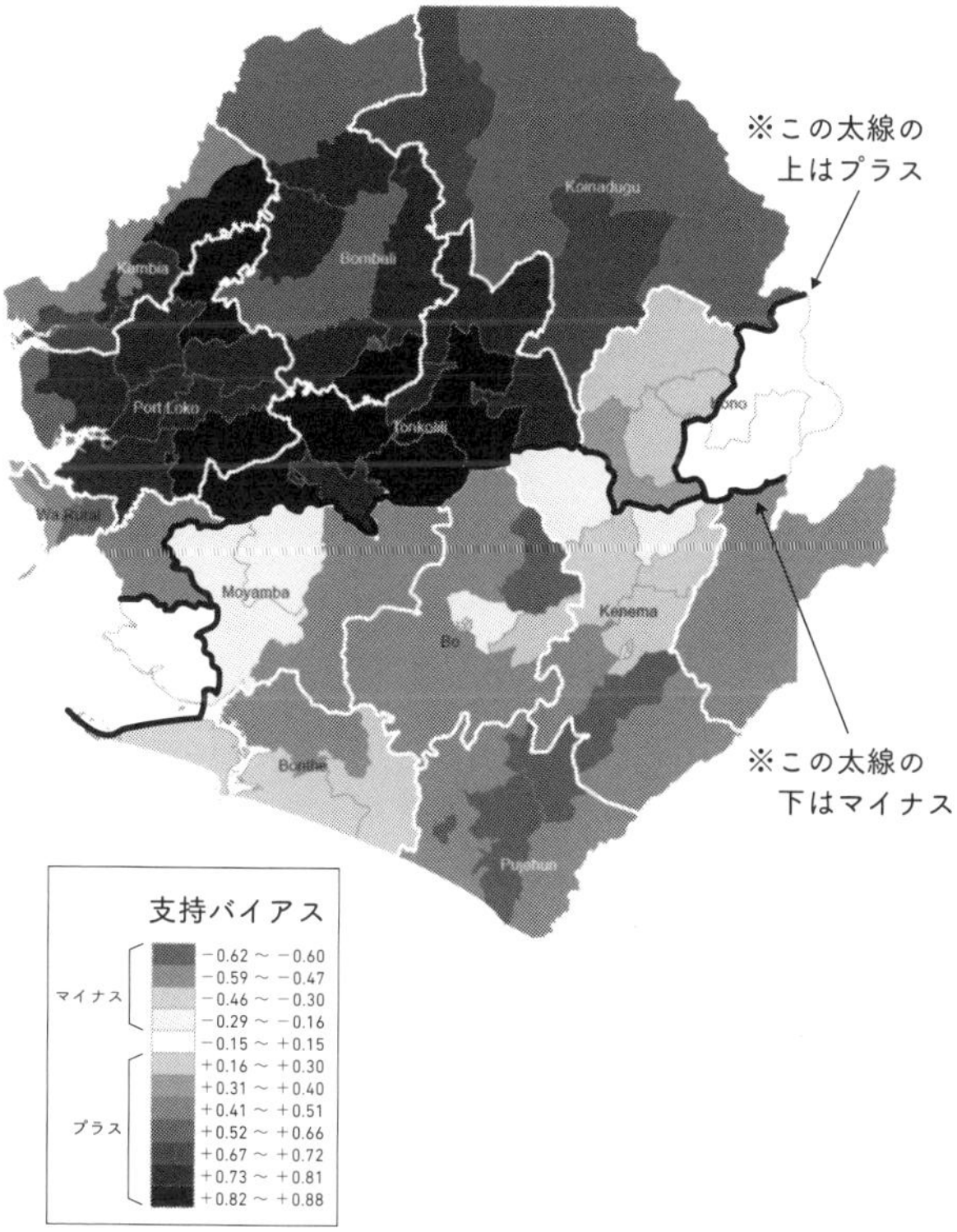

出典：Casey (2015).

図5-5

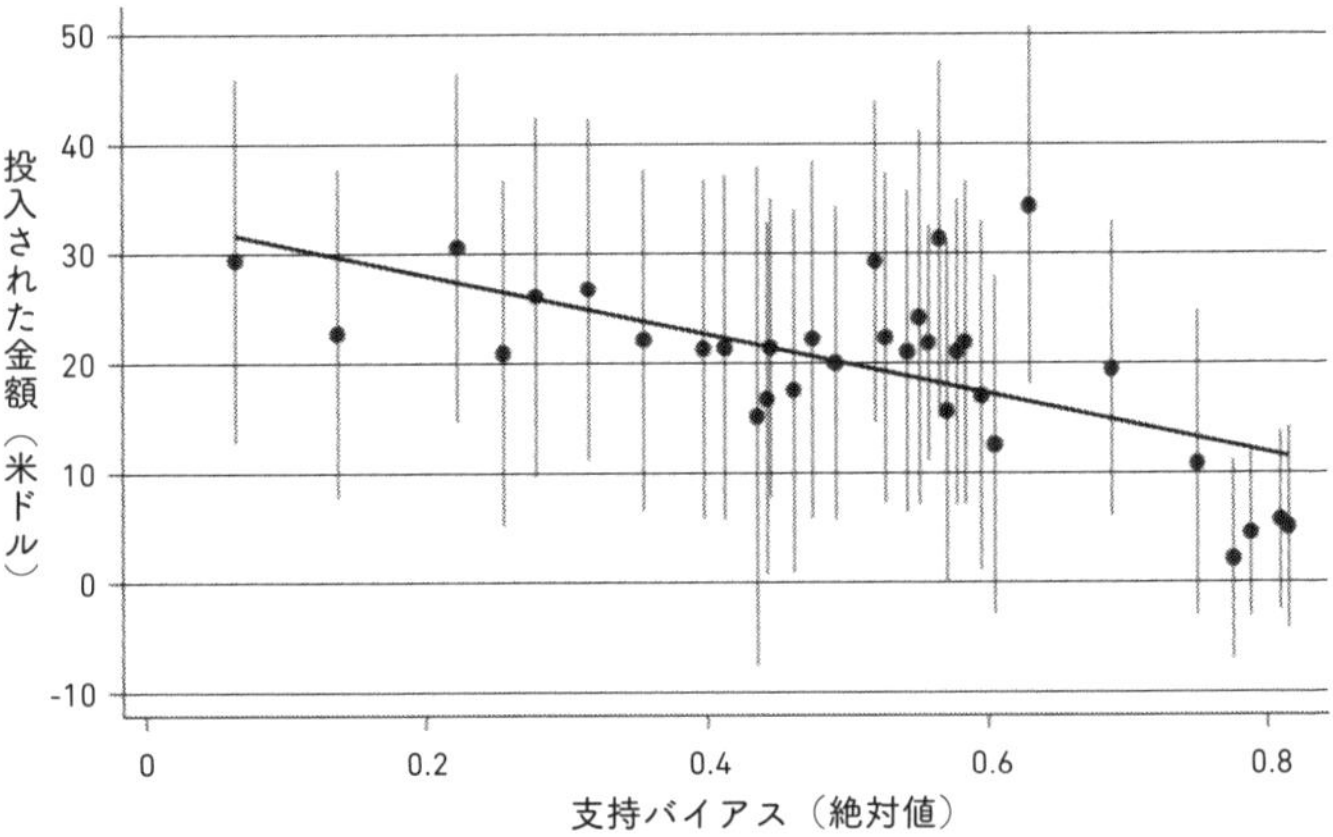

出典：Casey (2015).

区（最もバイアスのある選挙区）と比べて、浮動投票者が多い選挙区（図の左側）に対してより多くの現金を投下したことを意味しています。このことは、浮動投票者が多いグループがより優遇されるという予測と整合的な結果です。[62]

以上、確率的投票モデルを見てきましたが、浮動投票者が多いグループがより優遇されるという予測は、中位投票者の選好が政策に反映されるという予測と同様に重要な結果です。どちらか一方のモデルが、もう一方のモデルに常に勝っているというわけではないことに注意してください。このような基本モデルから導かれる結果を知っておくと、データ分析をする場合や、結果を解釈する場合の助けとなります。

上級編：多数代表制と比例代表制の違い

この上級編では、確率的投票モデルを応用し、選挙制度の違いによって政策に違いが出ることを示します。着目するのは、**多数代表制**（majoritarian system, plurality system）と、**比例代表制**（proportional representation（PR）system）です。以下で扱うのは本章のモデルの応用ですが、少し込み入った話になりますので、上級編としてあります。

まず、多数代表制とはどのような制度でしょうか。例えば、ある国にはAとBという2つの政党があるとします。仮にある選挙区における有権者の数が１０００人で、そのうち５１０人がA政党の候補者に、４９０人がB政党の候補者に投票するとします。すると、仮にこの選挙区の議席数が１ならば、A政党の候補者が勝ち、この議席を得ます。この制度

*60 厳密には、選挙キャンペーン中の支出は政府支出ではないですが、ここでは、浮動投票者が多いグループ（この場合は、選挙区）が優遇される例として挙げています。

*61 一方、縦線は95％信頼区間を表しています。

*62 浮動投票者が多い選挙区により多くの政府支出がなされるのかどうかについての議論は、例えば、Larcinese, V., J. M. Snyder, and C. Testa (2012). "Testing Models of Distributive Politics using Exit Polls to Measure Voters' Preferences and Partisanship." *British Journal of Political Science*, 43(4), 845-875を参照。

は、「勝者がすべてを得る（winner takes all）」制度ともいわれます。その理由は、勝ったA政党の候補者に投票した510人の票は活きますが、負けてしまったB政党の候補者に投票した490人の票は死票となるからです。この例と異なる点はありますが、日本の小選挙区制で採用されているのは、こちらの制度です。

一方、比例代表制は、議席率と得票率が比例する制度です。例えば、選挙区が全国に1つしかない単純な例を考えましょう。議席数が全部で100のとき、A政党の得票率が全体の6割で、B政党のそれが全体の4割であれば、A政党の議席数は60議席（全体の6割）、B政党のそれは40議席（全体の4割）になります。実際にはもっと複雑ですが、日本の比例代表制で採用されているのは、こちらの制度です。

以下では、P、M、Rという3つの選挙区を考えます。それぞれの選挙区の人口を1に標準化します。また、この国の人たちは、全員投票するとします。さらに、AとBという2つの政党があるとします。

次に、R選挙区のある個人の効用が以下で書けるとします。

$$W_R(g) = c_R + V(g) \qquad (5\text{-}12)$$

このうち、「c_R」は自分自身の消費から得られる効用を表し、「$V(g)$」は政府支出から得られる効用を表しています。

一方、消費者の予算制約式は、

$$c_R = 1 - T + f_R \tag{5-13}$$

と書けるとします。ただし、「1」は標準化した所得（$y=1$）、「T」は税金の固定額、「f_R」はR選挙区に特化した政府支出額です。（5-13）式を代入すると、（5-12）式は、

$$W_R(g) = 1 - T + f_R + V(g) \tag{5-12)'$$

と書き直すことができます。[63] M選挙区とP選挙区の個人に関しても同様に書けるとします（その場合は、添字をMとPに変えます）。

次に、政府の予算制約式は、

$$f_P + f_M + f_R + g = 3 \times T \qquad (5\text{-}14)$$

と書けます。左辺が支出、右辺が収入です。Tに3を掛けるのは、選挙区が3つあるからです。

続いて、各個人のA政党推し度が図5-6のように分布しているとします。図5-2に似ていますが、この図の場合は、選挙区によって推し度が分布している場所と高さが違います。

図中の$\bar{r}_P$、$\bar{r}_M$、$\bar{r}_R$は、それぞれの分布の中心を表しています。以下では、M選挙区の人たちの推し度はゼロを中心に分布し（$\bar{r}_M = 0$）、P選挙区のそれはゼロよりも左側で分布し（$\bar{r}_P < 0$）、最後にR選挙区の人たちの推し度はゼロよりも右側で分布している（$\bar{r}_R > 0$）と仮定します。この意味ですが、R選挙区はB政党に支持が偏り、P選挙区はA政党に支持が偏っているということです。また、図のように、最も分布の高さが高いのは、M選挙区だと仮定します。

図5-6

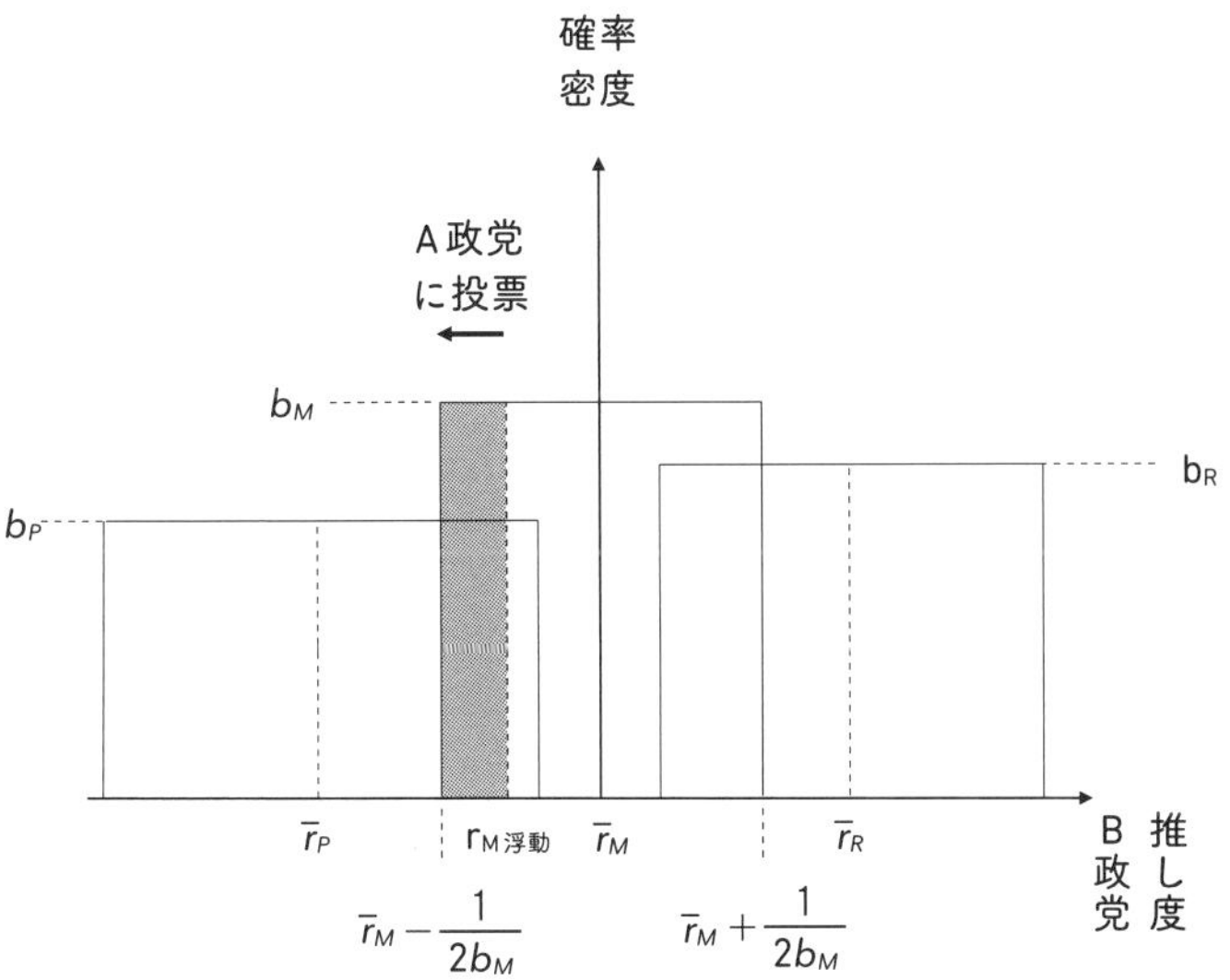

▼比例代表制

まず、比例代表制を考えます。

先ほど説明したように、比例代表制では得票率と議席率が比例します。したがって、例えばA政党が全100議席中、51議席（つまり、議席率が51%）を獲得して議会で多数派になるためには、全体で51%の得票率を得る必要があります（全有権者数が1000人なら、510人がA政党に投票する）。

＊63 本来は、政策（T, f_P, f_M, f_R, g）は、政党によって異なる値をとりますが、ここでは簡略化のために政党を表す添字を省いています。

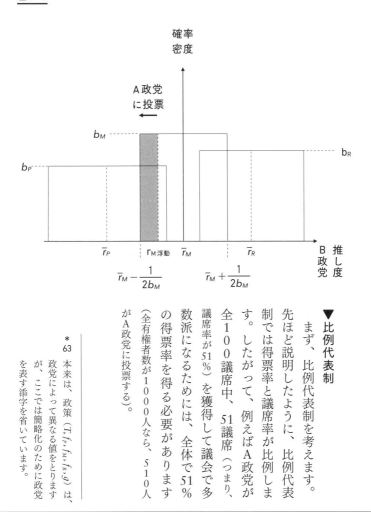

以下では、A政党について考えていきます（B政党の場合も考え方は同じです）。まず、各選挙区における、A政党の得票率を計算します。図5-6より、M選挙区におけるA政党の得票率は、図の影で示した部分の面積と等しく、それは、

（5-15）
$$b_M \times \left(r_{M浮動} - \left(\bar{r}_M - \frac{1}{2b_M}\right)\right) = b_M \times (r_{M浮動} - \bar{r}_M) + \frac{1}{2} = \pi_{A,M}$$

と計算できます。同様にして、P選挙区、R選挙区における得票率も、それぞれ、

（5-16）
$$b_P \times (r_{P浮動} - \bar{r}_P) + \frac{1}{2} = \pi_{A,P}$$

と、

$$b_R \times (r_{R浮動} - \bar{r}_R) + \frac{1}{2} = \pi_{A,R} \quad (5\text{-}17)$$

と計算できます。ただし、$\pi_{A,R}$ などは、各選挙区におけるA政党の得票率です。

A政党は、B政党の行動を所与としつつ、自分たちの得票率が全体平均の半分以上になる確率、つまり、

$$\frac{1}{3} \times (\pi_{A,P} + \pi_{A,M} + \pi_{A,R}) \geq \frac{1}{2} \quad (5\text{-}18)$$

となる確率を最大にするように、政策（T, f_P, f_M, f_R, g）を決めます。詳しい計算は付録に載せますが、この確率をp_Aで表すと、

（5-19）

$$p_A=\frac{1}{2}+\frac{e}{3\times\tilde{b}}\times(b_P\times(W_P(g_A)-W_P(g_B))+b_M\times(W_M(g_A)-W_M(g_B))+b_R\times(W_R(g_A)-W_R(g_B)))$$

と書くことができます。ただし、eはある値を表し、$\tilde{b}=\frac{1}{3}\times(b_P+b_M+b_R)$は確率密度の平均値を表します。そして$(g_A, g_B)$は、各政党が公約で掲げる政府支出額を表しています。

一方、B政党の確率は、$p_B=1-p_A$と表せます。B政党も、A政党の行動を所与としつつ、この確率を最大にするように政策を決めます。

まず、選挙区ごとの支出額(f_P, f_M, f_R)ですが、仮定よりM選挙区の浮動投票者が最も多いため、どちらの政党もこの選挙区をターゲットにします。つまり、f_P、f_Rはどちらもゼロにし、f_Mだけある正の値をとります。

政府の予算制約式（（5-14）式）より、税収を固定した上でf_Mを増やすためには、その分政府支出額gを減らさなければなりません。しかし、gが下がれば、それぞれの選挙区の有権者の効用が下がり、選挙で負けてしまう恐れがあります。言い換えると、f_Mとgのどちらにどれだけのお金を使うかというトレード・オフを考える必要があります。

詳しい計算は付録に載せますが、（5-19）式内の $W_P(g_A)$、$W_M(g_A)$、$W_R(g_A)$ に具体的な値（例えば、Rグループの場合は、（5-12）式）を代入し、確率を最大にするような支出額を計算すると、以下の式が導けます。

（5-20）

$$b_M \times 1 = (b_P + b_M + b_R) \times \frac{1}{g_A}$$

このうち左辺は、f_Mを1単位増やすことでM選挙区から得られる票を表し（「ベネフィット」の部分）、右辺は、それに伴いg_Aを減らすことで各選挙区から得られなくなってしまう票を表しています（「コスト」の部分）。政党は、これらがちょうど釣り合うような政府支出額を選びます。

この（5-20）式は、

（5-20）′

$$g_A^{PR} = \frac{3 \times \tilde{b}}{b_M}$$

と書き換えることができます。また、B政党も同じように書けますので、以下では、Aという添字を外してg^{PR}と表記します。このPRというのは、比例代表（proportional representation）の頭文字です。また、政府の予算制約式より、$f_M^{PR}=3\times T-g^{PR}$ということもわかります。

最後に税額Tですが、税額を1単位上げると、その分、各選挙区で税収が上がり、M選挙区への支出が$3\times f_M$増えます。この場合、税金が増えるため、全部で$b_P+b_M+b_R$の票を失いますが（「コスト」の部分）、一方、M選挙区では、$3\times b_M$の票を得ます（「ベネフィット」の部分）。このとき、M選挙区の浮動投票者が最も多いという仮定から、$b_P+b_M+b_R$よりも$3\times b_M$のほうが大きいことがわかります。つまり、コストよりベネフィットが大きいため、各政党は税額を最大にします。標準化した所得は1でしたので、$T^{PR}=1$になります。

以上をまとめると、

（5-21）

$$g^{PR}=\frac{3\times\tilde{b}}{b_M},\ f_P^{PR}=f_R^{PR}=0,\ f_M^{PR}=3-g^{PR},\ T^{PR}=1$$

というのが、比例代表制の場合に選ばれる政策です。

▼多数代表制

次に、多数代表制を考えます。各選挙区の議席数は1とし、選挙区ごとに各政党から1人ずつ立候補しているとします。このとき、それぞれの政党が選挙全体でより多くの議席を得るためには、なるべく多くの選挙区で勝たなければなりません。仮にP選挙区とR選挙区の政党支持が十分に偏っていれば、これらの選挙区では、それぞれの政党が問題なく勝ちます。一方、M選挙区に関しては、どちらの政党が勝つかは自明ではありません。つまり、最終的にどちらの政党がより多くの議席を獲得できるかは、この選挙区の結果に依存します。このためA政党は、M選挙区での得票率が半分以上になる確率、つまり、

$$\pi_{A,M} \geq \frac{1}{2} \qquad (5\text{-}22)$$

となる確率を最大にするように、最適な政策 (T, f_P, f_M, f_R, g) を決めます。B政党も同じです。

この式を、比例代表制の場合の式（(5-18) 式）と比べると、比例代表制の場合は、すべての選挙区の得票率を考慮していますが、多数代表制の場合は、主戦場となっているM選挙区の得票率のみを考慮していることがわかります。これが重要なポイントです。

詳しい計算は付録に載せますが、M選挙区でのA政党の得票率が半分以上になる確率は、

（5-23）
$$\frac{1}{2}+e\times(W_M(g_A)-W_M(g_B))$$

とシンプルに書けます。

まず、選挙区ごとの支出額（f_P, f_M, f_R）ですが、M選挙区のみがターゲットになるため、比例代表制と同じく、f_P、f_Rはどちらもゼロですが、f_Mだけある正の値をとります。

次に、政府支出額を求めます。詳しい計算は付録に載せますが、（5-23）式を最大にするような政府支出額を計算すると、

（5-24）
$$b_M\times1=b_M\times\frac{1}{g_A}$$

という式が導けます。この式は、（5-20）式と同様に、f_Mを増やすことのトレード・オフ

を表しています。左辺は、f_Mを1単位増やすことでM選挙区から得られる票を表し（「ベネフィット」の部分）、右辺は、それに伴いg_Aを減らすことで、M選挙区から得られなくなってしまう票を表しています（「コスト」の部分）。比例代表制の（5-20）式と比べると、右辺の値が異なっていることがわかります。多数代表制では、M選挙区から票が得られなくなるコストのみを考えますが、比例代表制の場合は、全選挙区から票が得られなくなるコストを考えるからです。（5-24）式を書き換えると、

$$g_A^{MAJ} = 1 \quad \text{(5-24)}'$$

と書けます。B政党も同じように書けますので、以下では、Aという添字を外して、g^{MAJ}と表します。ただし、MAJというのは、多数代表（majoritarian）の意味です。また、政府の予算制約式より、$f_M^{MAJ} = 3 \times T - g^{MAJ}$ということもわかります。

最後に税額ですが、比例代表制と同じく、税額を各選挙区で1単位上げることのベネフィットとコストを考える必要があります。コストに関しては、政党支持が十分に偏っていれば、R選挙区やP選挙区から被るコストを考慮する必要がありません。一方、ベネフィ

ットは、比例代表制の場合と全く同じです。したがって、多数代表制の場合は、比例代表制の場合に比べて、コストのほうをそれほど懸念しなくてもよくなります。このため、各政党は税額を最大にします。標準化した所得は1でしたので、$T^{MAJ}=1$になります。

以上をまとめると、

（5-25）

$$g^{MAJ}=1, f_P^{MAJ}=f_R^{MAJ}=0, f_M^{MAJ}=3-g^{MAJ}, T^{MAJ}=1$$

というのが、多数代表制の場合に選ばれる政策です。

比例代表制の場合の政策（（5-21）式）と、多数代表制の場合の政策（（5-25）式）を比べると、興味深いことがわかります。まず、比例代表制の政府支出額g^{PR}のほうが、多数代表制のそれg^{MAJ}よりも大きくなっています。このことは、（5-20）式と（5-24）式を使って（ただし、Aという添字は省きます）、以下のように計算すると確認できます。

（5-26）

$$(b_P+b_M+b_R)\times\frac{1}{g^{PR}}=b_M\times\frac{1}{g^{MAJ}}$$

$$\frac{g^{MAJ}}{g^{PR}}=\frac{b_M}{(b_P\times b_M\times b_R)}<1$$

$$g^{MAJ}<g^{PR}$$

次に、税額はどちらの制度でも同じですので、比例代表制の政府支出額gのほうが大きいということは、政府の予算制約式（(5-14) 式）を考えれば、その分、M選挙区に特化した政府支出額f_Mは、逆に多数代表制のほうでより大きいことがわかります。

政府支出額gは選挙区に限定しない「広い」支出ですが、f_Mは特定の選挙区に限定した「狭い」支出であることを踏まえると、

多数代表制では、特定の選挙区・グループへの支出が多くなり、比例代表制では、より広い地域・グループへの支出が多くなる。

と言うことができます。

　その理由ですが、多数代表制では戦いの場が一部の選挙区に限られているため、そこに対してより配慮する必要がありますが、比例代表制では、全体的により多くの票を獲得しなければならないため、幅広く配慮する必要があるからです。

　このように、確率的投票モデルを使うと、選挙制度によって政策に違いが出てくることを示すことができます。

Column 3

政策の第3の選び方？

第4章、第5章では、社会全体の効用を最大にする政策と、選挙を通じて政治的に選ばれる政策があることを学びました。仮に前者のような政策を選ぶことが社会的に好ましいとしても、政治的に後者の政策が選ばれる、というのがポイントです。ここで前者のような政策の選び方を「第1の選び方」、後者のような政策の選び方を「第2の選び方」と呼びましょう。

さて、政策には、これらとは違う、「第3の選び方」が存在します。それは、政策をその（費用対）効果に応じて選んでいくというものです。政策には税金が使われていますので、なるべく費用に対して効果のある政策を選ぶという意味が込められています。

例えば、失業者の再就職率を高めるという政策目標があったとします。その目標を達成するためには、いくつかの方法を考えることができます（例：カウンセリング、職業体験等）。この第3の選び方では、それらの方法を実験的に試してみて、その中からより効果のあるものを見つけていきます。これまでの日本の多くの政策がそうだったように、単に政策を行ってそれで終わりではなく、データを駆使して事後的に評価することで、その政策にどれほど効果があるのかを調べます。これを繰り返していくと、どの方法がより効果的かを調べることができます。これは、最近の日本で言われているデータ駆動型社会とも整合的な話です。

また、効果がある政策というのは、社会全体の効用を最大にする政策とも通じています。仮に第1の選び方が演繹的・理論的な方法だとすると、第3の選び方は帰納的・実証的な方法だと言えます。実際にどの政策にどれぐらいの効果があるかわからないので、それらを試しながら、社会全体にとってより良い政策を見つけていくというイメージです。

しかし、このような第3の選び方は、民主主義の考え方を根本から変えるかもしれません。というのは、仮に効果が大きい政策を選ぶだけで良いのであれば、政策を選ぶ政治家の役割が限りなく小さくなるからです。例えばデンマークでは、AIに政策立案を委ねる「人工党」が登場したそうです。そのうち政策立案が自動化される日が来るかもしれません。

しかし、社会が長い目で見てそうなっていくのだとしても、日本社会のデジタル化の現状などを踏まえると、それが起こるのはまだ先のような気がします。それまでの間は、政策の評価を進め、出揃ったエビデンスの中から、政治家が政治的に実行可能なものを選ぶというようになっていくのではないでしょうか。言い換えると、第2の選び方との折衷ということです。仮にそうだとしても、過去の政策から学び、次に活かすという意味では、政策を行ってそれで終わり、という状況よりは良くなっていると思います。また、この場合、政治家の役割は今とほとんど変わりませんので、選挙などを通じて民主主義をうまく機能させていく必要性は、依然として残ります。

さて、次の社会がそのような折衷型になるとして、政治家にエビデンスを提示すると本当に政策は変わるのでしょうか。このことを調べた最新の研究があります。

研究者たちは、ブラジルの自治体連合（The National Confederation of Municipalities）と組んで、各自治体の市長（mayor）に対してある実験を行いました。実験の中では、ランダムに選ばれた市長に対し、納税に関するいくつかのエビデンスが紹介されました。期限内に納税してもらうためには、納税者に対してリマインダーを送ることが効果的であるというエビデンスです。

その結果、介入を受けた市長の自治体では、実際にそのような政策を行う傾向があることがわかりました。つまり、エビデンスが伝えられたことにより、それに基づいて政策が行われたことを示唆しています。

日本の政策をよりエビデンスに基づいたものにしていくには、いくつかの障壁を乗り越える必要があります。その一つが、政策評価をする人たちと、政策を立案・決定する人たちの間の情報の壁です。より効果的な政策を実現するためには、両者の間で情報共有を進める必要があります。

参考文献

Hjort, J., D. Moreira, G. Rao, and J. F. Santini (2021). "How Research Affects Policy: Experimental Evidence from 2,150 Brazilian Municipalities." *American Economic Review*, 111 (5), 1442-1480.

第6章

誰が政治家になるのか？

この章の要約

・市民は自らの好みの政策を実行するために立候補する。

・政治家になるのは各社会階層を代表する有能な人たち（少なくともスウェーデンでは）。

キーワード

政策へのコミット

政策の収束、発散

正直な投票者と戦略的投票者

市民候補者モデル

第3章から第5章で扱ったモデルの中では、有権者と候補者が別々に存在していました。その上で、候補者が（選挙で勝つために）どのような政策を選ぶのかを考えてきました。政策に中位投票者の選好（第3章、第4章）と、浮動投票者が多いグループの選好（第5章）が反映される場合があったわけですが、共通していたのは、社会的に最適な政策が必ずしも選ばれないということでした。

また、これらのモデルでは、候補者は公約に書いたことをきちんと守る（専門用語で、公約に「コミットする」と言います）という仮定を置いていました。そこで想定されていたのは、選挙で勝つためには、仮に自分の嫌いな政策だったとしても、公約に書いてきちんと実行するという候補者像です。

一方、本章で取り上げる**市民候補者モデル**（citizen candidate model）では、それらとは異なる状況を考えます。[64] このモデルは、これまで扱ったモデルと同様、政治経済学の代表的なモデルの一つです。

まず、モデルの中では、候補者も有権者も同じ市民だと考えます。その上で、市民の中からどのような人が立候補するのか考えます。重要なのは、モデル内の市民は、あくまで自分の好みの政策を実行するために立候補するということです。つまり、候補者は選挙で勝つためにどのような政策でも公約に書くわけではなく、あくまで自分の好みの政策を書きます。この仮定により、これまでとはまったく違った結果を導くことができます。

例えば、ルルとポコという2人の候補者がいるとします。これまでのモデルでは、彼・彼女の掲げる政策は、中位投票者の好みの政策や、浮動投票者が多いグループの好みの政策に収束しました。ここで**収束する**（converge）というのは、2人の掲げる政策が非常に似通ったものになるという意味です。これは、ルルとポコ自身がどのような好みを持っていたとしてもそうなります。このことを可能にしているのは、候補者は、自分の好みでない政策にもコミットできるという仮定です。

一方、市民候補者モデルでは、候補者は、あくまで自分の好みの政策を公約に書きますので、政策は必ずしも収束しません。むしろ、仮にルルが右寄りで、ポコが左寄りの選好を持っている場合などは、右寄り、または左寄りの極端な政策が選ばれることがあります。このことを、収束に対して、政策が**発散する**（diverge）と言います。

それでは、早速モデルに入っていきましょう。これまでのモデルでは、誰がどのタイミングでどういう行動をするかは、あまり明示的に考えてきませんでした。どちらかというと、選挙前の一時点を切り取って、候補者がどういう政策を公約に書くのかを考えました。実際には、そのあとに選挙があり、当選した候補者の公約が実行されます。

一方、市民候補者モデルには、これらに加えて立候補の段階があります。モデル内の具体的な時間の流れは、以下のように表されます。

1：立候補。どのような市民でも、$q>0$というコストを払えば立候補できる。
2：選挙。市民は戦略的に投票する。より多くの票を獲得した候補者が勝つ。同数票の場合はコイン投げで勝者を決める。
3：当選者の政策gが実行される。誰も候補者がいない場合は、デフォルトの政策$\bar{g}$が実行される。

最初のタイミングで、希望する市民は、一定のコストを払って立候補します。次に選挙が行われ、当選者は自らの掲げる政策を実行します。仮に誰も立候補者がいなければ、あらかじめ定められたデフォルトの政策が実行されます。

＊64　市民候補者モデルには代表的な2つの論文があります。戦略的投票者を仮定しているのは、Besley, T. and S. Coate (1997). "An Economic Model of Representative Democracy." *The Quarterly Journal of Economics*, 112 (1), 85-114。正直な投票者を仮定しているのは、Osborne, M. J. and A. Slivinski (1996). "A Model of Political Competition with Citizen-Candidates." *The Quarterly Journal of Economics*, 111 (1), 65-96。本章の定式化はPersson and Tabellini (2000)を参考にしました。

また、タイミング2に「市民は戦略的に投票する」と書きましたが、これも重要です。このような有権者は、**戦略的投票者**（strategic voter）と呼ばれます。「戦略的」に投票するというのは、他の有権者の行動を予想した上で、自ら好ましいと思う候補者に投票するという意味です。一方、これまでのモデルで暗に仮定されていた有権者は、**正直な投票者**（sincere voter）と呼ばれます。この場合の有権者は、他の有権者の行動に依存せず、単に自ら好ましいと思う候補者に投票します。その意味で、彼・彼女らは「正直（sincere）」です。つまり、他の有権者の行動に依存せずに投票するのが正直な投票者なのに対し、それに依存するのが戦略的投票者です。[65]

市民候補者モデルでは、いくつかの均衡を考えることができます。この場合の均衡というのは、それ以上動くことがない状況のことを指します。条件としては、

（a）ある市民（1人だけとは限らない）が実際に立候補する。
（b）その他の市民は立候補しない。

の2つが満たされている必要があります。これだけではなかなか伝わらないと思いますので、具体的に見ていきましょう。

さて、これまでの章と同じく、**図6-1**のように所得に応じて市民が分布しているとします。左のほうに所得の低い人が、右のほうに所得の高い人がいるとイメージしてください。そして、

図6−1

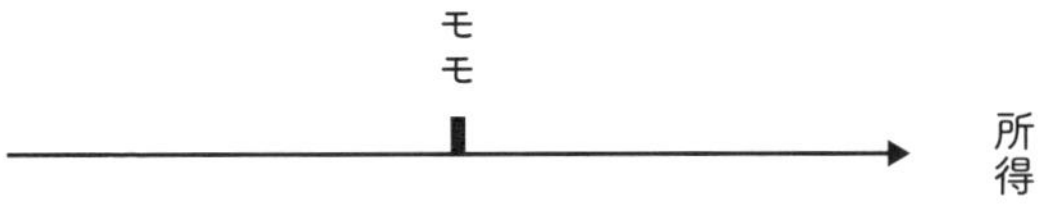

誰がどこにいるかは全員が知っているとします（専門用語で、共有知識（common knowledge）と言います）。また、中位投票者の定理が成り立つとします。

次に、ある i さんという市民の効用は、「$W_i(g)$」で表されるとします。ただし、g は実際に実行される政策（一人当たり政府支出額）です。第4章で見たように、所得の低い人はより大きい g から高い効用を得ますが、所得の高い人はより小さい g から高い効用を得ます。

＊65 Kawai, K. and Y. Watanabe (2013). "Inferring Strategic Voting." *American Economic Review*, 103 (2), 624-662では、日本のデータと構造モデルを使い、投票者のうちどれぐらいが戦略的投票者かを推定しました。先行文献に従い「自らが**ピボタルな投票者**（pivotal voter）になるかどうかを踏まえた上で、最も好ましいと思う人に投票する人」を戦略的投票者と定義し、モデルを推定したところ、日本の有権者のうち63・4～84・9％が戦略的投票者ということがわかりました。投票者は、候補者のうち上位の人たちが接戦しているときに、ピボタルな投票者になります。なぜかというと、このような状況では、彼・彼女がどう投票するかによって、選挙結果がガラリと変わる可能性が高いからです。ピボタルという単語は、枢軸や中枢という意味があるピボット（pivot）の形容詞です。

候補者が1人の均衡

さて、このとき、市民1人だけが立候補し、それ以外の市民が誰も立候補しないというような均衡はあり得るでしょうか。市民といってもたくさんいますので、以下では、中位投票者（つまり、所得が中位置の市民）が、1人だけ立候補するような状況について考えます。

仮にこの人をモモと呼びましょう。図6-1にモモの位置を示しました。

次に、彼女の効用が以下のような関係を満たすとします。

（6-1）

$$W_{モモ}(g_{モモ}) - q \geq W_{モモ}(\bar{g})$$

この式の左側は、モモ自身が立候補する場合を考えています。彼女が当選した場合に得られる効用 $W_{モモ}(g_{モモ})$ から、立候補するためのコストqを差し引いたものです。一方、右側は、誰も立候補しない場合を考えています。この場合は、189ページのタイミングに書かれたルールに従い、$\bar{g}$というデフォルトの政策が実行されます。

つまりこの式は、モモは、自身が立候補することで、誰も立候補しないとき以上の効用を得られるということを表しています。このような関係が成り立つとき、少なくとも190ページの（a）の条件は満たしていますので、モモは立候補します。それでは、（b）の条件はどうでしょうか。

まず、別の中位投票者（つまり、モモと同じ所得の別の人）はどうでしょうか。その人にとっては、モモが自分の望む政策を実行してくれるので、わざわざコストを払って立候補する必要がありません。[*66] このため、別の中位投票者は立候補しないことがわかります。

次に、中位投票者でない人はどうでしょうか。中位投票者の定理より、仮にそういう人が立候補しても、中位投票者には勝てません。したがって、中位投票者でない人も、わざわざコストを払って立候補しないことがわかります。つまり（b）の条件も満たしているといえます。

以上より、モモが1人だけ立候補するという均衡は存在します。

＊66 具体的には、$W_{モモ}(g_{モモ}) > \frac{1}{2} \times W_{モモ}(g_{モモ}) + \frac{1}{2} \times W_{中位値}(g_{中位値}) - q$ が満たされている限りで、他の中位投票者は立候補しません。ただし、$W_{中位値}(g_{中位値})$ は、他の中位投票者の効用を表しています。左辺は、他の中位投票者が立候補しない場合を表し、右辺は立候補する場合を表しています。立候補しない場合は、コストはかかりません。一方、立候補する場合は確率半分で勝てますが、コストがかかります。ちなみに数式では区別していますが、モモも中位投票者ですので、実際は、$W_{モモ}(g_{モモ}) = W_{中位値}(g_{中位値})$ です。このことを踏まえた上で式を書き換えると、$q > 0$ となります。よって、立候補にコストがかかる限り、中位投票者は立候補しないことがわかります。

それでは、どういう状況でそれが起こりやすいのでしょうか。このことを理解するために、（6-1）式を、

(6-1)′

$$W_{med}(g_{med}) - W_{med}(\bar{g}) \geq q$$

と書き換えます。この不等式が満たされるぐらいコストqが小さいなら、あるいは、自分の政策から得られる効用がデフォルトの政策から得られる効用よりも格段に高いなら、中位投票者が1人だけ立候補するという均衡があり得ます。

この均衡は、実行される政策に関して見れば、中位投票者の定理が言っていることと何も変わりません。中位投票者の選好が政策に反映されるからです。一方、市民候補者モデルには別の均衡も存在します。

候補者が2人の均衡

次に、ある2人の市民が立候補するような均衡を考えてみましょう。2人の候補者をルルと

図6–2

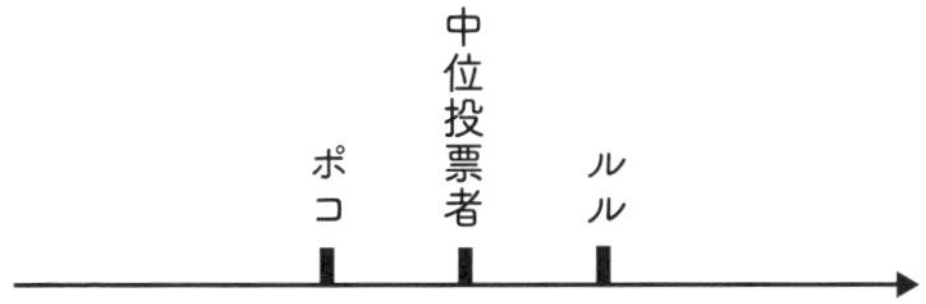

ポコと呼びます。図6-2のように、中位投票者よりも右にいるのがルル、左にいるのがポコです。

　ポコは、以下の式が満たされていれば立候補します。

(6-2)

$$p\times W_{ポコ}(g_{ポコ})+(1-p)\times W_{ポコ}(g_{ルル})-q\geq W_{ポコ}(g_{ルル})$$

　このうち、「p」というのは、ポコの当選確率です（例えば$p=0.5$なら当選確率は半分です）。

　まず、式の左辺は、ポコが選挙に出る場合を考えています。ルルとの一騎打ちを考えていますので、（確率pで）ポコが勝てば、ポコの望む政策$g_{ポコ}$が実行されますが、（確率（$1-p$）で）負ければ、ルルの政策$g_{ルル}$が実行されます。ただし、選挙に出るためのコストqが引かれています。

　一方、式の右辺は、ポコが選挙に出ない場合を考えています。この場合は、ルルが不戦勝で勝ち、彼女の政策が実行されます。したがって、（6-2）式は、ポコはコストを払ってでも一騎打ちに挑めば、選挙に出ない場合以上の効用を得ることができるということを表しています。

同様に、ルルの場合の立候補の条件は以下のように書けます。

（6-3）

$$p \times W_{ルル}(g_{ポコ}) + (1-p) \times W_{ルル}(g_{ルル}) - q \geq W_{ルル}(g_{ポコ})$$

次に、中位投票者は、ルルの政策が実行されようがポコの政策が実行されようが、同じだけの効用を得ると仮定します。数式では、

（6-4）

$$W_{中位値}(g_{ルル}) = W_{中位値}(g_{ポコ})$$

と表せます。中位投票者の定理が成り立っていますので、中位投票者がどう投票するかで勝敗が決まりますが、この仮定のもとでは、中位投票者はポコとルルに関して無差別なので、それ

それぞれの候補者の当選確率は半々です。

このことを（6-2）式と（6-3）式に反映させると、それぞれ、

（6-2）′

$$\frac{1}{2}\times(W_{ポコ}(g_{ポコ})-W_{ポコ}(g_{ルル}))\geq q$$

と、

（6-3）′

$$\frac{1}{2}\times(W_{ルル}(g_{ルル})-W_{ルル}(g_{ポコ}))\geq q$$

と書き直すことができます。

これら2つの式の意味ですが、左辺の（$W_{ルル}(g_{ルル})-W_{ルル}(g_{ポコ})$）と、（$W_{ポコ}(g_{ポコ})-W_{ポコ}(g_{ルル})$）が表しているのは、自分の政策と相手の政策から得られる効用の差分です。したがって、これらの条件が言っているのは、（qというコストに対して）効用の差分が十分に大きいということです。

言い換えると、ポコとルルは、お互いが十分離れているような人たちである必要があります。
これら3つの条件（(6-2)、(6-3)、(6-4)）が満たされている限りにおいて、この2人は立候補します。つまり、(a)の条件が満たされます。

それでは、他の市民が立候補することはあり得るのでしょうか。仮にそのような市民がいれば、2人だけが立候補するという均衡が崩れてしまいます。気になるのが、中位投票者の存在です。仮に先ほど出てきたモモが立候補する場合はどうでしょうか。ただし、中位投票者の数は、全体の3分の1よりもずっと少ないと仮定します。

ルルとポコの得票数が拮抗《きっこう》している状態で、モモが図6-3のように入る場合を考えます。このときモモは、中位投票者の票を得られるかもしれませんが、中位投票者より右の人や左の人の票を得ることはありません。なぜでしょうか。

仮に、中位投票者よりも右の人が1人だけルルからモモに鞍《くら》替《が》えするとしましょう。すると、ポコに投票する人に比べて、ルルに投票する人が1人減ってしまいます。さらにこの鞍替えだけではモモもポコに勝てません。すると、選挙ではポコが勝ってしまいます。

この場合、ルルに投票していた人たちにとってみれば、好ましくない政策をポコが実行してしまい、ルルが選挙で勝つ場合に比べて効用が下がってしまいます。そのため、このような鞍替えはそもそも起きません。同様にして、中位投票者より左にいる人が1人だけポコからモモに鞍替えすることもありません。ちなみにこのモデルの設定では、複数人で話し合って一緒に

図6–3

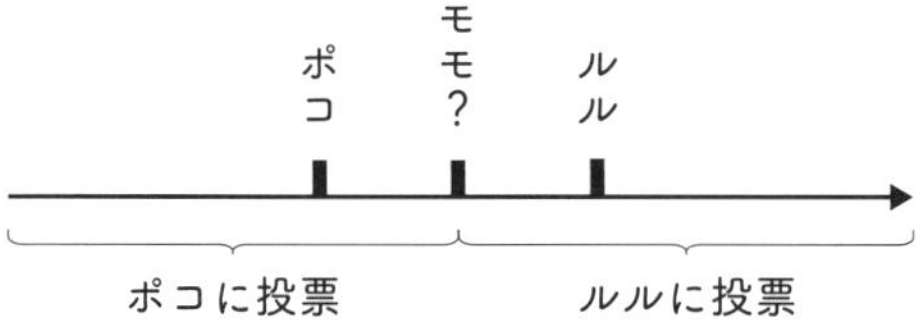

鞍替えするということはできません。あくまである有権者1人が、(他の人の行動を所与として)鞍替えするかどうかを決めます。

そのため、モモに投票する可能性があるのは、中位投票者だけです。しかし、中位投票者だけでは勝てないことを予想したモモは、そもそも立候補するのをやめてしまいます。つまり、ポコとルルの2人だけが立候補する均衡は存在します。

このような均衡の面白い点は、選ばれる政策が極端になる可能性があるということです。政策が右と左に極端に離れていても、真ん中の人が立候補することがないからです。[67]

一方、戦略的投票者ではなく、正直な投票者の仮定のもとでは、様相が少し異なります。先ほどと同じく、2人の候補者がいるときにモモが立候補するとどうなるでしょうか。その場合、市民は自分の選好のみに従って投票するので、ポコとルルの間の市民は、次ページの図6-4に表したようにモモに投票します。このため、モモが立候補するのを阻止するためには、ポコとルルは、なるべく中位投票

＊67　この他、市民候補者モデルには、候補者が3人やそれ以上の均衡も存在します。

図6-4

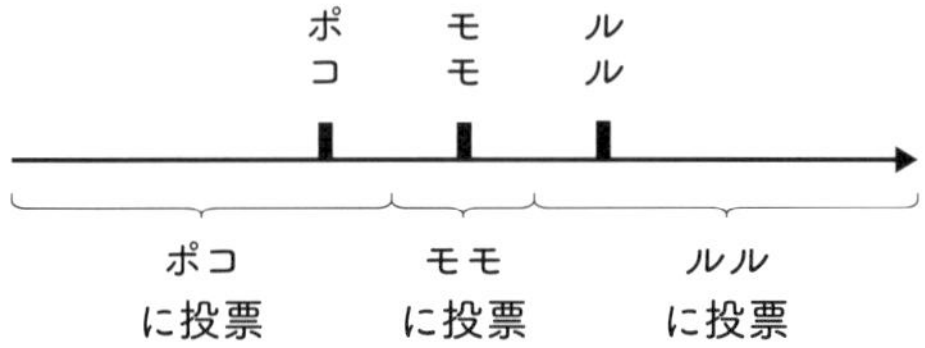

者に近い人たちである必要があります。そうすると、モモに投票する人が減るので、彼女は選挙で勝てなくなり、立候補を控えます。

一方、同時に条件（6-2）や（6-3）も満たされている必要があるので、ポコとルルは、お互いがなるべく離れている人たちである必要もあります。したがって、正直な投票者の場合、2人だけが立候補することを可能にするためには、立候補する市民は、お互いに「近づきすぎず、離れすぎない」人たちである必要があります。これは、戦略的投票者の場合に極端な政策が選ばれるのとは少し異なった結果です。

以上のように、市民候補者モデルでは、2人だけが立候補する均衡が存在します。その場合、2人の得票率が拮抗しているので、最後はコイン投げなどで勝者を決めます。特に戦略的投票者の場合は、極端な政策が実行されることがあり得ますが、これはこれまで出てきたダウンズ・モデルや確率的投票モデルとは大きく異なる結果です。

市民は自らの好みの政策を実行するために立候補する？

市民候補者モデルがどれぐらい現実社会を反映しているのかを直接テストするのは難しいです。しかし、ダウンズ・モデルや確率的投票モデルが想定している世界観と、市民候補者モデルが想定している世界観のどちらがもっともらしいかは、データで検証できます。ダウンズ・モデルや確率的投票モデルが想定している世界観は、候補者は有権者の存在を意識して政策を変更するというものです。自分の選好が何であれ、選挙で勝つために中位投票者の選好や浮動投票者の多いグループの選好に合わせます。

一方、市民候補者モデルが想定している世界観は、候補者はあくまで自分の好みの政策を提示し、有権者はその中から自分の好みのものを選ぶというものです。果たして、データはどちらに軍配を上げるでしょうか。

デービッド・リーら研究者は、アメリカ下院議員の点呼投票のデータを使ってこれを検証しました。[68] 議員が議会で投票する際、名前を隠さずに投票する方法の1つに、点呼投票（ロール・

*68 Lee, D. S., E. Moretti, and M. J. Butler (2004). "Do Voters Affect or Elect Policies? Evidence from the U.S. House." *The Quarterly Journal of Economics*, 119 (3), 807-859.

コール投票、roll-call vote）と呼ばれるものがあります。点呼投票は、起立などで投票する場合と異なり、誰がどのように投票したかがわかるという特徴があります。

彼らが使ったのは、因果推論の四天王のうち、第2章、第4章でも登場したRDDです。第2章のスウェーデンの例では政府支出額に着目し、第4章のブラジルの例では投票に占める有効投票率に着目しました。一方、ここでは政治家のリベラル度を測った指標に着目します。

そのような指標として、アメリカには、Americans for Democratic Action（ADA）という組織が作っている指標があります。[69]これは、下院議員の点呼投票の記録をもとにして、ある政治家がどれぐらいリベラルなのか、あるいはそうでないのかを、0（保守）から100（リベラル）の値で測ったものです。[70]以下ではこれをADAスコアと呼びます。

このデータを図示したのが、図6-5です。横軸はある選挙のときの民主党の得票率を表し、縦軸は、その次の選挙で当選した人たちのADAスコアを表しています。

この図を作製するために、まず、各議員のADAスコアをそれぞれの出身選挙区に割り振ります。こうすることで、ある選挙区がどれぐらいリベラルなのかがわかります。次に、ある選挙の民主党の得票率を、いくつかの区間に分けます（得票率が0・51から0・52の間の区間、0・52から0・53の区間など）。そして、その区間ごとにその次の選挙で当選した人たちのADAスコアの平均値を計算します。これが図中の丸の意味です。横軸が0・5よりも右側の選挙区では民主党が勝ち、0・5よりも左側の選挙区では共和党が勝っています。

図6-5

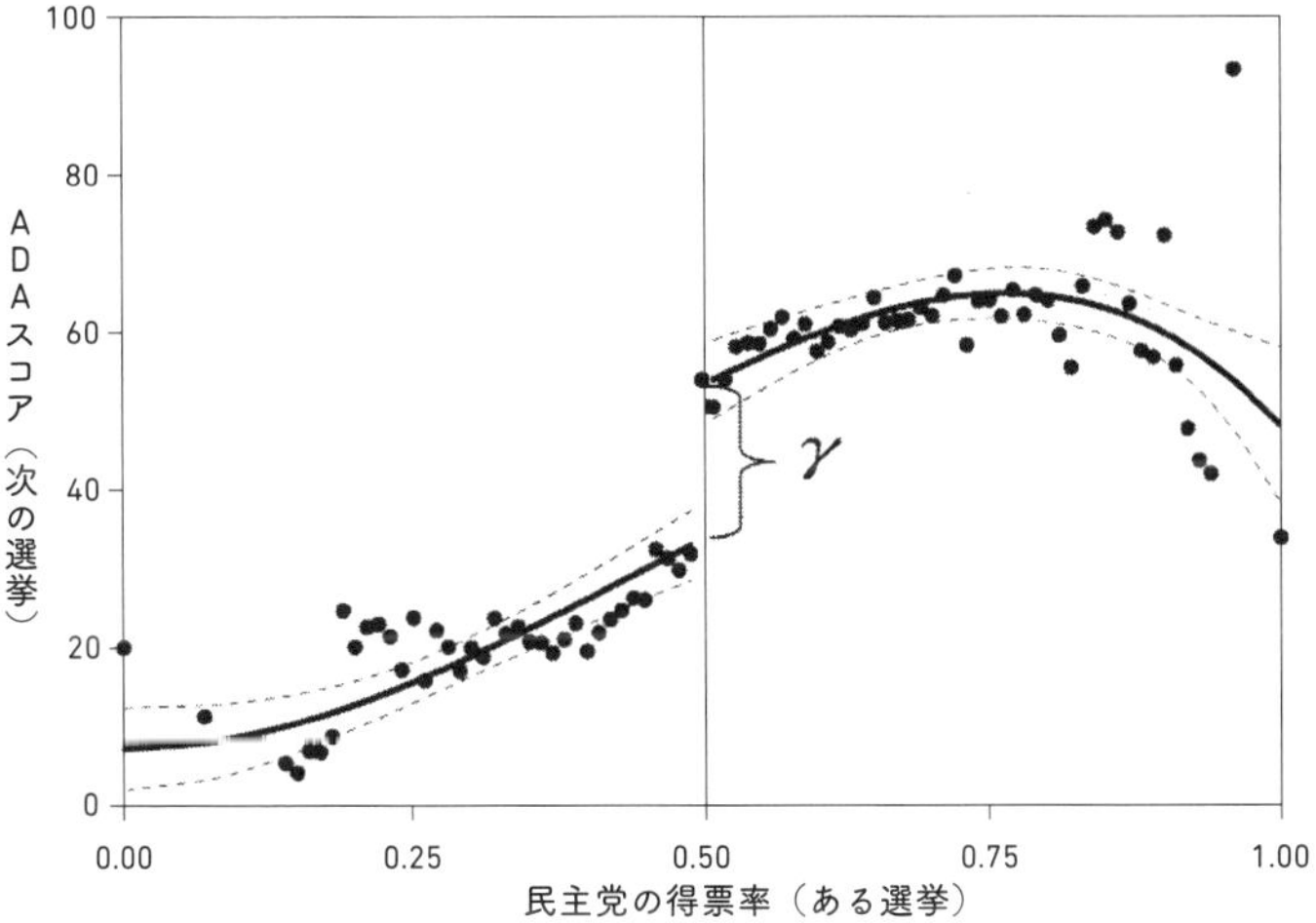

出典：Lee et al. (2004).

図から明らかなように、0・5という閾値を境として、ある選挙でぎりぎり民主党が勝った選挙区において、次の選挙で当選した人たち（民主党候補とは限らない）のADAスコアがジャンプしています。つまり後者のような選挙区で勝つ人のほうが、（その人が何党候補であれ）よりリベラルということです。

このADAスコアのジャンプの大きさが、γ（ガンマ）という記号で表され

＊69 https://adaction.org/ada-voting-records/

＊70 ADAスコアはよく利用されるデータですが、スコアの付け方に問題がないわけではありません。リーらは、別の指標でも調べ、結果はADAスコアに特有のものではないことを示しています。

ています。このγですが、以下の2つの効果の足し算になっています。

1. ある選挙で民主党（共和党）が勝った選挙区では、次の選挙でも同じ政党が勝ちやすい。
2. 次の選挙の候補者は、選挙で勝つために、自分の政策を前の選挙で勝った候補者の政策に合わせる。

このうち1は、候補者は自分の好みの政策を掲げ、有権者はその中から自分の好みのものを選ぶというような、市民候補者モデルが想定する世界観と近いものです。以下では、これを「選択（select）の要素」と呼びます。一方、2は、候補者は自分の選好が何であれ、勝つための政策を選ぶという意味で、ダウンズ・モデルや確率的投票モデルが想定する世界観と近いものです。以下では、これを「影響（affect）の要素」と呼びます。

この「影響の要素」の意味は、図6-5の0・5よりも右側の選挙区を考えるとわかりやすいかと思います。影響の要素が言っているのは、このような選挙区で負けた共和党候補は、次の選挙で勝つために、自分の政策をより民主党の政策に近づけるということです（このため、ADAスコアが上がっている）。

詳しい説明は省きますが、「影響の要素」はデータから計算することはできませんが、「選択の要素」はできます。[71] さらに、

γ＝影響の要素＋選択の要素

という関係がわかっていますので、γと「選択の要素」がわかれば、「影響の要素」を計算することができます。

リーラが計算した結果、γは20（つまりADAスコアが20増えたということ）、「選択の要素」は22・5ということがわかりました。したがって、「影響の要素」は、マイナス2・5（＝20－22・5）ということです。つまり、「影響の要素」に比べ、「選択の要素」の程度が大きいということがわかりました。

以上の結果より、候補者は自分の好みの政策を提示し、有権者はその中から自分の好みのものを選ぶ傾向があることがわかります。つまり、少なくともこの実証結果は、ダウンズ・モデ

＊71 選択の要素は、「ある選挙の民主党候補の得票率が、その選挙のADAスコアに与える効果」と、「ある選挙の民主党候補の得票率が、次の選挙の民主党候補の当選確率に与える効果」の掛け算になっています。どちらもデータから計算することができます。

ルや確率的投票モデルの世界観よりも市民候補者モデルの世界観を支持しています。ただし、第5章でも書きましたが、一方のモデルがもう一方のモデルに常に勝っているというわけではないということには注意が必要です。ダウンズ・モデルや確率的投票モデルにしろ、市民候補者モデルにしろ、現実社会を理解するための見方を提示してくれています。

誰が政治家になるのか？

さて、市民候補者モデルのような世界観を考えると、一体どのような市民が政治家になるのか気になります。

例えば、より能力が低く不正直な人のほうが政治家になりやすいという理論結果があります。[72]その理由は、有能かつ正直な人ほど機会費用（opportunity cost）が高いからです。この場合の機会費用は、政治家にならなかったときに得ていたはずの所得のことです。有能かつ正直な人ほど賃金は高くなる傾向があるため、政治家になることの見返りが小さくなります。このため、むしろそうでない人たちのほうが、より政治家になりやすくなります。このような状況を、「逆選択（adverse selection）」と言います。

それでは、実際はどうなっているのでしょうか。できれば有能なリーダーで、なおかつ社会のさまざまな人たちを代表するような人たちが選ばれていてほしいところですが、この理論結果が示すように、そうでない可能性も十分あります。データを使って見ていきましょう。

取り上げるのは、アーネスト・ダル・ボーら研究者の研究です。[73] 彼・彼女らが使ったのはスウェーデンのデータです。どういう特徴を持った市民が政治家になるのかという疑問にきちんと答えるためには、国民の個人データが必要になります。現在の日本などでこのようなデータを手に入れるのは難しいですが、スウェーデンを含む北欧諸国では、データの取り扱いに関する取り決めに従えば、このような個人データを研究に使うことができます。もちろん、一国の結果を他の民主主義国にそのまま当てはめることは難しいですが、仮にスウェーデンのように民主主義が高度に進んだ国においても、あまり有能ではなく、特定の社会階層に偏った人たちが政治家になるようでは、代議制民主主義の根幹を考え直す必要が出てくるかもしれません。

さて、結果をご紹介する前に、スウェーデンの政治制度について簡単に説明します。スウェーデンは比例代表制を取り入れていて、人々は候補者個人ではなく、政党に投票します。また、国会議員や市長（mayor）などを除き、地方議員は基本的にパートタイムで働いています。このため、政治家以外に別の仕事もしています。さらに、候補者個人が選挙運動にかける費用は少

＊72　Caselli, F. and M. Morelli (2004). "Bad politicians." *Journal of Public Economics*, 88(3-4), 759-782.

＊73　Dal Bó, E., F. Finan, O. Folke, T. Persson, and J. Rickne (2017). "Who Becomes A Politician?" *The Quarterly Journal of Economics*, 132 (4), 1877-1914.　ちなみに著者には私の指導教員や友人も含まれます。

なく、政党やドナーからの援助もあるため、立候補にかかるコストは低いと言えます。

政治家は有能か？

1990年から2010年の間に行われた国政選挙と地方選挙について、人々を、ノミネートはされたが落選した市議会議員候補、市議会議員、市長、国会議員のカテゴリーに分け、それぞれの能力の分布を示したのが、図6-6です。

この研究では、人々の能力を測るものとしていくつかの指標が使われています。まず、スウェーデンには2010年まで徴兵制があり、その過程でリーダーシップ度と認知度を測るテストが行われました。それぞれに関して複数の指標がありますが、それらを平均したのが図6-6の左上と右上の図です。[74] さらに、賃金を稼ぐ能力（左下）や、教育水準（右下）も示しています。どのグラフも、横軸を左から右に行くほどスコアが高くなります。

まず、白抜き黒枠の太い棒グラフは、18歳以上の国民の値を示したものです。[75] これが基準になります。さらに、カテゴリーごとの棒グラフが示してあります。図から明らかなように、政治家になる人たちは、18歳以上の国民に比べて、より能力の高い人たちであることがわかります（スコアが大きいほうに分布が偏っている）。特にその傾向は、市長や国会議員で顕著です。

これらは政治家に関する結果ですが、その他の比較可能な職に就いている人たちと比べると

図6-6

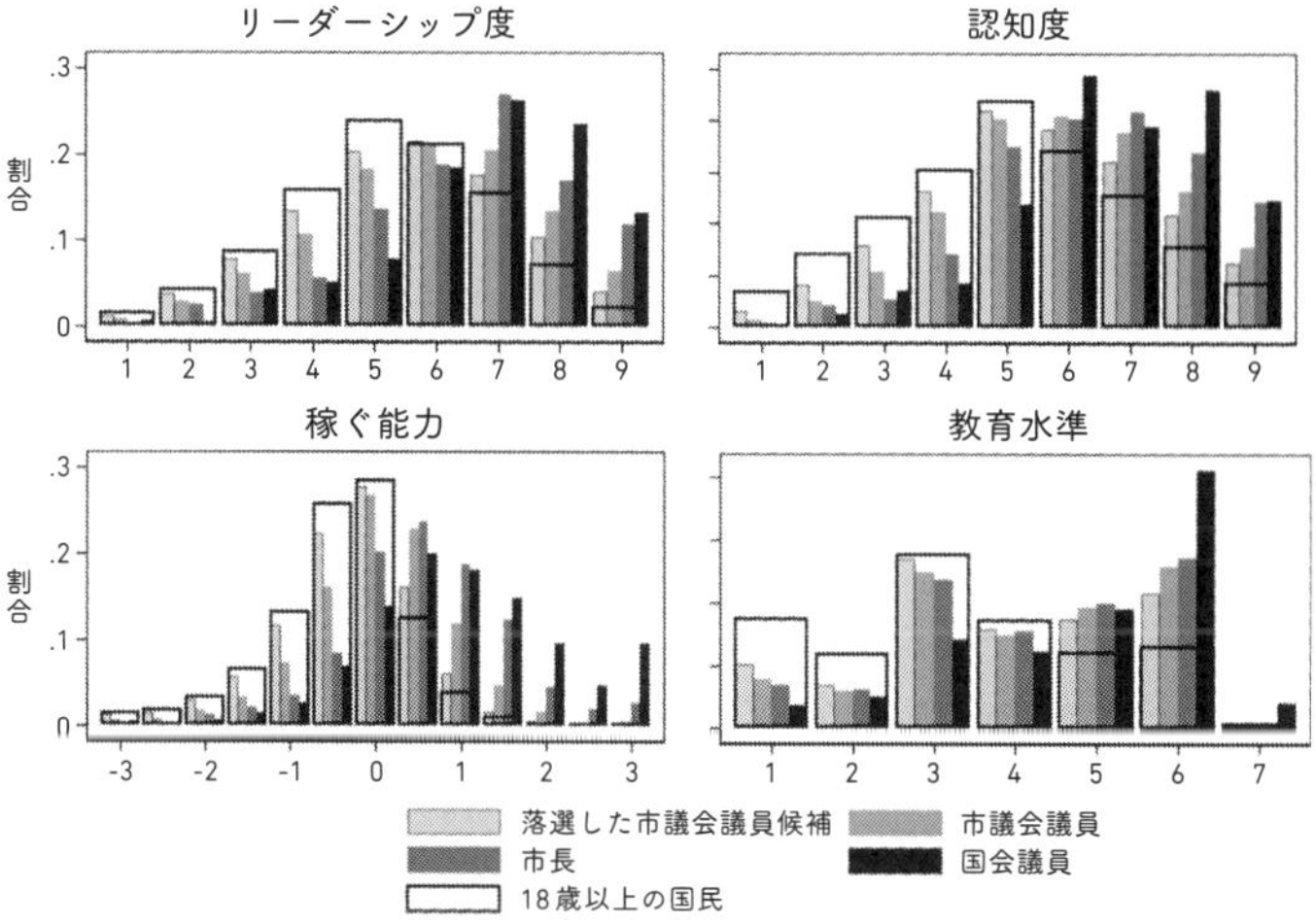

出典：Dal Bó et al. (2017).

どうでしょうか。18歳から65歳の国民に関する結果を示したのが、次ページの図6-7です。

まずCEOは、企業の規模に応じて能力が異なります。より規模の大きい企業のCEOほどリーダーシップ度や認知度が高く、賃金を稼ぐ能力も高くなっていることがわかります。そして地方議員は10~24人の規模の企業のCEO、市長は25~249人の規模の

＊74 これらの指標は、1951年から1980年生まれの男性に限って作成されています。

＊75 リーダーシップ度と認知度に関しては、1951年から1980年生まれの男性に限定しています。以下の図でも同様です。

図6–7

	リーダーシップ度	認知度	稼ぐ能力	教育年数	労働所得	観測数
落選した市議会議員候補	5.5	5.5	0.07	13.6	286.2	24,535
市議会議員	5.8	5.9	0.38	13.8	379.0	8,870
市長	6.4	6.2	0.79	13.9	679.4	247
国会議員	6.6	6.4	0.98	14.8	802.2	320
CEO（従業員数：10-24人）	6.1	5.8	0.81	13.6	675.6	6,825
CEO（従業員数：25-249人）	6.4	6.2	1.12	14.2	1,046.2	6,885
CEO（従業員数：250人以上）	6.8	6.7	1.29	15.4	1,926.0	1,470
医師	6.5	7.4	1.13	17.1	640.0	29,514
弁護士・裁判官	6.5	6.8	0.69	17.0	568.0	5,308
経済学者	5.9	7.0	0.38	20.4	530	248
政治学者	5.8	6.8	0.61	20.4	513.3	306

出典：Dal Bó et al. (2017).

企業のCEO、国会議員は250人以上の規模の企業のCEOと、それぞれ同じぐらいのリーダーシップ度と認知度を有していることがわかります。しかし、労働所得を見ると、CEOのほうがより稼いでいます。[76]

また、政治家の認知度や教育水準は最も高いわけではなく、医師、弁護士・裁判官や大学の社会科学者（経済学者と政治学者）のほうが高い傾向があります。

以上をまとめると、それぞれの値が最も高いわけではないものの、政治家になるのは能力の低い人たちではないということが言えそうです。そして、その能力は、国会議員になるほどより高くなる傾向があります。

政治家は社会全体を広く代表しているか？

では、彼・彼女らは社会のエリート層出身なのでしょうか。仮にそうだとすると、いくら有能であっても、社会全体のさまざまな人を代表しているとは言えなくなってしまいます。次にこのことを確認しましょう。

日本でも世襲議員が話題になることがありますが、政治家は、より裕福、あるいはより知名度のある家から生まれる傾向があるのでしょうか。それとも、実力主義で能力の高い人たちであれば、どのような出自であれ、政治家になる傾向があるのでしょうか。

このことを調べるために、研究者らは、政治家を、彼・彼女の兄弟姉妹（いる場合）と比べました。[77] 同じ家の兄弟姉妹との比較なので、出自は関係なくなります。

その結果を示したのが、次ページの図6-8です。左から、認知度、リーダーシップ度、賃金を稼ぐ能力を表しています。また、上から、市議会議員、市長、国会議員を表しています。ま

*76　労働所得の単位は1000クローナです。
*77　ただし、リーダーシップ度と認知度に関しては、兄弟に関しても1950年から1980年生まれの男性に限定しています。

図6–8

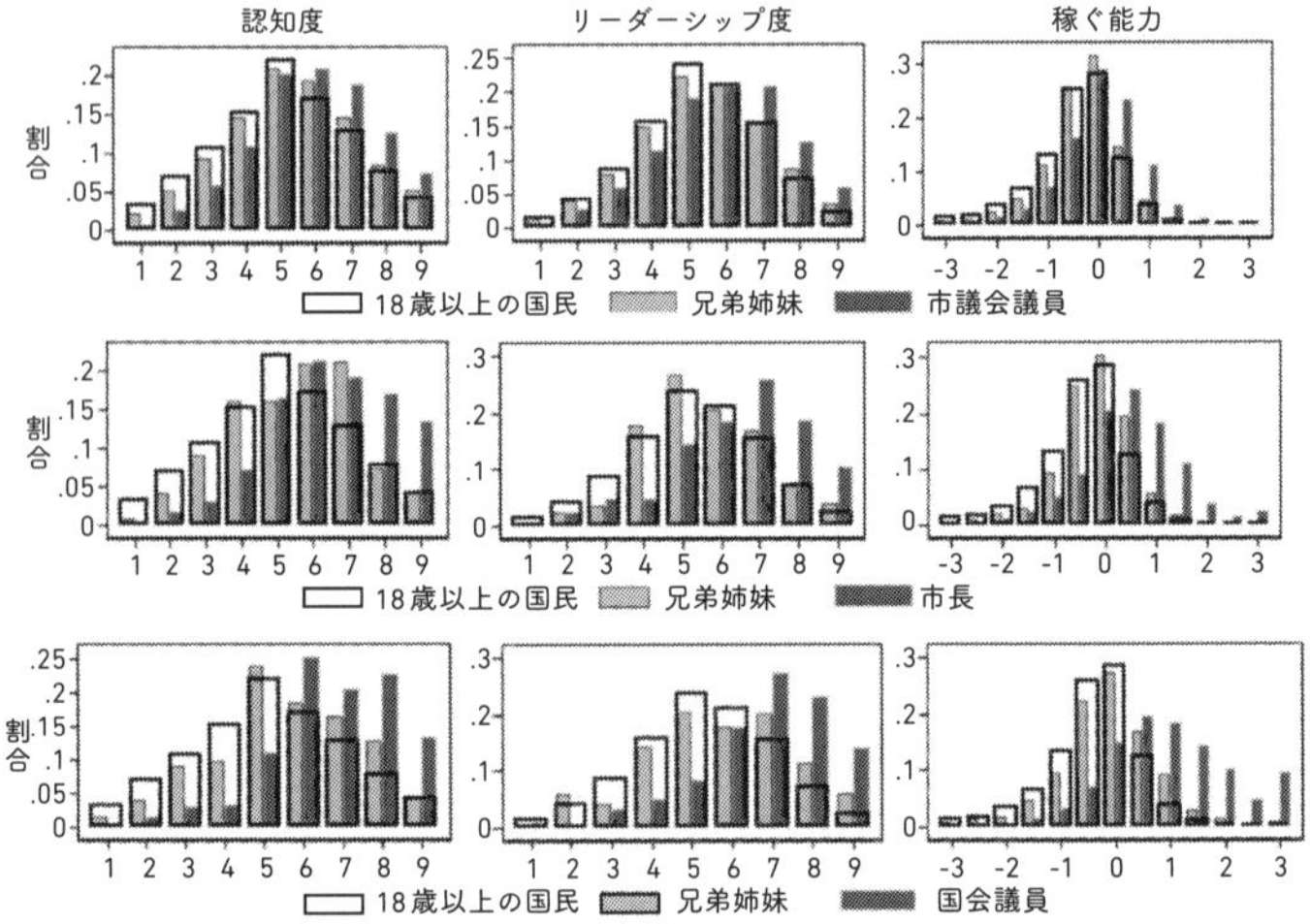

出典：Dal Bó et al. (2017).

ず、図6-6と同様に、18歳以上の国民が白抜きの黒枠で示されています。次に、薄いグレーで示されているのが、兄弟姉妹です。最後に濃いグレーで示されているのが、政治家本人です。この図から、政治家になる人たちは、自分の兄弟姉妹と比べても能力の高い人たちということがわかります。出自の影響を排除した上でも、能力の高い人が選ばれる傾向があるということです。つまり、実力主義の側面があることを示しています。

　さらに、出自の影響があるかどうかをより直接的に調べることもできます。研究者らが使ったのは、2003、2007、2011年選挙で当選した人たちの父親が、1979年時点でど

図6-9

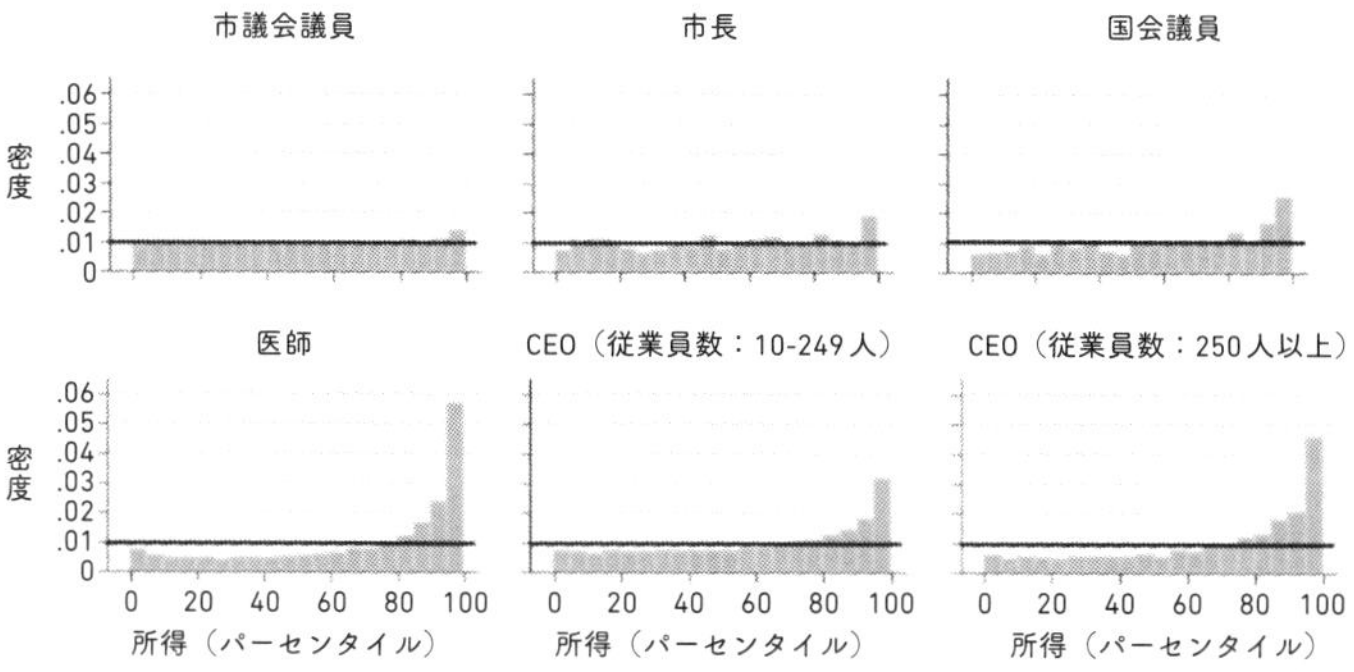

出典：Dal Bó et al. (2017).

れぐらい稼いでいたのか、という情報です。その結果を図6-9に示しました。図の横軸は、階層ごとの国民の所得です。右にいくほど所得が高くなります。それぞれの階層には同じだけの国民がいるようにグラフを作っていますので、国民全体の分布は、黒い太線で表したように一様分布になります。一方、棒グラフは左上からそれぞれ市議会議員、市長、国会議員、医師、CEOの父親の所得分布を表しています。仮にこれらの人たちが出自に関係なく選ばれているのであれば、父親の所得分布も一様分布に近づきます。[78]

まず、図6-9の上を見ると、政治家の父親の所得分布は、一様分布に近いことがわかります。市長（上の真ん中）や国会議員（上の一番右）については、父親の所得分布が少し高いほうに偏っていますが、それでも、医師（下の一番左）やCEO（下の真ん中と一番右）と比べると、その傾向は小さいといえます。つまり、

図6-10

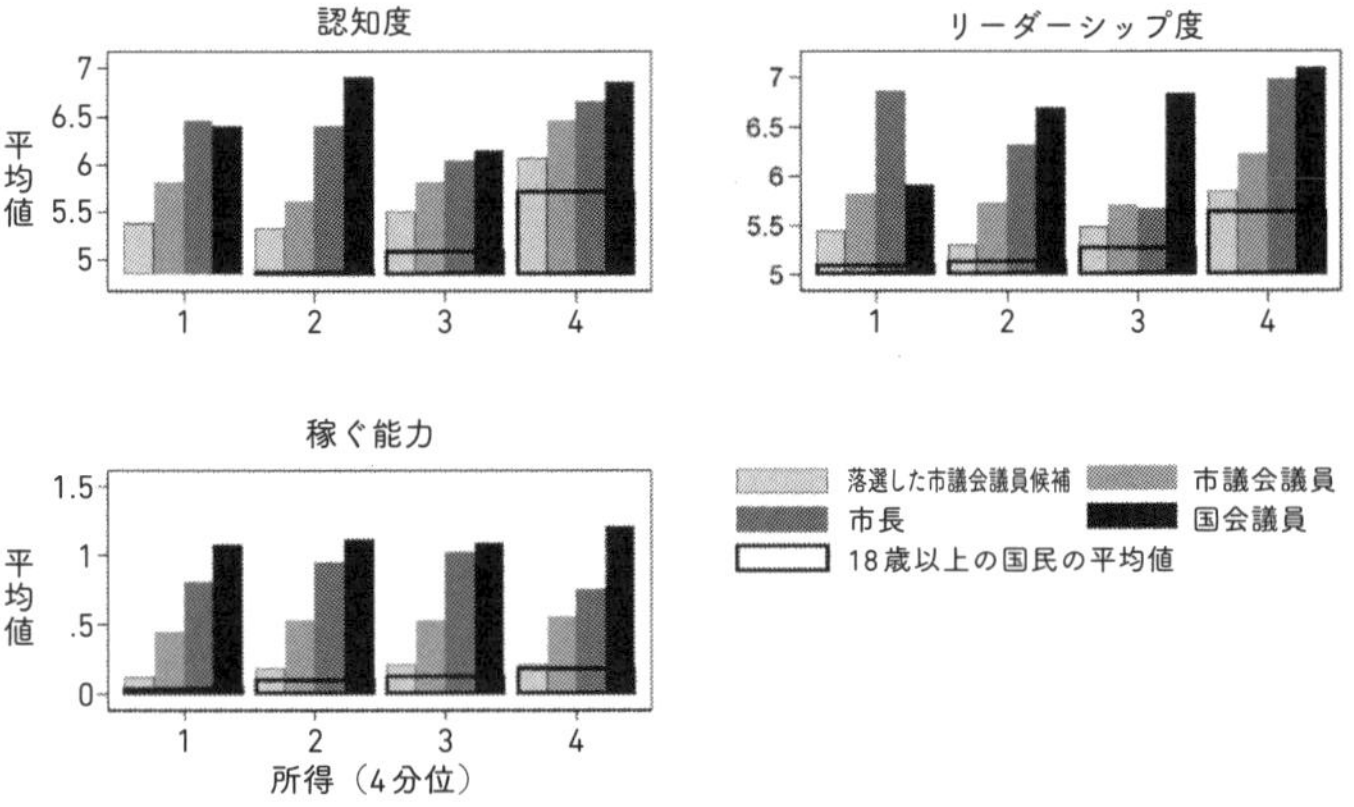

出典：Dal Bó et al. (2017).

これらの図からも、政治家は出自によって選ばれているとは言えなさそうです。

ちなみに、所得がより高い社会階層を代表している政治家とより低い社会階層を代表している政治家では、能力の違いはあるのでしょうか。最後にこのことを確認しましょう。

図6-10の横軸は、1979年における父親の所得を4分位で示したものです。右にいくほど所得が高くなります。一方、縦軸は、左上から時計周りに認知度、リーダーシップ度、稼ぐ能力を表しています。

まず、白抜きの黒い枠は18歳以上の国民の平均値を表したものです。これによると、右にいくほど指標も高くなっていることがわかります。つまり、18歳以上の国民で見ると、社会階層が高いほうが能力も高い傾向があることを示しています。一方、棒グラフは落選した市議会議員候補、市議会議員、市長、国会議員の平均値を表していますが、これらを見ると、父親の所得が高いほど平均値も高くなるという傾向がほとんど見られません。この結果は、18歳以上の国民の傾向と対照的です。

これらの結果が示すのは、社会階層が低い人たちのほうが、より能力の高い人たちを選択的に選んでいるということです。このため、「より高い社会階層を代表している政治家のほうが、より低い社会階層を代表している政治家よりも能力が高い」ということが起こりにくいわけです。政治家はどの社会階層を代表していても、同じように能力の高い人たちです。

以上、市民候補者モデルをきっかけに、どういう市民が政治家になるのかということを実際のデータで見てきました。少なくともスウェーデンにおいては、有能な人材を各社会階層からうまく選べていることがわかりました。日本も含め、他の民主主義国でも同じような結果になるかは、さらなる研究が待たれます。

＊78　より正確には、全人口データを用いて、性別・出生年の影響を取り除いた後の所得を、5パーセンタイルごとに20のグループに分けています。5パーセンタイルごとに分けているので、各グループ内に収まる人数は一緒になります。言い換えると、人々の分布は一様分布になります。あとは、政治家、医師、CEOの父親を、所得に応じてそれぞれのグループに割り振ります。これが棒グラフの意味です。

第7章

政治家を働かせるための選挙？

この章の要約

・選挙には、政治家を有権者のために働かせるという役割がある。

キーワード

政治的アカウンタビリティ　展望的投票と回顧的投票

多選禁止　レーム・ダック

政治的アカウンタビリティ

第3章から第6章では、選挙でどういう政策が選ばれるかを見ました。人々がさまざまに異なる選好を持っていても、選挙を通じてある特定の政策を選ぶことができることがわかりました。一方、そこで選ばれる政策は、必ずしも社会的に最適なものではないこともわかりました。また、第6章では、選挙を通じて有能かつ社会の多様な人たちを代表する政治家を選べることもわかりました。

このように、政策を選ぶことと政治家を選ぶことは、選挙の2つの重要な役割です。加えて選挙には、選ばれた政治家を有権者のために働かせるという第3の役割があります。前者の2つは、選ぶ段階でどういう政策・政治家が選ばれるかという話ですが、後者は、選ばれた政治家が任期中にどう働くかという話です。このように任期中の政治家の行動を考えるモデルは、**政治的エージェンシー・モデル**（political agency model）と呼ばれます。本章で取り上げるのは、そのようなモデルの代表例です。

代議制民主主義のもとでは選挙で政治家を選びますが、彼・彼女らが有権者のために行動する保証はどこにもありません。権力が暴走してしまう危険性もあります。政治家が有権者のために行動し、有権者はその行動を監視し、ときに賞罰を与えることを、**政治的アカウンタビリ**

ティ（political accountability）と呼びます。アカウンタビリティは、日本語だと説明責任と訳されることもあります。社会に影響を及ぼすような組織や人物が、社会にきちんと説明し、場合によっては社会から賞罰を受けることで、より良い社会を目指します。

選挙というのは、政治的アカウンタビリティを機能させ、より良い政治を行っていくための一つのツールです。しかし、選挙が存在していれば、必ず政治的アカウンタビリティが上手く機能する、というわけではありません。例えば、日本ではそれがきちんと機能しているでしょうか。本章のモデルは、選挙を通じて政治的アカウンタビリティを上手く機能させるためのヒントを提示してくれます。[79]

さて、モデルを考える上で、あらかじめ2種類の投票の仕方をはっきりさせておきます。これまでのモデルで想定していたのは、候補者が政策を公言し、有権者はそれを見て投票先を決めるというタイプのものでした。このような投票の仕方は、**展望的投票**（prospective voting）と呼ばれます。政策はまだ実行されていないにもかかわらず、「当選したら○○します」という公約に基づき、見込みで投票していることになります。このような投票をしている投票者は、将来を見て投票しているという意味で、**前を向いた投票者**（forward-looking voter）と呼ばれます。

一方、本章で考える投票の仕方は、**回顧的投票**（retrospective voting）と呼ばれます。有権者は、現職が任期中にきちんと仕事をしていたかを見て、仕事をしていれば選挙でご褒美（reward）を、していなければ懲罰（punishment）を与えます。ここでいうご褒美と懲罰というのは、その現職に投票するか、あるいは対抗馬に投票するか、という意味で使っています。このような投票をしている投票者は、過去を振り返るという意味で、**後ろを向いた投票者**（backward-looking voter）と呼ばれます。果たして読者の皆さんは、前を向いて投票しているでしょうか、それとも後ろを向いて投票しているでしょうか。あるいはそれらの両方でしょうか。

現職の効用

さて、モデルの話に入っていきます。現職の政治家をモモとしましょう。モモは、**レント**（rent）を得ることができるとします。レントというのは、政治経済学に限らず、経済学でよく出てくる用語です。本章で扱うモデルの中では、例えば、私腹を肥やすため、あるいは所属政党のために、税金から中抜きされるものとイメージしてください。例えば、公費で自家用車を買うことなどがレントに当たります。これまでのモデルでは、支払った税金は政府支出という

＊79　本章の定式化はPersson and Tabellini (2000) を参考にしています。もとのモデルは、Barro, R.J. (1973). "The control of politicians: An economic model." *Public Choice*, 14 (1), 19-42と、Ferejohn, J. (1986). "Incumbent Performance and Electoral Control." *Public Choice*, 50 (1/3), 5-25です。次章で取り上げる、キャリア・コンサーン・モデル（career concerns model）も代表的な政治的エージェンシー・モデルです。

かたちで全額、有権者に返ってきました。一方、このモデルでは、その政府支出のうち一部が何らかの理由で国民に返ってこないことを想定します。その部分がレントに当たります。

さて、現職の効用は、以下で表せるとします。

（7-1）

$$b \times r + p \times R$$

このうち、「r」は今お話ししたレント（$r \geq 0$）、「p」は現職が選挙で勝つ確率、「R」（$R \geq 0$）は役職に就くことから得られる効用を表したものです。[80] 最後に、「b」はレントを得ることのできる確率を表しています。例えば、予算や事務プロセスが透明な社会ほどこの確率は小さくなり、政治家が最終的に受け取れるレントの額はとても小さくなります。

あとで詳しく見ますが、モモが選挙で勝つ確率pは、彼女が選挙前にどのような行動をしたかで決まります。モデルの中では、税金をきちんと政府支出に使ったのか、あるいは中抜きしたのかというのがここでいう彼女の行動に当たります。有権者はそれを踏まえた上で、現職のモモに投票するか、対抗馬に投票するかを決めます。以下では、モモの対抗馬をポコとしましょう。モモとポコの違いは、有権者の目から見れば、単に現職か対抗馬かということだけで、それ以外は全く同じと仮定します。こう仮定することで、仮に有権者が現職に投票しないことがあるならば、その理由は、現職に対して懲罰を与えるためだと解釈できます。

有権者の効用

国民の合計を1に標準化し、彼・彼女らは全員投票するとします。以下では、単純化のために、有権者の所得は全員同じと仮定します。この仮定のもとで、ある特定の有権者の効用は、

（7-2）

$$W(g)=(1-t)\times y+V(g)$$

と書けるとします。「y」は所得、「g」は一人当たり政府支出額、「$V(g)$」はそれから得られる効用、「t」は税率です。有権者の効用は全員同じということを仮定していますので、$W(g)$ にも $V(g)$ にも添字が何もついていません。

＊80　Rも一種のレントととらえることができますが、rとの違いは政府の予算制約式には出てこないということです。

ここまでは第4章で扱ったモデルと似ていますが、一つの大きな違いは次の政府の予算制約式に表されます。

(7-3)

$$t \times y = g + r$$

これまで通り、左辺は政府の税収、右辺は支出を表します。[81] この「r」というのが新しい要素で、先ほどお話ししたレントに当たります。つまり(7-3)式は、税収が、政府支出gとレントrに使われることを意味しています。この上で、現職が税収をどれだけgとrに使うのかを考えるのが、このモデルの特徴です。税率を固定した上でgを大きくすれば、有権者の効用は一般に上がりますが((7-2)式で$V(g)$の値が大きくなる)、一方で、その分rを小さくしないといけないため、(7-1)式より現職の効用が下がります。つまり現職は、なるべく有権者を喜ばせるか、あるいは自分のレントを増やすかというトレード・オフに直面しています。以下では、(7-3)式を(7-2)式に代入し、(7-2)式を、

（7-2）′

$$W(g)=y-(g+r)+V(g)$$

と書き直しておきます。

続いて、有権者一人一人は、留保効用（reservation utility）を持っているとします。留保効用というのは、個人が最低限得たいと考えている効用のことです。例えば、税金は支払ったのにほとんど中抜きされてしまったら、自分のもとに返ってくるはずの政府支出額がほぼゼロになります。すると、人々の効用は一般に下がります。この場合、留保効用というのは中抜きされて効用が下がったとしても、最低限これぐらいの効用が得られるなら許せると有権者が考えている効用水準のことです。以下では、現職が再選を希望する場合、最低限、有権者の留保効用を満たさないと選挙で勝てないとします。この場合、現職は税収すべてを中抜きすることを諦めます。

＊81　有権者の合計は1に標準化しているので、yとgを全有権者分足し合わせた合計値もそれぞれyとgになります。

モデルを解く

次に、第6章の市民候補者モデルで考えたときと同じように、本章のモデルにおいても時間の流れを考えます。それは、具体的には、以下のように表すことができます。

1：有権者は留保効用を表明する。
2：候補者はレントと政府支出額を決める。
3：選挙。有権者は、現職に投票するか対抗馬に投票するか決める。有権者は、最低限、留保効用が満たされていれば、現職に投票する。

このモデルの均衡を見つけるためには、3から1へ、後ろから順に解いていく必要があります。このような解き方を、後ろ向き帰納法（backward induction）と呼びます。このような解き方をすることで、最終的な状況（このモデルでは、現職が選挙に勝つという状況）に行き着くための道筋を見つけることができます。この道筋が、均衡（の経路）です。

それでは、タイミング3から解いていきます。まず、現職であるモモの当選確率は以下のように表せます。

（7-4）

$$p = 1 \quad (W(g) \geq w\text{の場合})$$
$$= 0 \quad (W(g) < w\text{の場合})$$

このうち「w」で表したのが、有権者の留保効用です。ここでは有権者の効用が全員同じと仮定していますので、留保効用も全員同じ値になります。この式が言っているのは、有権者の効用 $W(g)$ が留保効用wを下回らなければ、全員が現職のモモに投票するので、選挙では彼女が勝つ（当選確率が1）、ということです。（7-2）式を使うと、モモが当選するための条件は、

（7-5）

$$y - (g + r) + V(g) \geq w$$

と書き直すことができます。このとき、モモは自分自身の効用である（7-1）式に従い、なるべくレントを大きくしたいと考えるので、勝つぎりぎりの状態までrを大きくします。レント

rを大きくしていくと、（7-5）式の左側の値がどんどん小さくなっていき、最終的にwと等号で結ばれます。つまり、有権者の効用は、下限値である留保効用と等しくなるまで引き下げられます。すなわち、

（7-5）′

$$y-(g+r)+V(g)=w$$

となります。そして、これ以上レントを増やすと、（7-4）式より現職は選挙で負けます。

次に、タイミング2に移ります。ここでは、レントと政府支出の値を導きます。

さて、現職が再選を希望する場合は、有権者の留保効用を満たさないと選挙で勝てないため、税収すべてを中抜きすることはありませんが、逆に再選を希望しない場合はどうなるでしょうか。その場合は有権者に譲歩する必要がなくなるため、現職は税率を最大にし、得られた税収をすべてレントとして獲得します。このような「権力の暴走」が起こらないようにするためには、以下の条件を満たす必要があります。

(7-6)

$$b\times r+R\geq b\times y+0$$

式の左側は、現職が再選を希望し、選挙で勝ったときに得られる効用です。r（の一部）を獲得し、なおかつ政治家としての職も維持できるのでRも得ています。一方、式の右側は、現職が再選を希望せず、レントを最大限獲得し（つまり、有権者の所得全部）、選挙で負けたときに得られるものです。

この式をよりよく理解するために、政府の予算制約式をもう一度考えます。

(7-3)

$$t\times y=g+r$$

再選を希望しない場合、現職はレントを最大限獲得するために、まず税率を最大にします（つまり、$t=1$）。すると、国民の所得全部が税金として吸い上げられますので、税収はyになります。

次に、現職はそれを政府支出gには回さず、すべて自分へのレントrとして得るので、（7-3）式は、

（7-3）′

$$1 \times y = 0 + r$$

と書き直すことができます。[82] つまり、$y = r$です。一方、選挙で負けて政治家としての職を失うので、Rはゼロになります。これが、（7-6）式の右側の意味です。

現職を再び立候補させるためには、（7-6）式が満たされるぐらいのレントは許容する必要があります。有権者にとっては、なるべくレントは小さくしたいので、この条件を満たすぎりぎりのレントを希望します。このため、他の値は一定のもと、（7-6）式の左辺と右辺が等式で結ばれるまで、左辺のrをどんどん小さくします。つまり、

（7-7）

$$b \times r + R = b \times y$$

となります。これを書き換えると、

(7-7)′

$$r = y - \frac{R}{b}$$

となります。右辺に引き算が入っており、そのままではレントが負になってしまう可能性もあるため、それを考慮した上でまとめると、このモデルで選ばれるレントは、

(7-8)

$$r^* = \begin{cases} y - \dfrac{R}{b} & \left(y - \dfrac{R}{b} \geq 0 \text{ の場合}\right) \\ = 0 & \left(y - \dfrac{R}{b} < 0 \text{ の場合}\right) \end{cases}$$

*82 現実社会ではこのような極端なケースはあり得ないかもしれませんが、あくまで理論上で考えています。

となります。そしてこれは、有権者が許容できるレントの値を表しています。

この式から、以下のことがわかります。現職が得るレントr^*は、yが大きいほど、hが大きいほど、Rが小さいほど大きくなります。有権者の所得が高いほどレントが大きくなるのは、有権者が比較的裕福になれば、彼・彼女が譲歩できるレントの額も増えるからです。次にhが大きい場合は、現職は、中抜きしたうちの多くの割合をレントとして受け取ることができます。このため最終的なレントが大きくなります。最後に、現職が再選したときに得られる効用が低いほど、より多くをレントとして現職にあげないと（7-6）式が満たされず、現職が再選を希望しなくなってしまいます。このため、レントが大きくなります。

仮にこのレントr^*を除いたあとでも政府支出用の予算が余るとすると、政府の予算制約式（（7-3）式）より、政府支出額も計算することができます。すなわち、

（7-9）

$$g^* = (t-1) \times y + \frac{R}{h}$$

と書けます。税率tは1より大きくなることはないので、$(t-1)$の値は正になることはありません。また、$t=1$のときに、$(t-1) \times y$はゼロになります。このことを利用すると、$(t-1) \times y$

の部分を省いて、

（7-10）

$$g^* \leq \frac{R}{h}$$

と書くこともできます。以上のr^*とg^*が、均衡におけるレントと政府支出額です。

最後に、タイミング1に移ります。タイミング2で導いたr^*とg^*を（7-5）'式に代入すると、有権者にとっての留保効用w^*は、

（7-5）''

$$y-(g^*+r^*)+V(g^*)=w^*$$

と書けます。

したがって、このモデルの均衡では、まずタイミング1で、有権者がこの（7-5）''式で表された留保効用w^*を提示します。次にタイミング2で、現職は、レントと政府支出額をそれぞれ

r^*とg^*に決めます。最後に選挙が行われ、有権者は全員現職に投票し、現職が勝ちます。

有権者は現職に賞罰を与えることができるか?

本章のモデルでは、回顧型の投票者を考えました。モデルの中の有権者は、現職の仕事ぶり(レントを取りすぎてないか)を見て、選挙で賞罰を与えることができました。これは現実社会ではどうでしょうか。以下ではこのことを見ていきます。

取り上げるのはブラジルの例です。ブラジルでは、国内の汚職を減らすため、2003年より政府主導で大掛かりなプロジェクトを始めました。その中には、公開ルーレットで自治体をランダムに選び、選ばれた自治体を会計監査するという奇抜な政策が含まれます。この政策には、国からの予算が各自治体できちんと使われているかをモニターするという目的がありました。公開ルーレットで選ぶ理由の1つは、予算が限られる中で、公平・公正に自治体を選ぶ必要があったためです。

会計監査院は、10~15人の会計監査官を選ばれた自治体に送り、2001年から2003年の間に交付されたお金が、各自治体で実際にどのように使われたのか調べさせました。10日間ほどの監査のあと、詳細な調査結果は本部に送られ、その後、自治体ごとの結果の要約がインターネット上で公開されました。また、このことは主要メディアに周知されました。

クラウディオ・フェラスとフレデリコ・フィナンという2人の経済学者は、この監査のデータを使い、2004年の選挙前に会計監査が入って公表された自治体と、選挙後に会計監査が入って公表された自治体の間で、現職の市長（mayor）の再選率に違いがあったのか調べました。[83]

この研究が使った手法は、第2章で取り上げた因果推論の四天王のうち、RCTです。RCTでは、対象（人間である必要はなく、例えば自治体でも構いません）を介入群と非介入群という2つ、あるいはそれ以上の群にランダムに分けます。ランダムに分ける理由は、介入群と非介入群を比較可能にするためです。単純に人口の多い自治体を介入群に選び、人口の少ない自治体を非介入群に選んだ場合、りんごとみかんの比較のようになってしまい、きちんと比較できません。一方、ランダムに分けることで、りんごとりんご、みかんとみかんの比較に近づけることができます。このブラジルの例では、会計監査の対象となる自治体が、公開ルーレットによってランダムに選ばれました。

彼らはまず、汚職をブラジルの地方政治家に典型的な3つのカテゴリーに分けました。それらは、（a）入札における談合や架空企業の使用、（b）公費の私的流用、（c）製品やサービスの過大請求です。次に、それぞれのカテゴリーでいくつの不正行為を指摘されたのかを調べ、各

*83 Ferraz, C. and F. Finan (2008). "Exposing Corrupt Politicians: The Effects of Brazil's Publicly Released Audits on Electoral Outcomes." *The Quarterly Journal of Economics*, 123 (2), 703-745.

図7–1

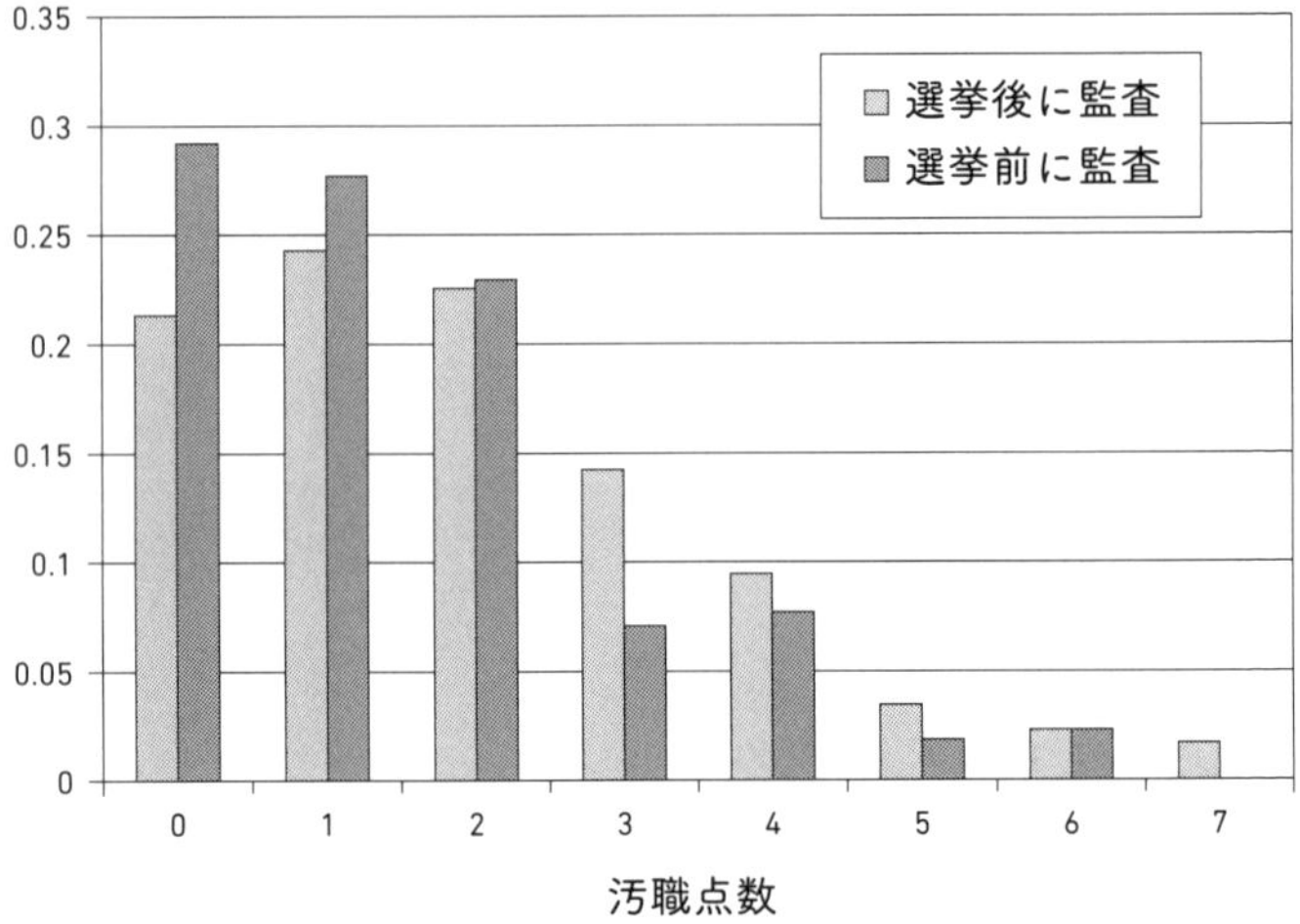

出典：Ferraz and Finan (2008).

自治体を点数付けしました。その結果を示したのが、図7-1です。

薄いグレーの棒グラフは、選挙後に会計監査が入ったところの分布を表しています。横軸が点数です。この図から、0点の比較的クリーンな自治体から、いくつもの不正行為を指摘された自治体までさまざまであることがわかります。一方、濃いグレーの棒グラフは、選挙前に会計監査が入ったところの分布です。こちらもさまざまな自治体があることがわかります。

では、具体的にどのような不正行為があったのでしょうか。いくつかの例をご紹介します。まず、バイーア州のサン・フランシスコ・ド・コンデという自治体は、道路建設のため、ある企業と契約を結びました。ちなみに公共の入札はありませんでした。通常100万レアルの工事に対し、この企業が要求し自治体が支払ったのは、500万レアルでした。会計監査員の調査によると、この企業は道路建設の経験がなく、180万レアルで別の企業に工事を丸投げしていました。したがって、300万レアル以上が多めに支払われていたことになります。後に、この企業から自治体の市長とその家族に対し、マンションが贈与されていたことがわかりました。この案件は、（c）過大請求の例として処理されました。

また、（b）の公費の私的流用と疑われるのは、ミナスジェライス州のカペリンハという自治体の例です。ある国家プロジェクトを行うために保健省から交付された約32万レアルのうち、約17万レアル分が医療品の購入に使われたと記録されていました。しかし、領収書は架空のもので、医療品を購入した証拠もありませんでした。

最後に、（a）の談合が疑われるのは、バイーア州のカクレという自治体で行われたスポーツ施設建設についての競争入札です。入札に参加するためには、最低10万レアルの資本金と、特定の品質管理認証を取得している必要がありました。しかし、参加した企業のうち、これらを満たしていたのは1社だけでした。後に、その企業から市長に対してキックバックが支払われていたことがわかりました。

それでは、これらの汚職点数と現職市長の再選率の関係について見ていきましょう。次ページの図7-2が、データをそのまま図示したものです。横軸は汚職の点数を表し、縦軸は、現職

図7-2

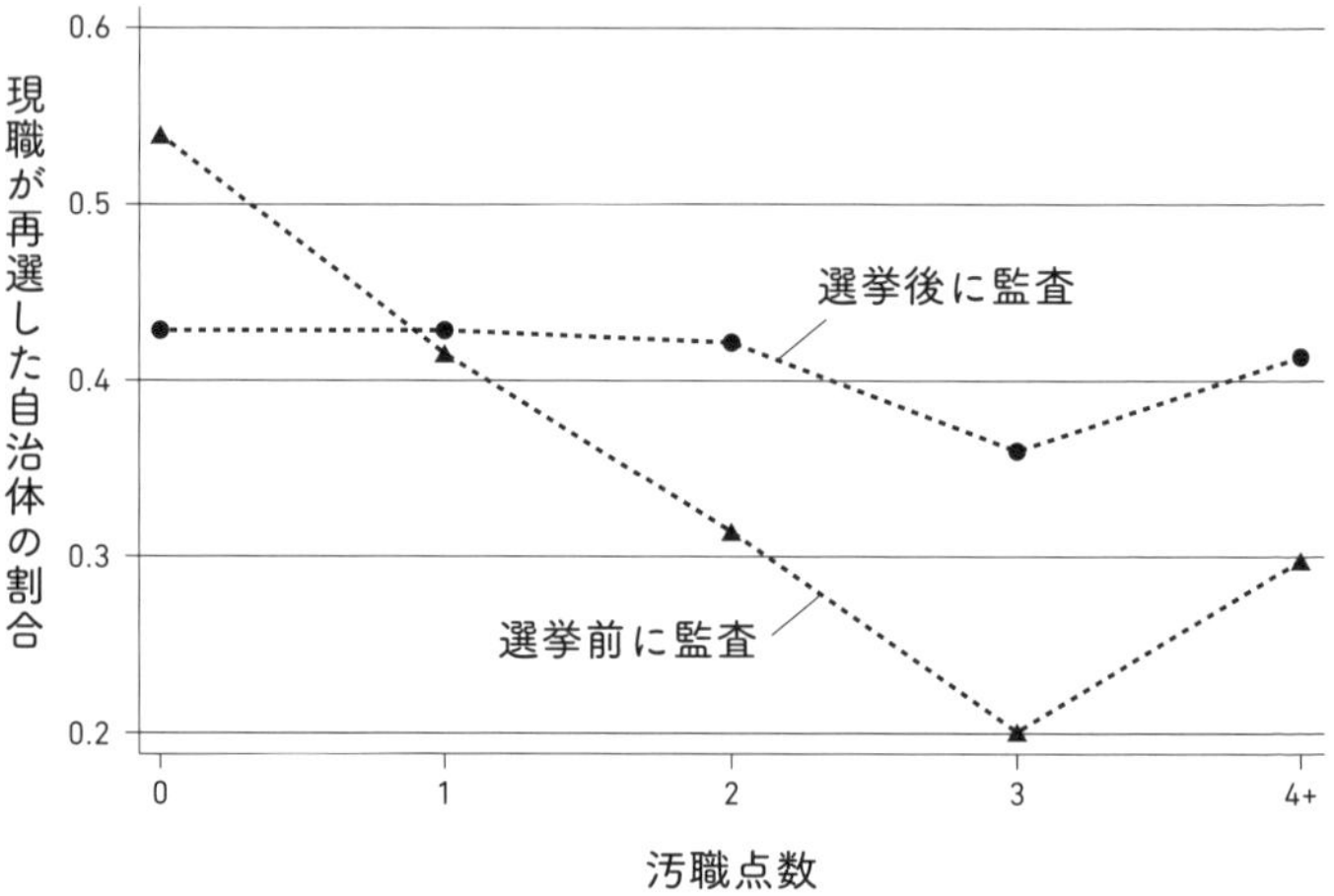

出典：Ferraz and Finan (2008).

が再選した自治体の割合を表しています。このうち丸を繋いだ線は、選挙後に会計監査が入った自治体を表し、三角を繋いだ線は、選挙前に会計監査が入った自治体を表しています。データで使われているのは、前者が168自治体、後者が205自治体です。

まず、選挙後に会計監査が行われた自治体を見てみましょう。汚職の点数が0点の自治体について縦軸を見てみると、0・4を少し上回ったぐらいのところに丸い点があります。この意味は、2004年の選挙において自治体の約4割で現職が再選したということです。さらに、(汚職点数が3のところは少しへこんでいますが) 大体横一直線ということもわかります。この意味は、再選率は汚職の点数にほぼ関係していない、ということです。これはある意味当たり前の結果です。なぜならば、これらの自治体では会計監査が選挙後に行われたからです。

興味深いのは、選挙前に会計監査が行われた自治体です。これらの自治体では、汚職点数が0から3にかけて線が右下がりになっていることがわかります。つまり、汚職点数が増えるほど、再選率が低くなっているということです。例えば汚職点数が3だったところでは、再選率が17・7ポイント下がりました。これは、大体、点数が3のところの丸の値から三角の値を引き算した値です。

図7-2でもう一つ興味深いのは、汚職点数が0のところでは、逆に会計監査が選挙前に行われたところほど再選率が上がっているという点です。どうしてでしょうか。

これは有権者が自分たちの自治体の汚職について、もともとどういう考えを持っていたのかに依存します。汚職が0点だったところでは、おそらく有権者は、もともと汚職はあるだろうと考えていたのだと思われます。しかし、会計監査の結果、汚職とみられる事案が挙がらなかったために、逆に、現職に対してご褒美をあげた、と考えられます。

フェラスとフィナンの研究は、会計監査の結果が現職市長の再選にどのような影響を及ぼすのかを示した画期的な研究でしたが、この研究が明らかにしたのはこれだけではありません。

会計監査の影響ですが、仮に、監査結果を知らされた有権者と、知らされなかった有権者がいれば、前者のグループでより大きくなることが予想されます。このことを調べるために彼ら

図7–3

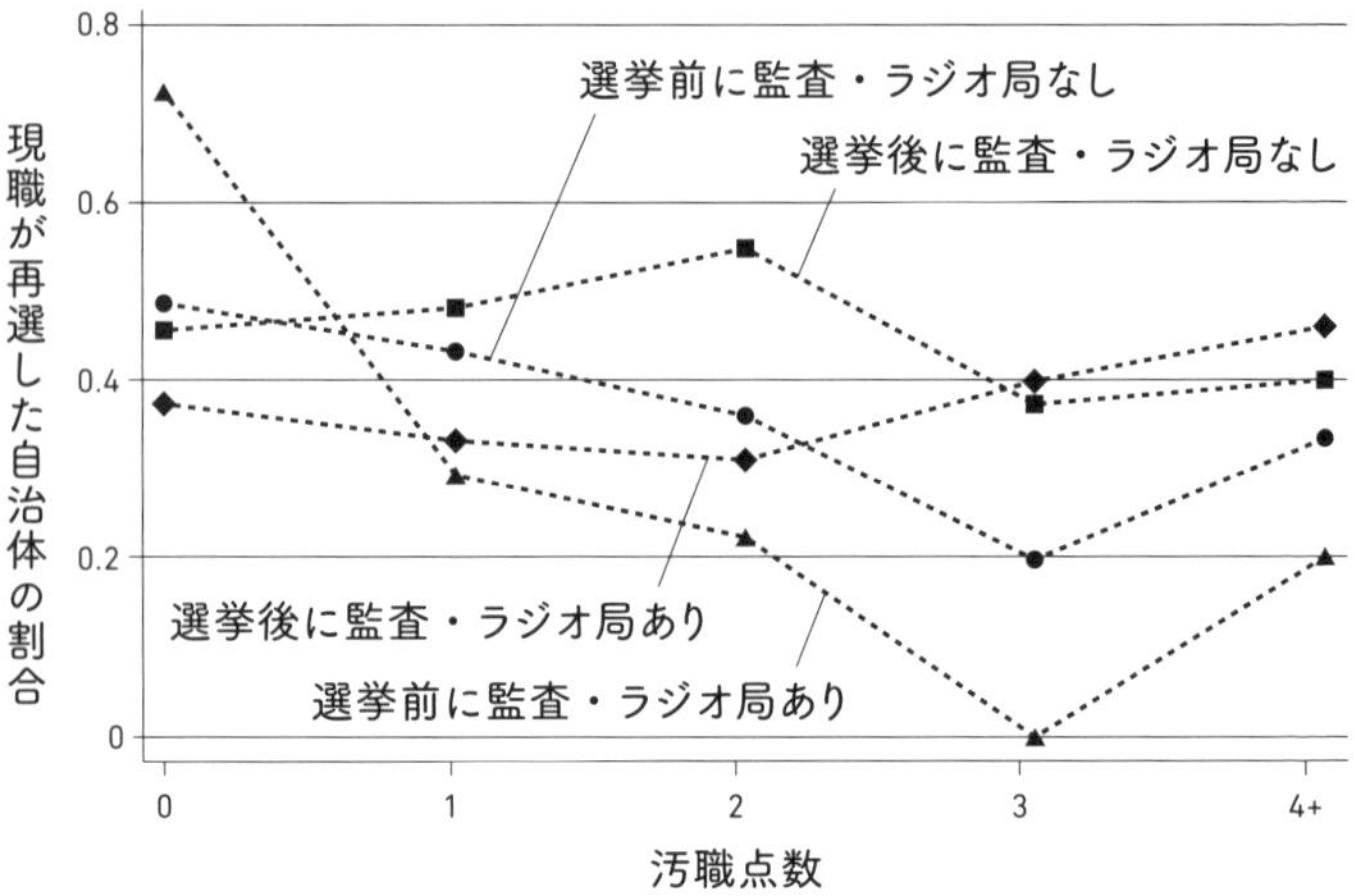

出典：Ferraz and Finan (2008).

が着目したのは、自治体にAMラジオの放送局があるかどうかでした。

彼らによると、ブラジルでは国民の教育水準が低く、多くの国民にとっての主な情報源は、新聞などの文字情報ではないそうです。また、地元のニュースに関しては、特にラジオが重要な情報源です。

図7-3は、図7-2と似たものですが、自治体をさらに、AMラジオ局があるところとないところに分けてあります。まず、四角とひし形は、選挙後に会計監査が行われた自治体を表しています。四角はラジオ局がないところ、ひし形はあるところです。どちらも大体横一直線になっていることがわかります。一方、丸と三角は、選挙前に会計監査が行われた自治体です。どちらも汚職点数3にかけて

右下がりになっていますが、特に、三角で示したラジオ局がある自治体でより下がっていることがわかります。また、汚職点数が0のところでも、ラジオ局がある自治体でどこよりも上がっていることがわかります。

これらの結果は、有権者が汚職などの情報に反応して、選挙で投票していることを示唆しています。つまり、本章で取り上げたモデルで想定していたように、有権者は現職の仕事ぶりに応じて、選挙で賞罰を与えている可能性があります。

政治家を有権者のために働かせるための選挙

最後に、選挙には政治家を有権者のために働かせるという役割が本当にあるのかを見ていきましょう。もし本章の冒頭でお話しした政治的アカウンタビリティが上手く機能していれば、少なくとも再選を希望している政治家は、任期中にきちんと働くことが予想されます。一方、再選を希望していない、あるいは、制度的に再出馬できない場合は、任期の最後に権力が暴走する可能性があります。

後者の例として、国によっては選挙に何回も出馬することが法律で禁止されている場合があります。その制限のことを、**多選禁止**（term limit）と呼びます。[84] 多選禁止の場合は、任期が最後で、これ以上の再選があり得ない政治家が生まれます。このような人たちのことを**レーム・ダ**

ック（lame duck）と呼びます。あと少しで任期が切れ、再選がないことがわかっている政治家などを指す言葉です。

それでは、再選可能性の有無と現職の行動には、本当に関係があるのでしょうか。以下では、フェラスとフィナンの別の研究を紹介します。[85]

ブラジルでは、もともと市長の連続再出馬は禁止されていましたが、1997年の法改正により、2期目に連続して出馬することが認められました。このため、法改正直後に行われた2000年選挙では、現職が連続で出馬する自治体が出てきました。彼らが着目したのは、2000年選挙で現職が勝った自治体と、現職が負けた自治体です。

2000年選挙で現職が勝った自治体では、次の2004年選挙まで、現職が2期目の施政を行います。一方、現職が負けた自治体では、次の2004年選挙まで、新人か元職（以前、市長だった人）が1期目の施政を行います。したがって、新人・元職に再選意欲があると仮定すれば、彼・彼女はしっかりと有権者のために働くと考えられます。一方、2期目の現職のほうはレーム・ダックなので、しっかり働かない可能性があります。

しかし、単純にこれら2つのタイプの自治体を比べるのは問題です。なぜなら、このような比較では、りんごとみかんの比較のようになってしまうからです。そこで彼らが使ったのは、因果推論の四天王のうちのRDDでした。つまり、ぎりぎり現職が勝った自治体と、ぎりぎり現職が負けた自治体を比べるということをしました。

図7-4

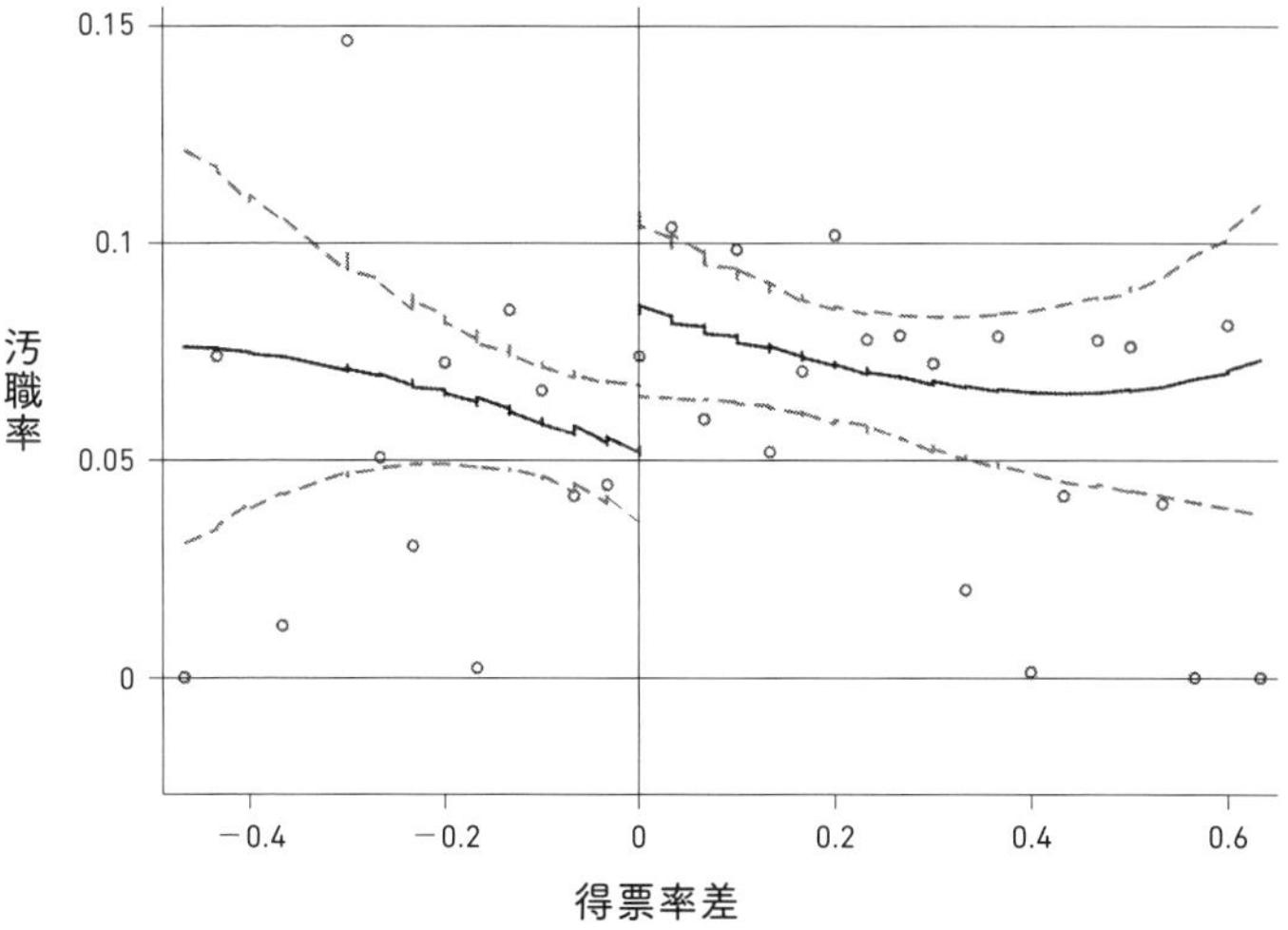

出典：Ferraz and Finan (2011).

すでに紹介した同国の会計監査政策は、この2000年選挙と2004年選挙の間に行われたことを思い出してください。つまり、会計監査のデータ

*84 国や選挙によって、再出馬自体が禁止されている場合や連続で再出馬することが禁止されている場合があります。

*85 Ferraz, C. and F. Finan (2011). "Electoral Accountability and Corruption: Evidence from the Audits of Local Governments." *American Economic Review*, 101 (4), 1274-1311。この他、多選禁止の影響を分析した研究には、Besley, T. and A. Case (1995). "Does Electoral Accountability Affect Economic Policy Choices? Evidence from Gubernatorial Term Limits." *The Quarterly Journal of Economics*, 110 (3), 769-798 などがあります。

を使えば、どの自治体でどれぐらいの汚職が行われていたかがわかります。

図7-4がRDDの結果を示したものです。まず縦軸は、監査された案件のうち汚職が見つかった割合（以下、汚職率）を表しています。一方、横軸は、現職と対抗馬の得票率の差を表しています。0よりも右側の自治体では現職が勝ち、逆に0よりも左側の自治体では現職が負けています。丸は、それぞれの範囲（0から0・03など）に入る自治体の平均値です。

この図より、現職がぎりぎり勝ったところと、ぎりぎり負けたところを比べると、汚職率がジャンプしているのがわかります。つまり、現職がぎりぎり勝ったところ（＝市長がレーム・ダックのところ）で、より汚職が行われている（あるいは、ぎりぎり負けたところ（＝再選の可能性がある新人が施政を行っているところ）で、より汚職が行われていない）ということです。

ただ、これだけでは、新人・元職のほうは単に汚職を行う能力が低いからではないかといった批判があり得ます。研究者らは、彼・彼女らを元職だけに限定しても（つまり、選挙で当選できるほど能力のある人たちに限定しても）、同じ結果が出ることを示しました。以上の結果は、再選意欲は政治家をきちんと働かせるというモデルの予測と整合的です。

以上、2つの実証研究を見てきました。これらの実証結果が示唆するのは、政治家を有権者のために働かせるには、選挙以外の仕組みも重要であるということです。まず、政治的アカウンタビリティを上手く機能させるためには、ブラジルの会計監査のように、政治家の仕事ぶりを明らかにする仕組みが必要です。日本では、候補者自身が過去にどういう政策を行ってきたのかを自主的に公表する場合がありますが、自主的なものだと、候補者にとって都合のいいことしか公表しない可能性があります。自主的な公表よりも、第三者による客観的な指標が望ましいと考えられます。

次に、その指標は広く公開される必要があります。ブラジルではAMラジオが情報拡散の役割を担ったことがわかりましたが、何らかのかたちで有権者に情報が届けられる必要があります。民主主義におけるメディアの役割については第10章で詳しく述べます。

Column 4

女性の政治家を増やしてみると？

ニュースなどでご存じの方も多いと思いますが、現在、日本の国会議員に占める女性議員の割合は衆議院が9・7％、参議院が25・8％と低いです。例えば、衆議院の場合は、世界190カ国中168位です（2021年11月現在）。国民のおよそ半分が女性ということを踏まえると、日本の代議制民主主義において、政治家が広く国民を代表しているとは言えなさそうです（一方、第6章で取り上げたスウェーデンの場合は、国会議員のおよそ半分が女性です）。また、同様に、若い政治家も少ないです。

これらの状況を改善するために、例えば、女性が立候補していればその人に投票し、立候補していなかったら若い順に投票するのはどうかと提案されている方もいます。本書の中でも、さまざまな投票の仕方があることを学びましたが（「戦略的投票」と「正直な投票」（第6章）、「展望的投票」と「回顧的投票」（第7章））、このような投票の仕方があってもおかしくないと思います。実際、私の知人はそのように投票しています。

ところで、ここで一つの思考実験をしてみたいと思います。仮に日本の女性議員の数がぐんと増えたらどうなるでしょうか。世界には、議席や候補者の一定数を女性に割り当てる制度があります。以下では、そういった制度を取り入れている国を参考にしてみましょう。

取り上げるのはインドです。インドにはパンチャーヤト制と呼ばれる村議会の制度がありま す。議会のメンバーは選挙によって選ばれ、次にそのメンバーが議長を選びます。1992年の憲法改正により、村議会の議席と議長の3分の1を女性にすることが決まりました。例えば、西ベンガル州では、1993年の選挙より、ランダムに選ばれた3分の1の村の議長が女性に割り当てられました。また、ラジャスタン州でも同じような制度変化がありました。ランダムですので、因果効果を識別することも可能です。

2019年にノーベル経済学賞をとったエステル・デュフロら研究者がこれらの州のデータを使って分析したところ、女性が議長に割り当てられた村では、割り当てられなかった村と比べて、女性の声がより政策に活かされるようになったことがわかりました。例えば、両方の州において、男性よりも女性から頻繁に提起されていたのが飲料水の問題でした。これに関連して、女性が議長に割り当てられた村では、村の飲料水施設が増えました。

これらの地域では、飲み水を汲みに行くのは往々にして女性の仕事です。もっと近くにきれいな水が出る水道があったらいいのにと思っていても、村議会における女性の力が弱ければ、別のことに予算が優先的に使われてしまい、状況は一向に改善しません。一方、女性が議長になることでパワーバランスが変わったことにより、政策の内容も変わりました。

もちろん、インドの例をそのまま当てはめるのは難しいですが、日本で女性議員の数がぐんと増えた場合、女性の声が政策により活かされる可能性は高いと思います。仮に全国で実施することが難しい場合、例えば特区のようなものを作って、そこで社会実験をしてみるというのはありかもしれません。

参考文献

Chattopadhyay, R. and E. Duflo (2004). "Women as Policy Makers: Evidence from a Randomized Policy Experiment in India." *Econometrica*, 72 (5), 1409-1443.

第8章

政治家は選挙前に見栄を張る？

この章の要約

・選挙直前の政府支出は多くなり、選挙がないときの政府支出は少なくなる。

キーワード

政治的な予算循環

キャリア・コンサーン・モデル

前章では、選挙には政治家を有権者のために働かせる役割があることを学びました。それ自体は良いことのように思えますが、残念ながら、話はそこで終わりません。現職の再選意欲は、新たな歪みを生む可能性があります。例えば、選挙のある時期とない時期を比べると、政治家は、選挙のある時期に、より「見栄を張る」かもしれません。具体的には、選挙前の政府支出を多くすることで、有権者に対し、自分は有能なのだとアピールする可能性があります。

このように選挙の有無によって発生する政府予算の循環、あるいは景気循環のことを、**政治的な予算循環**（political budget cycles）、あるいは、**政治的な景気循環**（political business cycles）と呼びます。政治経済学の中で、これまで比較的よく研究されてきたテーマの一つです。本章では、このことを詳しく見ていきます。

本章で取り上げるモデルは、前章と同じく政治的エージェンシー・モデルです。ただし、本章のモデルは、特に**キャリア・コンサーン・モデル**（career concerns model）と呼ばれます。[86] キャリア・コンサーンというのは、自分のキャリアに関心があり、それに配慮しているというような意味です。もともと企業など、組織内の個人に関するモデルですが、[87] それを政治の分野に応用しています。この場合、キャリアを意識しているのは、政治家です。

有権者と現職の効用

以下では、現職とその対抗馬、そして有権者がいる2期間のモデルを考えます。有権者の数は1に標準化し、彼・彼女らは全員投票するとします。また、有権者の所得は全員同じと仮定します。

まず、有権者の効用が以下のように表されるとします。

＊86 本章の定式化は Persson and Tabellini (2003) を参考にしています。もとのモデルは、Rogoff, K. and A. Sibert (1988). "Elections and Macroeconomic Policy Cycles." *Review of Economic Studies*, 55 (1), 1-16 及び Rogoff, K. (1990). "Equilibrium Political Budget Cycles." *American Economic Review*, 80 (1), 21-36です。

＊87 Holmström, B. (1999). "Managerial Incentive Problems: A Dynamic Perspective." *Review of Economic Studies*, 66(1), 169-182.

（8-1）$(1-t)\times y+g_1$

（8-2）$(1-t)\times y+g_2$

ただし、（8-1）式は有権者の1期目の効用を、（8-2）式は2期目の効用を表しています。「t」は固定された税率、「y」は所得、「g_1」と「g_2」は、それぞれ1期目と2期目の（一人当たり）政府支出額（あるいは、それらから得られる効用）です。所得と税率は2期間とも同じ値をとる（例えば、1期目の所得が600万円だったら、2期目も600万円。1期目の税率が10％だったら、2期目も10％）と仮定しているため、1や2などの添字がついていません。ちなみに、税率はある値tに固定されており、現職がその値を決めることはできません。

続いて、1期目と2期目の政府の予算制約式は、

$$g_1 = h \times (t \times y - r_1) \quad (8\text{-}3)$$

$$g_2 = h \times (t \times y - r_2) \quad (8\text{-}4)$$

と書けるとします。（8-3）式も（8-4）式も、式の左側は政府支出額です。[88] そして式の右側は、税収（$t \times y$）から現職が中抜きするレント（r_1, r_2）を差し引いた額に、現職の能力「h」が掛けられています（レントについては、第7章を参照）。現職の能力hが大きいほど、最終的に有権者のもとに返ってくる政府支出額が大きくなります。

以下では、レントの最大値を$\bar{r}$（$< t \times y$）と設定し、レントはこの値よりも大きくならないと仮定します。そして有権者は、レントがどの程度なのか直接知ることができないとします。

現職の能力は、2期間とも同じ値をとると仮定しています（このため、（8-3）式と（8-4）式のhには、1や2などの添字がついていません）。そして有権者は、現職の能力がどの程度なのか、直接

*88 第7章と同様に、有権者の数を1に標準化しているので、一人当たりの値と合計値が等しくなります。

図8-1

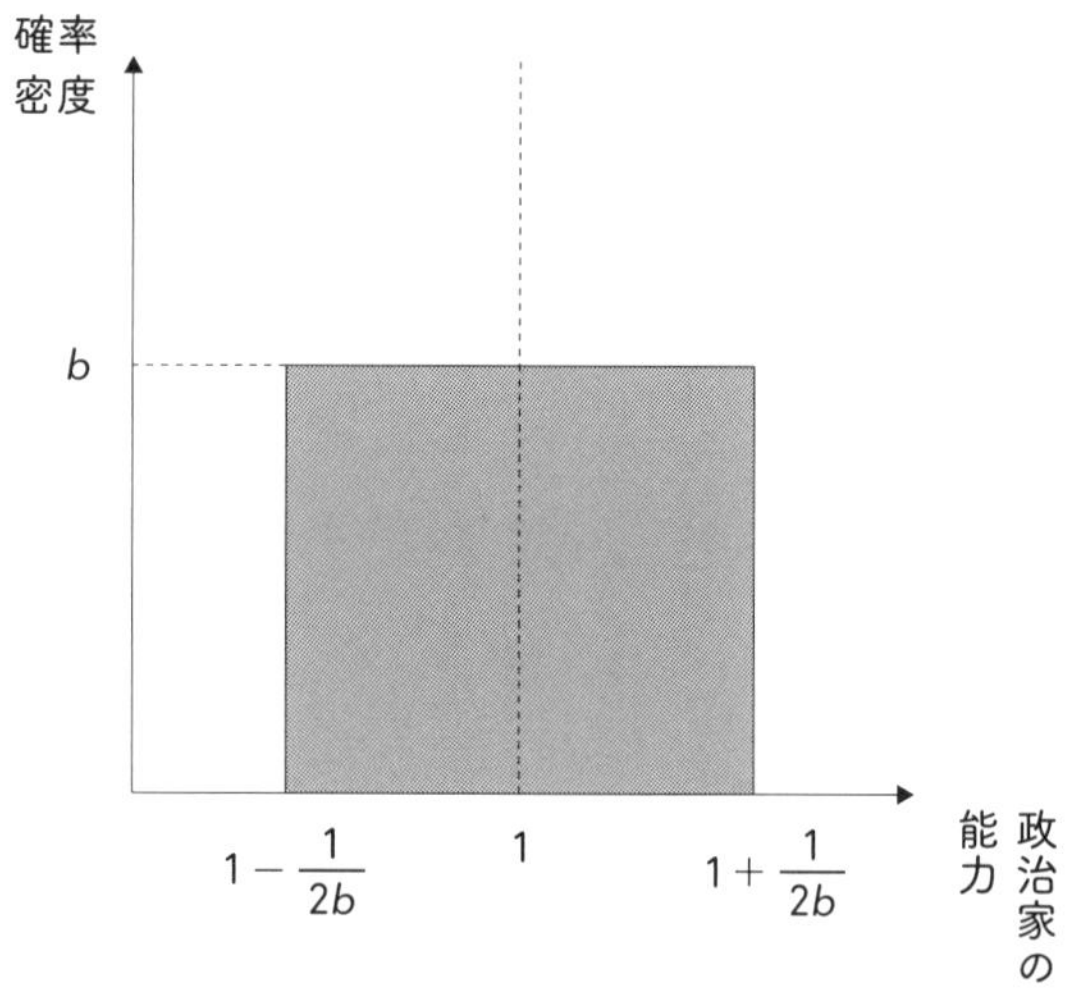

知ることはできないとします。また、現職自身も、初期段階では、自分の能力を知らないとします（その後、現職だけは自分の能力を知ることができます）。

一方、能力の分布については、図8-1のように一様分布で書け、これは現職にも有権者にも共有知識であるとします。一様分布に関しては、第5章で推し度の分布を見ましたが、ここでは、現職の能力bの分布を見ています。

図8-1の分布の範囲より、能力の平均値は1になります。つまり、図8-1の横軸が1のところを境にして、現職の能力が1よりも右側であれば平均よりも高く、逆に左側であれば、平均よりも低いという意味です。

次に、現職の政治家であるモモの効用

を以下に表します。

（8-5）

$$r_1+p\times(R+r_2)+(1-p)\times 0$$

このうち「r_1」は、先ほど出てきた1期目のレントです。1期目は選挙前ですので、選挙で勝つかどうかにかかわらず、モモはそれを確実に得ることができます。次に、「p」は、モモが選挙で再選する確率です。勝てば政治家としての仕事を続けられますので、まず「R」という効用を得ます。それに加えて、2期目のレント「r_2」も得ることができます。このため、2期目の効用は、合計の$(R+r_2)$です。一方、モモが負ければ何も得ることができませんので、効用はゼロになります。モモはRの値を決められませんが、(r_1, r_2)の値は決められます。以下では、モモがそれらをどれぐらいの値にするかについて考えていきます。

なお、第7章で仮定したように、有権者から見れば、対抗馬も現職と全く同じとします。つまり、このモデルで有権者が現職に投票しないことがあるならば、その理由は、現職に対して懲罰を与えるためだと解釈できます。

モデルを解く

このモデルでは、以下のようなタイミングを考えます。

1：現職がレントr_1を決める。
2：現職にだけ、bの値が判明する。（8-3）式をもとに、g_1の値が決まる。有権者には、現職の能力bも、現職が中抜きしたレントr_1も具体的な数字がわからないが、唯一、それらを踏まえて計算された政府支出額g_1だけがわかる。
3：選挙。有権者は、自分の予想する政治家の能力をもとに現職に投票するか対抗馬に投票するか決める。
4：選挙で勝ったほうが、レントr_2を決める。（8-4）式をもとにg_2の値が決まる。

これらのうち、1、2、3は1期目（選挙前）に起こりますが、4だけ2期目（選挙後）に起こります。それでは、第7章と同じように、4から後ろ向きに解いていきます。

まず、タイミング4から始めます。このモデルでは、2期目以降、選挙はありませんので、政治家は2期目のレントを最大にします。つまり、$r_2 = \bar{r}$です。すると（8-4）式を、

(8-4)′

$$g_2 = h \times (t \times y - \bar{r})$$

と書き直すことができ、2期目の政府支出額g_2が自動的に決まります。すでにご説明した通り、この値は、政治家の能力hが高いほど大きくなります。

有権者は政治家の能力を直接知ることができませんが、g_2の値は知ることができます。そして、g_2が大きいほど、(8-2)式より、有権者の効用は高くなります。ちなみにr_2を小さくしてg_2を大きくすれば、有権者の効用は上がりますが、一方、(8-5)式より、現職であるモモの効用は下がります。このようなトレード・オフに直面したとき、仮に選挙があるならば、モモは妥協してレントを減らすかもしれませんが、2期目にはもうこれ以上選挙がないので、白分の効用を最大にする値($r_2 = \bar{r}$)にします。

続いて、タイミング3に移ります。有権者は政治家の能力をもとに投票しますが、すでに述べたように、その値を直接知ることができません。このため、能力を予想して投票するしかありません。有権者が能力を予想するためには、1期目の政府の予算制約式である(8-3)式を使います。この式は、

（8-3）′

$$\tilde{h} = \frac{g_1}{t \times y - \tilde{r}_1}$$

と書き換えることができます。この式の左辺の$\tilde{h}$は、政治家の能力の予想値を表し、それが式の右辺の値で決まっています。

つまり、g_1やtなど、式の右側を構成する要素の具体的な値がすべてわかれば、$\tilde{h}$を計算することができます。しかし、このうち分母にある1期目のレントだけ、有権者は直接知ることができません（一方、yとtの値は知っていますし、g_1についても、このタイミングではすでに有権者は知っています）。このため、有権者はこの値も予想しなければなりません。この意味で、（8-3）′式には、本来のr_1ではなく、$\tilde{r}_1$が書いてあります。$\tilde{r}_1$は、r_1の予想値です。

有権者は、政治家の能力が平均値か、あるいはそれよりも高ければ、現職に投票するとします。能力の平均値は1ですので、政治家の能力の予想値が$\tilde{h} \geq 1$ならば有権者は現職に投票し、$\tilde{h} < 1$ならば、対抗馬に投票します。

詳しい計算は付録に載せますが、hの分布の仮定より、$\tilde{h} \geq 1$となる確率、つまり、現職が選挙で勝つ確率pは、

(8-6)

$$p=\frac{1}{2}+b\times\left(1-\frac{1}{\tilde{h}}\right)=\frac{1}{2}+b\times\left(1-\frac{t\times y-\tilde{r}_1}{t\times y-r_1}\right)$$

と表すことができます。注目していただきたいのは、（8-6）式の一番右の式の分母に、1期目のレントr_1があることです。これが意味しているのは、1期目のレントを増やすと、現職の当選確率が下がるということです（r_1の値を大きくすると、pの値は小さくなります）。どうして下がるのかというと、レントを増やすとg_1が小さくなるため（（8-3）式）、有権者は、現職の能力$\tilde{h}$が低いと思うようになるからです（（8-3）式）。すると有権者は、現職の代わりに対抗馬に投票しようとしますので、現職の当選確率が下がります。

次に、r_1の値を計算します。この（8-6）式を（8-5）式に代入すると、モモの効用は、

(8-5)′

$$r_1+\left(\frac{1}{2}+b\times\left(1-\frac{t\times y-\tilde{r}_1}{t\times y-r_1}\right)\right)\times(R+\tilde{r}$$

と書き直すことができます。モモは、自分の効用を最大にするように、つまりこの（8-5）式を最大にするように、r_1の値を決めます。重要なのは、r_1を大きくすると、モモがレントから得る効用は上がりますが、逆に、今お話ししたように、選挙で勝つ確率pは下がってしまうという関係です。モモは、この2つを天秤《てんびん》にかけた上で、（8-5）式が最も大きくなるようなレントを決めます。

詳しい計算は付録に載せますが、その値は、

（8-7）

$$r_1 = t \times y - b \times (R + \bar{r})$$

とシンプルに書けます。この式によると、1期目のレントr_1は、bが大きいほど、また、$(R+\bar{r})$が大きいほど、小さくなります。このうち前者は、図8-1で示した政治家の能力の分布の高さと幅のことです。bが大きくなるほど、四角形が1を中心に縦に細長くなっていきます。これは言い換えると、政治家の能力の分布が、平均値である1を中心にあまりブレないことを意味します。

このように政治家の能力に関する不確実性が小さい場合は、仮にレントを増やしてg_1が小さ

くなると、（8-3）式より、政治家の能力が低いからだとすぐにみなされ、当選確率が下がります（（8-6）式の真ん中の式で、bが掛けられているのに注意してください。$\tilde{b}$が小さくなると、bが大きいほど、つまり政治家の能力に関する不確実性が小さいほど、当選確率はさらに小さくなります）。このため、モモは1期目のレントを減らそうとします。

一方、$(R+\bar{r})$は、モモが2期目に得る効用です。この値が大きくなるほど、モモはより選挙で勝ちたいと思うようになりますから、1期目のレントを減らそうとします。

以上をまとめると、このモデルの均衡における1期目のレントは、

（8-8）

$$r_1 = t \times y - b \times (R+\bar{r})$$
$$r_2 = \bar{r}$$

と書けます。選挙前の1期目には、モモは、レントを取ることと、選挙で勝つことのトレード・オフに直面しています。レントを取りすぎると、（8-3）式よりg_1が小さくなり、有権者から能力が低いとみなされて選挙で負けてしまいます。このため、モモはレントを減らそうとします。一方、2期目にはこのようなトレード・オフはありませんから、レントは最大になります。

政府の予算制約式を見てみると、r_1が小さいということは、g_1が大きくなることを意味します。つまり現職は、自分には能力があると有権者に思わせるために、選挙前の政府支出を多くする傾向があるといえます。一方、選挙後の2期目には、政府支出が少なくなる傾向があるといえます。

選挙直前の政府支出は多くなり、選挙がないときの政府支出は少なくなる。

以上は、単純な2期間のモデルで考えましたが、選挙がある期間とない期間が何期間にもわたって交互にやってくるようなモデルを考えても、同じ結論を導くことができます。[89]それでは、モデルから導かれるこのような関係が実際のデータでも観察できるのか見ていきましょう。

選挙と政府支出の関係

ミン・シと、私の指導教員のヤコブ・スベンソンという2人の研究者は、日本を含む85カ国の、1975年から1995年のデータを使って、選挙と財政収支の関係について調べました。[90]その結果、選挙がある年は、財政赤字が、GDP比で約1％増える傾向があることがわかりました。つまり、選挙がある年に政府支出が増えている可能性を示唆しています。

さらにこの傾向は、発展途上国で特に顕著だということもわかりました。仮に政治家を続けることで得られるもの（モデルでいうところの、$(R+\bar{r})$）が先進国よりも途上国で大きいならば、政府支出を増やして有権者にアピールし、政治家としての仕事を続けようとする傾向は、途上国でより強くなります。

次に、特定の国に限って見てみましょう。取り上げるのはロシアです。研究者らが、1996年から2003年の間に行われた地方選のデータと、月別の政府支出などのデータを使って分析したところ、次ページの図8-2のような関係が見えてきました。[91]

左上から時計回りに、ヴォログダ州、ケメロヴォ州、マガダン州、チュヴァシ共和国の状況を表しています。実線は、社会プログラム（social program）への人口一人当たり支出額です。[92] そ

＊89 その場合、政治家の能力は時間を通じて一定ではなく、$h_t = k_t - k_{t-1}$で推移していると仮定します。ただし、tや$t-1$は年などを表します。つまり、t年の能力h_tは、t年の能力k_tから、$t-1$年の能力k_{t-1}を引き算した値で表されるということです。このとき、k_tやk_{t-1}は、それぞれ図8-1のように分布しているとします。

＊90 Shi, M. and J. Svensson (2006). "Political budget cycles: Do they differ across countries and why?" *Journal of Public Economics*, 90(8-9), 1367-1389.

＊91 Akhmedov, A. and E. Zhuravskaya (2004). "Opportunistic Political Cycles: Test in A Young Democracy Setting." *The Quarterly Journal of Economics*, 119 (4), 1301-1338.

図8-2

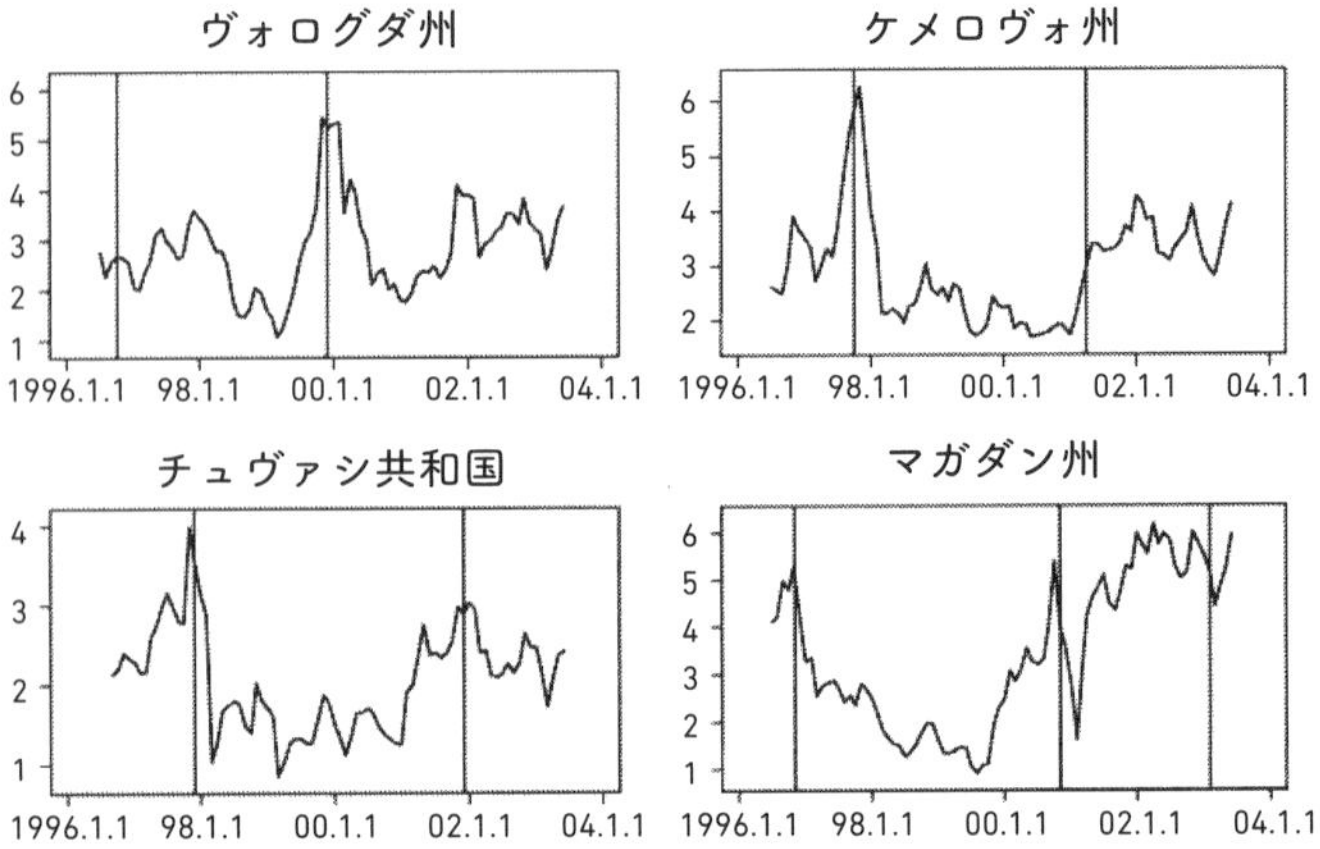

出典：Akhmedov and Zhuravskaya (2004).

して、横軸は月を表し、縦棒で表しているのが選挙月です。

この図から、すべての地域ではないですが、選挙のタイミングで社会プログラムへの支出が増え、選挙後に減っていることがわかります。また図には示していませんが、この傾向は特定の地域に限らずデータ全体で見ても観察されます。さらに、支出額を支出全体で見ても、教育や医療、文化などの支出に限って見ても、選挙1カ月前に増え、選挙月とその翌月には減る傾向があることがわかりました。

さて、政治的な予算循環が実際のデータでも観察されることがわかりましたが、そのように選挙前に予算を増やすことが本当に現職の再選に有利に働いているのでしょうか。最後にこのことを見ていきます。

研究者らは、1960年から2003年にかけての、74の民主主義国のデータを使い、それぞれの国の選挙前の財政収支が、その国のリーダー（首相や大統領）の再選確率にどのような影響を及ぼすのかについて調べました。[93]

その結果、選挙前の2年間の財政収支の対GDP比が、さらにその前の2年間の値よりも悪化するほど、つまり、選挙が近づくと収入よりも支出が増えるほど、現職の再選確率はむしろ下がる傾向があることがわかりました。[94] 少なくとも、再選確率を上げるという結果は確認できませんでした。同じことは、選挙年の財政収支の対GDP比と、その前の年の値との差分で見ても観察できました。しかも、これらの結果は、途上国よりも先進国のほうで強く観察されました。

つまり、少なくとも先進国においては、選挙直前に政府支出を増やして有権者にアピールしたとしても、その効果はないか、あるいは逆効果である可能性が高いということです。効果が見込めない理由として、有権者はこのような選挙前の財政操作はコストを伴うものだと、きちんと理解している可能性が考えられます。

＊92　1997年米ドル換算。ただし、移動平均で平滑化しています。
＊93　Brender, A. and A. Drazen (2008). "How Do Budget Deficits and Economic Growth Affect Reelection Prospects? Evidence from a Large Panel of Countries." *American Economic Review*, 98 (5), 2203-2220.
＊94　その場合の効果の大きさは、GDP比で財政収支が1％悪化すると、再選確率が3〜5％下がるというぐらいの大きさでした。

第9章

政治家たちの駆け引き

この章の要約

・政治家たちの駆け引きは政策に影響を及ぼす。

・大統領制より議会制の政府が大きくなる。

キーワード

議会交渉　アジェンダ・セッター　最小勝利連合

大統領制と議会制の違い　権力の分立

議会交渉

第3章以降、これまでの章で扱ってきたのは、有権者と政治家・候補者との間の駆け引きの話でした。一方、本章では、政治家たちの間でどのような駆け引きがあり、それによって政策がどのような影響を受けるのかについて考えます。本章で取り上げるのは、政治経済学の中で、**議会交渉**（legislative bargaining）と呼ばれるトピックです。

では、具体的にどういうことを考えるのでしょうか。例えば、読者の皆さんが選挙で選ばれた政治家だったとします。そして皆さんは、自分の選挙区に、高速道路を建設したいと考えています。しかし、それを実現させるためには、議会での承認を得なければなりません。そして、そのためには、他の多くの政治家の支持を得なければなりません。

さて、このとき皆さんは、一体どのような行動に出るでしょうか。他の政治家にも賛同してもらえるよう交渉し、そのためには少し妥協しても構わないと考えたりはしないでしょうか。そしてその場合は、具体的にどの政治家に賛同してもらえばいいか考えたりしないでしょうか。本章のモデルで考えるのもそのような状況です。

以下では、基本モデルを紹介したあとで、それを応用し、大統領制と議会制の違いについて見ていきます。

では、モデルに入っていきましょう。[95] まず、第5章で考えたように、国民の数を1に標準化し、彼・彼女らを所得に応じて3つのグループに分けます。それぞれのグループをP、M、Rと表し、その割合を（a_P, a_M, a_R）と表します。また、グループ内の人々の所得は全員同じであると仮定します。その上で、それらの所得には、以下のような関係があるとします。

（9-1）

$$y_P < y_M < y_R$$

つまり、Rグループの人たちの所得が最も高く、Pグループの人たちの所得が最も低く、Mグループの人たちがその中間、ということです。

それぞれのグループには、グループを代表する政治家が1人ずついます。以下では、それらの代表者を、ポコ（Pグループ）、モモ（Mグループ）、ルル（Rグループ）と呼びます。

Mグループの人たち（代表者のモモも含む）のうち、ある個人の効用は以下のように表されるとします。

（9-2）

$$W_M(g)=(1-t)\times y_M+V(g)$$

このうち、「t」は税率、「$V(g)$」は（一人当たり）政策支出から得られる効用です。第4章のモデルと同じように、人々は税金を支払い、それが政府支出gとして返ってきます。$V(g)$はそれから得られる効用です。PグループとRグループの場合も同じように表されるとします（その場合は、添字をPとRに変えてください）。ここでは、同じグループの中であれば、全員が同じ効用を得ると仮定していますので、$W_M(g)$や$V(g)$には、iなどの個人を表す添字がついていません。また、$V(g)$はどのグループに属していても同じと仮定していますので、Mなどのグループを表す添字がついていません。

＊95 議会交渉の代表的なモデルには、Romer, T. and H. Rosenthal (1978). "Political resource allocation, controlled agendas, and the status quo." *Public Choice*, 33 (4), 27-43や、Baron, D. P. and J. A. Ferejohn (1989). "Bargaining in Legislatures." *American Political Science Review*, 83 (4), 1181-1206などがあります。特に前者は、アジェンダ・セッティング・モデル（agenda setting model）、後者は、議会交渉モデル（legislative bargaining model）と呼ばれます。本章の定式化はPersson and Tabellini (2000)を参考にしています。

次に、3人の代表者のうち1人が、自分の実行したい政策を他の政治家に持ちかけるとします。このような人を**アジェンダ・セッター**（agenda setter）と呼びます。第3章でも出てきましたが、話し合いの議題や進め方を決める人たちのことを指します。第3章では、戦わせる順番を決める人という意味で使いましたが、本章では、具体的な政策を持ちかける人たちのことをそう呼びます。例えば、以下で取り上げるアメリカでは、法案が議会で審議される前に、各委員会で審議されます。議会に政策を持ちかける人たちという意味で、これらの委員会に所属する議員は、アジェンダ・セッターであると言えます。

法案を通すためには、議会における投票で過半数の賛同を得なければならないとします。今回は政治家が3人しかいませんので、自分以外のもう1人だけ賛同してくれれば、法案が可決されます。このとき、アジェンダ・セッターはどのように政策を提案するでしょうか。以下では、このことを具体的に考えていきます。

最適な政策

モデルでは、以下のような時間の流れを考えます。

1：アジェンダ・セッターが政策gを提示する。

2：gについて投票。過半数が賛同すれば、gが実行される。そうでないなら、デフォルトの政策$\bar{g}$が実行される。

それでは、第7章、第8章と同じように、タイミング2から順に後ろ向きに解いていきましょう。

まず、各グループの人たちが好ましいと思うgを計算します。政府の予算制約式、

（9-3）

$$t \times y = g$$

を（9-2）式に代入すると、

（9-2）'

$$W_M(g)=(y-g)\times\frac{y_M}{y}+V(g)$$

と書き直すことができます。ただし、$y=a_P\times y_P+a_M\times y_M+a_R\times y_R$ です。次に、Mグループの各個人にとって効用が最大になる政府支出額を計算します。詳細は省きますが、第4章と同じように、$V(g)$ を自然対数とした上で計算すると、以下のように書けます。

（9-4）

$$g_M^*=\frac{y}{y_M}$$

また、PグループとRグループの人たちに関しても同じように求めることができて、それぞれ、$g_P^*=\frac{y}{y_P}$、$g_R^*=\frac{y}{y_R}$ と書けます。（9-1）式で、3つのグループの所得の違いを定義したことを踏まえると、最適な政府支出額は、

図9-1

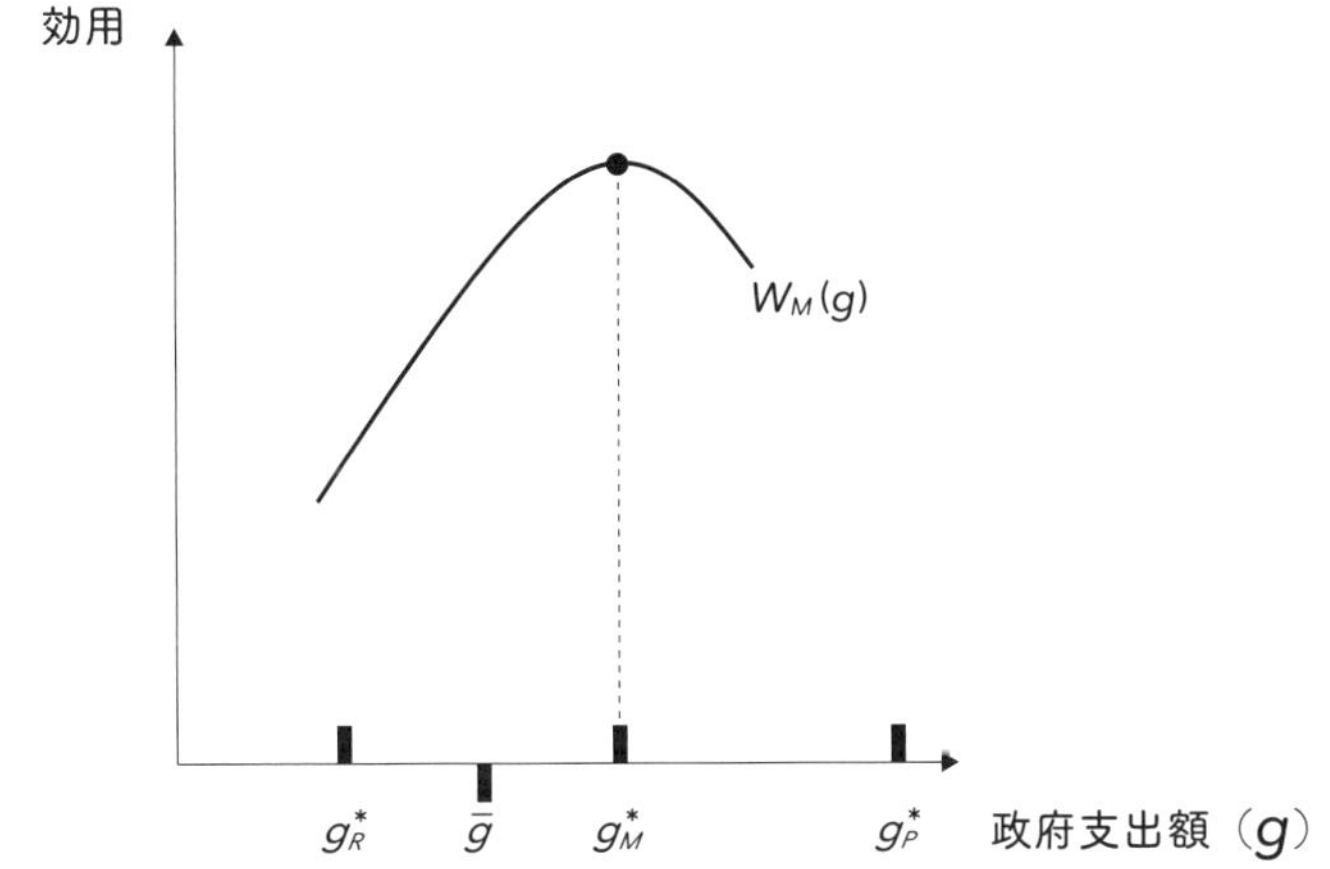

（9-5）

$$g^*_R < g^*_M < g^*_P$$

という関係になっています。つまり、最も所得の高いRグループの人たちは最も小さな政府を希望し、最も所得の低いPグループの人たちは最も大きな政府を希望します。そして、中所得のMグループの人たちは、中くらいの大きさの政府を希望します。

これを図示したのが、図9-1です。横軸は政府支出額を表し、縦軸は効用の大きさを表しています。曲線は（9-2）式に表したMグループのある個人の効用 $W_M(g)$ です。

第4章で見たように、山の頂点のところの政府支出額が、今しがた計算した個人にとって最適な政府支出額g^*_Mです。図が煩雑になるのでMグループの場合しか書いていませんが、他のグループの場合も、それぞれ、g^*_Pとg^*_Rを頂点とする山が書けます。すでに見たように、一番小さいg^*_Rを希望するのがRグループの人たち、一番大きいg^*_Pを希望するのがPグループの人たちで、Mグループの人たちはその中間です。

政策の提案

まず、モモがアジェンダ・セッターの場合を考えます。このとき、モモはどのような政府支出額を提案するでしょうか。もしかすると、彼女自身と彼女が代表するMグループの人たちにとって最適なg^*_Mを提案するかもしれません。あるいは、他の人に妥協するかたちで、違う値を提案するかもしれません。

ここで、デフォルトの政策$\bar{g}$は、図9-1に示したような位置にある場合を考えます。このとき、モモがg^*_Mを提案したとするると、ルルは賛同するでしょうか、しないでしょうか。タイミング2に書いたように、もしこの政策が可決されなかった場合は、デフォルトの政策$\bar{g}$が実行されます。以下では、提案から得られる効用がデフォルトから得られる効用より高ければ、他の政治家は賛同するとします。

図9-1より、ルルにとっては、g^*_Mよりも$\bar{g}$のほうが自分たちにとって最適なg^*_Rに近いこと

がわかります。これは、図には表していませんが、g_R^*を頂点とする山（＝ルルの効用）をイメージしたときに、g_M^*よりも$\bar{g}$のほうがルルの山の頂点に近いことを意味します。つまり、ルルにとってみれば、モモの政策案が可決されずにデフォルトの政策が実行されたほうがより高い効用を得ることができます。このため、彼女はモモの提案に賛同しません。

では、ポコの場合はどうでしょうか。ポコにとっては、g_M^*よりも$\bar{g}$のほうが自分たちにとって最適なg_P^*より遠くにあります。つまり、ポコとしては、デフォルトの政策になるぐらいだったら、モモの政策案に賛同したほうが効用が高くなります。そのため、ポコはモモの政策案に賛同します。これでモモとポコの2人が政策に賛同することがわかりましたので、モモは何の妥協もせずに、自分たちにとって最適なg_M^*を提案し、その案が可決されます。

次に、図9-2のように、デフォルトの政策の位置がg_R^*の左側にある場合はどうでしょうか。この場合も先ほどと同様に、ポコはデフォルトの政策よりもg_M^*から高い効用を得ますので、モモの提案に賛同します。つまり、モモはg_M^*を提案します。

また、デフォルトの政策$\bar{g}$がg_M^*の右側にあるときも同じように考えることができます。その場合は、モモがg_M^*を提案しても、今度はルルが賛同してくれます。

最後に、デフォルトの政策$\bar{g}$がg_M^*と同じ位置にある場合は、モモがg_M^*を提案した場合、2人とも賛同します。

したがって、モモがアジェンダ・セッターの場合は、自分の最適なg_M^*を提案し、それが必ず

図9-2

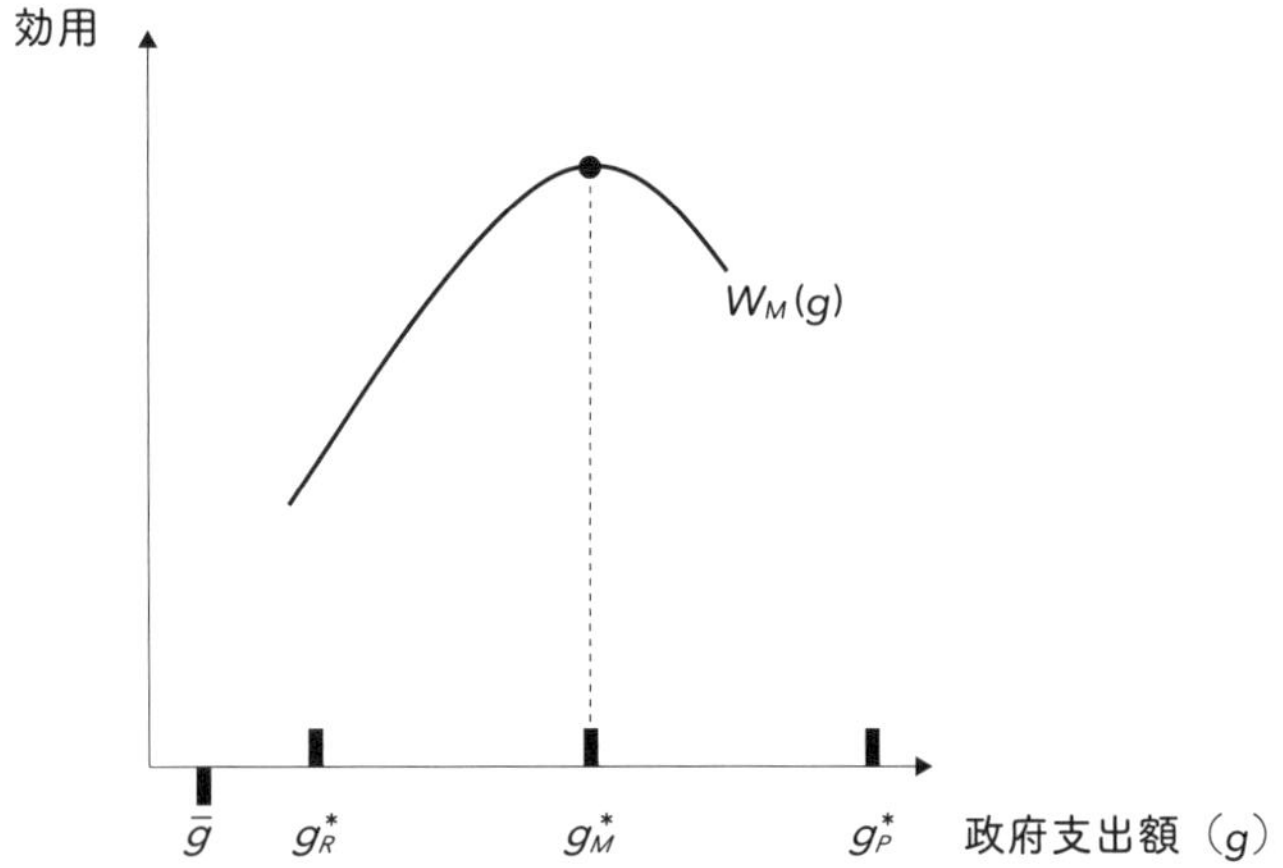

可決されます。これが、このモデルの1つの均衡です。これは、モデルは違うものの、中位投票者の定理と結果は同じです。最終的に選ばれるg_M^*が、コンドルセの勝者です。

　では、次にルルがアジェンダ・セッターの場合を考えます。

　まず、図9-2のような場所にデフォルトの政策$\bar{g}$がある場合を考えます。この時、モモの効用もポコの効用も、$\bar{g}$よりもg_R^*のほうで高くなります。この場合は2人とも賛同しますので、ルルはg_R^*を提案します。

　同様に、デフォルトの政策$\bar{g}$がg_R^*と同じ位置にある場合は、ルルの提案に2人とも賛同しますが、この場合に実行されるのはデフォルトと同じ政策です。

　次に、図9-1のような場所にデフォルトの政策$\bar{g}$がある場合はどうでしょうか。この場

図9-3

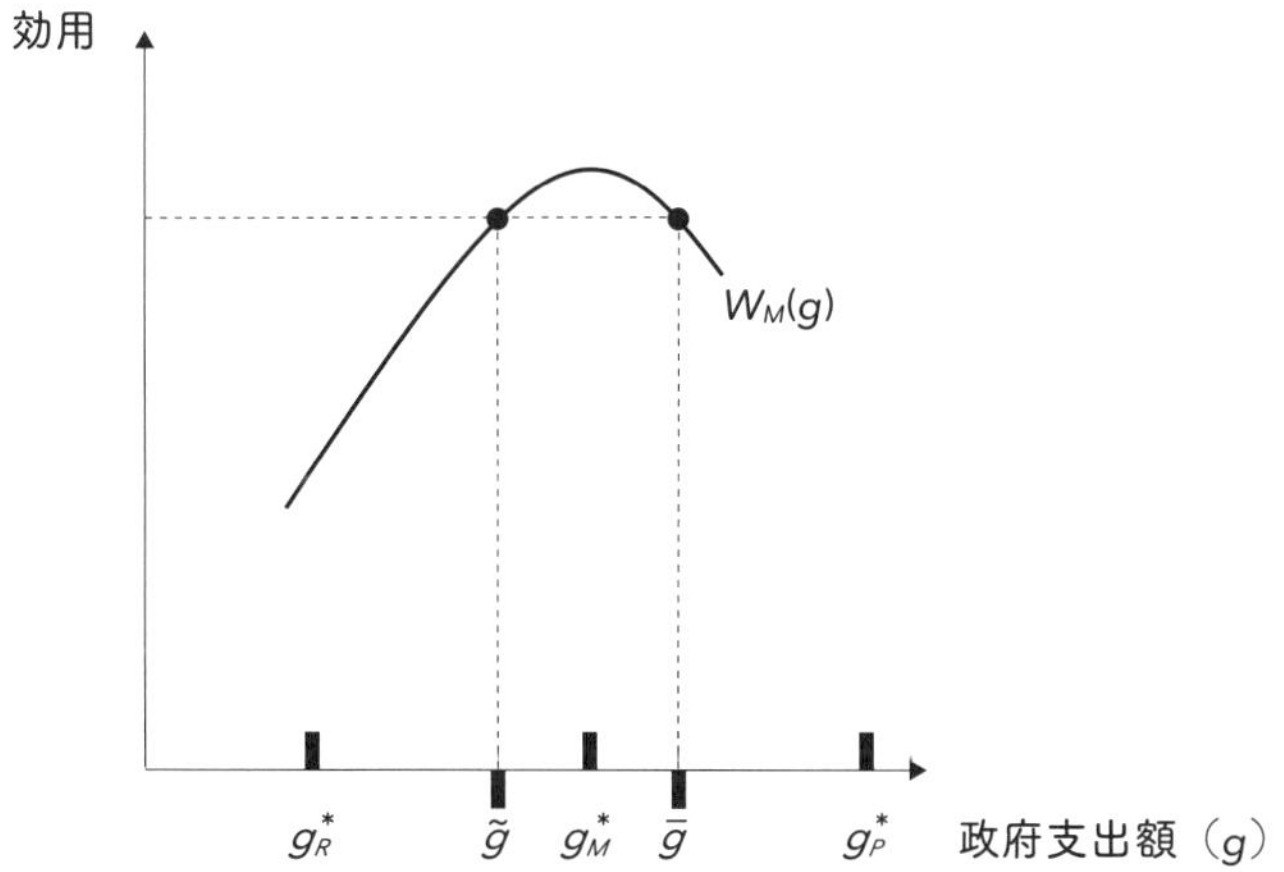

合、モモの効用もポコの効用も、g_R^* より $\bar{g}$ で高くなります。つまり、一方で、ルルが何も妥協せず g_R^* を提案すると誰からも賛同してもらえませんが、他方で、彼女が $\bar{g}$ に妥協することで残り2人の賛同を得ることができます。したがって、この場合、ルルは $\bar{g}$ を提案し、残りの2人もそれに賛同しますが、最終的な3人の効用は、誰も賛同せずにデフォルトの政策が実行される場合と全く同じになります。

最後に、図9-3のように、デフォルトの政策 $\bar{g}$ の位置が g_M^* の右側にある場合はどうでしょうか。図では g_M^* と g_P^* の間にありますが、g_P^* のさらに右側にある場合も同様です。これらの場合、ルルが提案するのは、g_R^* から g_M^* の間のどこかの値です。なぜならば、ルルの山を考えると、g_M^* よりも左側のほうが、右側よりも頂点に近くなる（＝効用が高くなる）からです。しかし、この範囲ならどの値でもいいかというと、そうではありません。考えなければいけないのは、どうしたらモモに賛同してもらえるかです。モモが賛同するのは、デフォルトの政策以上の効用が得られる場合です。

つまり、（a）g_M^*の左側にあり、なおかつ、（b）モモにとってデフォルトの政策以上の効用が得られる場所を見つける必要がありますが、それは、図9-3の$\tilde{g}$ということがわかります。モモの効用に関してみると、$\tilde{g}$の場合と$\bar{g}$の場合で山の高さが同じです。$\tilde{g}$がさらに左にあると、モモの山を「下山」してしまうので、彼女の効用はデフォルトの政策のときよりも下がってしまいます。かといって$\tilde{g}$がさらに右にあると、今度はルルの山を「下山」してしまうので、ルルとしてはそのような$\tilde{g}$を提案したくありません。

この$\tilde{g}$ですが、デフォルトの政策$\bar{g}$がg_M^*の右側にある限り、その場所に応じてさまざまな値をとります。ただし、g_R^*よりも小さくなる（＝g_R^*よりも左側になる）ことはありません。どうしてなのか考えてみてください。

最後に、ポコがアジェンダ・セッターの場合も、ルルと同じように考えることができます。

このモデルから、少なくとも2つのことがわかります。1つ目は、アジェンダ・セッターの影響力は大きいということです。モモがアジェンダ・セッターの場合は、彼女の至福点が常に選ばれますし、ポコやルルがアジェンダ・セッターの場合も、$\tilde{g}$が選ばれる場合を除き、アジェンダ・セッターの意向が政策に色濃く反映されます。

アジェンダ・セッターは政策に影響を及ぼす。

しかし、このように政治的な交渉で選ばれる政策は、必ずしも社会的に最適なものとは限りません。政治的な歪みを生む可能性があります。

2つ目は、アジェンダ・セッターは、自分に賛同してくれる人数は、過半数を取れる限り最小にするということです。というのも、必要以上に賛同者を増やしても、譲歩する程度が増えるだけだからです。このような最小の賛同者のグループを**最小勝利連合**（minimum winning coalition）と呼びます。アジェンダ・セッターは、この最小勝利連合に入る人たちと入らない人たちで差別化します。例えば、ルルがアジェンダ・セッターのときは、どうしたらモモの賛同を得られるかを考えましたが、ポコは蚊帳《かや》の外だったことを思い出してください。

最小勝利連合に入る人たちのほうが入らない人たちよりも優遇される。

では、これらの結果を、実際のデータでも確認していきましょう。

委員会と連合

取り上げるのはアメリカの議会です。すでに少しだけお話しした通り、大統領制のアメリカでは、議員の所属する各委員会の権限が強いとされます。下院にも上院にもいくつかの委員会があります。例えば、下院に関して最も権威があるとされる委員会には、歳入委員会（Ways and Means Committee）や、予算委員会（Appropriations Committee）があります。これらの委員会に所属する議員たちは、自分たちの意向を政策により反映できるという意味で、影響力を持ちます。

ブライアン・ナイトという経済学者は、下院の委員会のうち、運輸インフラ委員会（Transportation and Infrastructure Committee）に着目しました[96]。この委員会の一つの役割は、各州政府に配分する運輸関連のプロジェクト（例：高速道路の整備）の予算額を決めることです。予算だけを配分し使い方は州政府に任せる、という方法もありますが、特定のプロジェクトに対して、直接的に予算を配分することもできます。後者のようなプロジェクトは、事前に使途を決められているという意味で、耳標がつけられているプロジェクト（earmarked project）と呼ばれます。家畜の耳に付けるタブ（＝耳標）から来ている言葉です。

運輸インフラ委員会の作成する政策案は、次に下院で審議されます。案の作成に携わることができるという意味では、同委員会のメンバーは、アジェンダ・セッターと言うことができます。したがって、先ほどモデルから導いた結果を踏まえると、プロジェクトへの予算配分には、同委員会メンバーの意向が色濃く反映されていると予想できます。

また、下院で審議・採決する際に、賛同してもらいたい人にはプロジェクトの予算を割り当て、そうでない人には割り当てないというように、予算を差別化する可能性もあります。ナイトによると、複数の下院議員が、「あなたの選挙区へプロジェクト費用を割り当てるので、法案に賛同してくれ」といった主旨の電話を、実際に委員からもらったと証言しているそうです。

ナイトが使ったのは、１９９１年と１９９８年のデータです。まず、運輸インフラ委員のうち、プロジェクト予算を自分の選挙区にまったく配分しなかった人は、ほとんどいませんでした。一方、委員会に入っていない下院議員のうち、１９９１年は、約72％が何も配分を受けず、１９９８年は、約21％が何も配分を受けませんでした。委員会に入っていないメンバーの全員が配分を受けたわけではないということは、アジェンダ・セッターと連合していた人とそうでない人で、予算配分が差別化されていた可能性があります。

実際に連合していたかどうかを調べることは難しいですが、何らかの予算配分を受けた人たちが連合していた人たちだと考えると、これらの数字より委員会に入っていない下院議員のうち、１９９１年は約38％が、１９９８年は約79％が、それぞれ連合していた可能性があります。

＊96　Knight, B. (2005). "Estimating the Value of Proposal Power." *American Economic Review*, 95 (5), 1639-1652.

図9−4

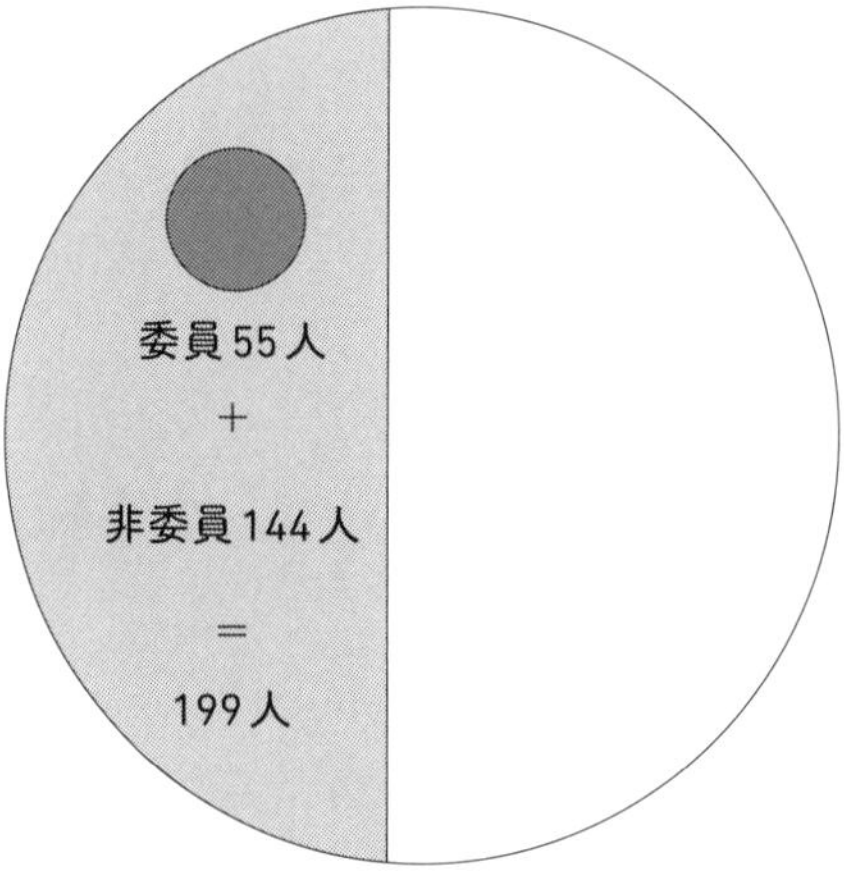

ナイトも指摘している通り、1998年は連合していた人が多すぎるきらいがあります。一方、1991年については、380人中、144人（≈38％）の非委員が連合していたとすると、55人の委員と合わせた最小勝利連合の大きさは、144＋55＝199人です。これは、図9-4に示したように、全下院議員435人のうち、およそ過半数にあたります（199／435≈46％）。つまり、投票で過半数を得るため、戦略的に予算配分を行った可能性があります。

次に、アジェンダ・セッターの意向が政策により反映されているかどうかを調べるため、予算配分額を見てみます。すると、1991年の委員への平均予算額は5484万米ドルなのに対し、彼・彼女らと連合していたと考えられる人たちへの平均予算額は、611万米ドルだったことがわかりました。また、1998年の場合は、前者が3846万米ドル、後者が1383万米ドルでした。どちらの年も、アジェンダ・セッターのほうがより多くの予算をもらっています。[97]

以上は、少なくともモデルの予測と整合的な結果です。連合しているかどうかによって予算配分が差別化され、また、政策にはアジェンダ・セッターの意向が色濃く反映されている可能性があります。

最後に、本章で学んだ議会交渉モデルを応用し、大統領制と議会制の違いを見ていきます。特に着目するのは、政府の大きさです。このモデルを使うと、大統領制と議会制では、政府の大きさが異なるという結果を導くことができます。

大統領制より議会制の政府が大きい?

アメリカのような大統領制と、日本やヨーロッパのような議会制には、さまざまな違いがあります。まず、国の代表者の選び方が違います。大統領制では大統領及び議員が直接的に、なおかつ別々に選挙で選ばれますが、[98]議会制では首相は選挙で選ばれた政治家などによって間接

＊97　どちらも1998年米ドル換算。

的に選ばれます。大統領は別の選挙で選ばれているので、議会には不信任案を通す権限がありません。[99]逆に、大統領には議会の解散権もありません。一方、議会制における議会には、内閣不信任案を通す権限があり、逆に内閣には議会を解散させる権限があります。

それ以外にも、政策が決まっていくプロセスにも違いがあります。先に取り上げた例でいうと、大統領制においては、各委員会が独立した強い権限を持っています。例えば、歳入委員会は歳入（例：税金）について強い権限を持ち、予算委員会は歳出について強い権限を持っています。そして、それぞれの委員会は、党派に限らずさまざまな人たちで構成されます。

一方、日本やヨーロッパのような議会制では、与党が政策案について大きな権限を持ちます。このため、どの政党が議会で多数派となるかで政策が大きく左右されます。

つまり、大統領制では2つの意味で、**権力の分立**（separation of powers）が強調される傾向があるといえます。1つ目は、国の代表者と議員との間の権力の分立です。そして2つ目は、さまざまな議員の間での権力の分立です。権力が分立していることで、それらのバランスをとることを目指しています。

以下ではこのような政策決定プロセスの違いに着目し、議会交渉モデルを使って大統領制と議会制の違いを見ていきます。[100]

先ほどのモデルと同様に、国民を3つのグループに分けます。また、それぞれのグループの国民の数は1に標準化します。ただし、今回はそのグループが、P区、M区、R区という3つの選挙区と一致していると仮定します。そして、それぞれの区を代表する政治家を、ポコ（P区）、モモ（M区）、ルル（R区）とします。なお、以下では単純化のために、国民の所得は全員同じとします。

M区の人たち（代表者のモモも含む）のうち、ある個人の効用は、

（9-6）

$$W_M(g) = y - T + f_M + V(g)$$

と書けるとします。[101]（9-2）式と大体同じですが、特に異なる点が2つあります。まず、「T」は所得にかかる税率ではなく、ある固定された税額です。次に「f_M」は、M区にのみ配分され

＊98 アメリカでは、選挙人団（electoral college）という方法が採用されていますので、厳密には有権者が大統領を直接選ぶわけではありません。

＊99 大統領を辞めさせるには、弾劾裁判などが必要です。

＊100 もとのモデルは、Persson, T., G. Roland, and G. Tabellini (2000). "Comparative Politics and Public Finance." *Journal of Political Economy*, 108 (6), 1121-1161です。

＊101 便宜上、V(0) はマイナス無限大の値をとるとします。

る政府支出額です。例えば、道路の建設資金が考えられます。これとgの違いは、gは国全体に対して支出されますが、f_Mはある特定の選挙区に対してのみ支出されるということです。P区やR区の人たちについても、同じように書けるとします（その場合は、添字をPとRに変えてください）。

政府の予算制約式は、以下のように書けます。

（9-7）

$$3 \times T = g + f_P + f_M + f_R$$

この式の左側は、3区から得られる税金の合計を表し、右側は、政府支出額を表しています。

大統領制

では、まず大統領制について見ていきましょう。すでにお話ししたように、大統領制では各委員会の権限が強く、それらが独立して政策案を提出します。このことを踏まえた上で、以下のような時間の流れを考えます。

1：歳入委員の政治家が、税額Tを提案する。
2：政治家たちによる投票。過半数が賛同すれば税額Tが実行される。しなければ、デフォルトの$\bar{T}=0$が実行される。
3：予算委員の政治家が、gと(f_P, f_M, f_R)を提案する。
4：政治家たちによる投票。過半数が賛同すればgと(f_P, f_M, f_R)が実行される。しなければ、デフォルトの$\bar{g}=0$と$(\bar{f}_P, \bar{f}_M, \bar{f}_R)=(0, 0, 0)$が実行される。

つまり、まず歳入委員が税額を提案し、それが議会で審議・採決され、次に予算委員が支出額を提案し、それが審議・採決されます。以下では、ルルが歳入委員の政治家、モモが予算委員の政治家だとした上で、4から順に後ろから解いていきます。

まず、予算委員であるモモは、予算$(g, (f_P, f_M, f_R))$の使い方について提案しますが、採決の段階で過半数の賛同を得なければなりません。以下では、各政治家は、デフォルトの政策から得られる以上の効用が得られれば賛同すると仮定します。

モモは、自身を含め、自分の代表する選挙区の有権者の効用を最大にするような(f_P, f_M, f_R)の値を決めます。（9-6）式より、M区の人たちの効用を最大にするために、他の政治家の選挙区に行く値(f_P, f_R)を、彼・彼女らが法案に賛同してくれる限界まで下げ、残りを自分の選挙区に配分します。ここでいう「賛同してくれる限界」というのは、デフォルトの値である$(\bar{f}_P, \bar{f}_R)=(0,0)$です。つまり、ポコとルルの選挙区への予算配分をゼロにしても、彼・彼女から賛同が得られます。したがって、モモは、

（9-8）

$$(f_P^{PR}, f_M^{PR}, f_R^{PR}) = (0, 3\times T - g, 0)$$

という政策を提案します。PRという添字は、大統領（president）の英単語の二文字で、大統領制を表します。このうち、$f_M^{PR}=3\times T-g$ というのは、政府の予算制約式（（9-7）式）を使って求めた値です。言い換えると、税収$3\times T$から政府支出gを引いた残りすべてが、モモの選挙区であるM区に配分されるということです。

次に、この値を、M区のある個人（モモを含む）の効用である（9-6）式に代入すると、

(9-6)′

$$W_M(g)=y-T+3\times T-g+V(g)=y+2\times T-g+V(g)$$

と書き直すことができます。詳細は省きますが、第4章と同じように、$V(g)$ に自然対数を仮定した上で、M区の人たちにとって最も効用が高くなる政府支出額 g を計算すると、

(9-9)

$$g^{PR}=1$$

となります。つまり最適な政府支出額は1です。そして、モモ以外の政治家は、デフォルトの値（$\bar{g}=0$）よりも、この g^{PR} からより高い効用を得ますので、モモの提案に賛同します。以上をまとめると、モモはタイミング3で、$g^{PR}=1$ と $(f_P^{PR}, f_M^{PR}, f_R^{PR})=(0, 3\times T-g, 0)$ を提案し、その提案はタイミング4で満場一致で可決されます。

次に歳出委員のルルは、これらの政策を予想した上で、他の政治家に賛同してもらえるよう

な税額Tをタイミング1で提案します。それはどのような値でしょうか。

まず税額Tがゼロの場合から考えます。そこからTを徐々に増やしていくと、政府の予算制約式から徐々に政府支出額も増えていきますが、これに合わせてルルや彼女が代表するR区の人たちの効用も上がっていきます。

Tが$g^{PR}/3$と同じ値まで大きくなったとき、つまり、

(9-10)

$$3\times T=g^{PR}$$

になったとき、税収はすべて政府支出に使用され、それぞれの選挙区への特別の予算配分(f_P, f_M, f_R)は軒並みゼロになります。ちなみに、g^{PR}は、**(9-9)** 式で表された値です。今しがた、モモの選挙区にだけ予算配分が行われ、それ以外の選挙区には何も配分がないという話をしましたが、この **(9-10)** 式で表された税額のもとでは、モモの選挙区に対する配分額もゼロになります($3\times T-g^{PR}=0$)。

さて、このときモモはこの提案に賛同するでしょうか。この提案によると、彼女の選挙区への予算配分はゼロになりますが、それはデフォルトのときと変わりません。さらに、政府支出

g^{PR}は彼女の希望する値と同じです。そのため、彼女が賛同することがわかります。同様に、ポコも賛同します。

では、ルルはさらに税額Tを増やしたがるでしょうか。答えはノーです。ルルがこれ以上税金を上げたところで、結局g^{PR}に変化がないばかりか、増えた分はすべてモモの選挙区への支払いf_Mに使われてしまうからです。自分たちには何も恩恵がないのに、税金だけ多く支払うのも嫌です。したがって、ルルは、

（9-11）

$$T^{PR}=\frac{g^{PR}}{3}=\frac{1}{3}$$

を提案し、それがタイミング2で可決されます。

以上をまとめると、大統領制の場合は、

（9-12）

$$g^{PR} = 1$$
$$(f_P^{PR}, f_M^{PR}, f_R^{PR}) = (0, 0, 0)$$
$$T^{PR} = \frac{1}{3}$$

が均衡になります。

議会制

次に議会制の場合について見ていきます。政策案は、大統領制のように独立した委員会から提出されるのではなく、各大臣など与党議員からまとめて提出されます。このことを踏まえた上で、以下のような時間の流れを考えます。

1：政治家2名が、T、g、(f_P, f_M, f_R) を提案する。

2：政治家たちによる投票。過半数が賛同すればそれらが実行される。しなければ、デフォルトの $\bar{T}=0, \bar{g}=0, (\bar{f}_P, \bar{f}_M, \bar{f}_R)=(0,0,0)$ が実行される。

大統領制と異なり、政治家2名の提案が独立していないことに注意してください。以下では、これらの政治家をルルとモモとします。ルルとモモが与党議員で、残りのポコが野党議員というようにイメージしていただければいいかと思います。

それでは、タイミング2から後ろ向きに解いていきます。まず、ルルとモモは、連合すれば、ポコの賛同がなくても投票で過半数が取れます。そのため、ポコの選挙区に予算配分する理由がありません。このため f_P をゼロにします。

次に、ルルとモモは、2人の効用を合わせた効用を最大にするように政府支出額 g を決めます。彼女らの合同の効用は、

（9-13）

$$W_M(g)+W_R(g)=2\times y-2\times T+f_M+f_R+2\times V(g)$$

と書けます。これに政府の予算制約式、

（9-14）

$$3\times T-g=f_M+f_R$$

を代入すると、

（9-13）′

$$W_M(g)+W_R(g)=2\times y-T-g+2\times V(g)$$

と書き直すことができます。詳細は省きますが、第4章と同じように、$V(g)$ に自然対数を仮定し、この合同の効用を最大にするような政府支出 g を計算すると、2人にとって最適な政府支出額は、

（9-15）

$$g^{PA}=2$$

となります。PAという添字は、議会（parliament）の英単語の2文字で、議会制を表します。

次に、2人は、選挙区への予算配分（＝税収$3\times T$から、政府支出額g^{PA}を引いたもの）を仲良く半分に山分けすると仮定すると、政府の予算制約式（（9-14）式）から、f_Mもf_Rも、

（9-16）

$$f_M=f_R=\frac{3\times T-g^{PA}}{2}=\frac{3}{2}\times T-1$$

となります。

それでは、最後に残った税額Tはどのような値になるでしょうか。Tの値を増やしていくと、モモもルルも（M区、R区の他の人たちも）自分たちの支払う額が増えていきますが、その分、（9-16）式より、Tに2分の3を掛けた分が、f_Mやf_Rとして戻ってきます。つまり、Tを支払って

(3/2)×T返ってくるわけですから、支払った額よりも多くの額が返ってくることがわかります。このため、モモもルルも最大限まで税金を引き上げます。つまり、T^{PA}は、

(9-17)

$$T^{PA}=y$$

と表せます。

どうして支払った分よりも多く返ってくるのでしょうか。それは、ポコたちP区の人たちが、自分たちの選挙区に特化した政府支出f_Pはゼロなのにもかかわらず、税金を支払っているからです（ただし、gは返ってきます）。議会制では、ポコの賛同はなくても過半数が取れるので、P区の人たちは蚊帳の外になります。しかし、それでも税金は支払います。

以上をまとめると、議会制の場合は、

(9-18)

$$g^{PA}=2$$
$$(f_P^{PA}, f_M^{PA}, f_R^{PA})=(0, \frac{3}{2}\times y-1, \frac{3}{2}\times y-1)$$
$$T^{PA}=y$$

が均衡です。

これらと大統領制の場合の値とを比べると、興味深いことがわかります。議会制のほうでは、税金は最大限取られますし、政府支出も多いことがわかります。つまり、全体的に見て、大統領制より議会制のほうで、より政府が大きくなることがわかります。このような違いは、大統領制では委員会ごとに権限が独立しているのに対し、議会制のほうでは議員たちが連合できることによって生まれています。

大統領制より議会制の政府のほうが大きい。

それでは、実際のデータではどうなっているでしょうか。

図9–5

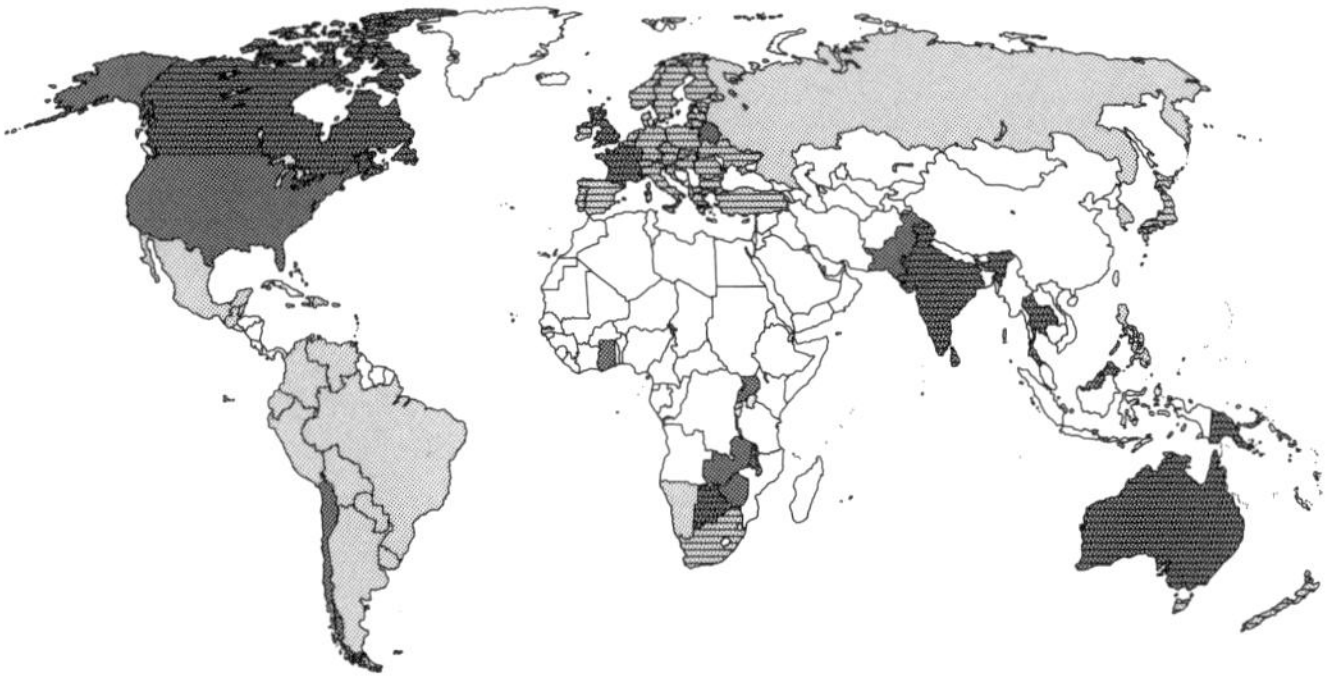

出典：Persson and Tabellini (2005).

私の指導教員のトシュテン・パーションと共著者のグイド・タベリーニという2人の経済学者は、政治制度と政府の大きさにどのような関係があるのかを調べました。[102] 彼らが使ったのは、1990年から1998年の間の、民主主義国家のデータです。このうち、図9-5がデータで使われている国々です。このうち、横線が入っているのが議会制の国々、入っていないのが大統領制の国々です。色の濃淡の違いもありますが、ここでは無視してください。[103]

彼らの分析によると、大統領制の国々と比べ、議会制の国々で平均的に政府支出額の対GDP比が大きくなる傾向があることがわかりました。

つまり、議会制の国々のほうで、より政府が大きくなっていることを示唆しています。

注意しなければならないのは、国による人口などの違いはコントロールされているものの、これらはあくまで相関関係ということです。[104] 因果関係に迫るためには、ある国が大統領制になるか、議会制になるかがランダムに決まっている必要があります。しかし、そのような状況を実際に見つけるのは容易ではありません。いずれにせよ、政治制度と政府の大きさの関係は、モデルと整合的な結果です。

＊102 Persson, T. and G. Tabellini (2004). "Constitutional Rules and Fiscal Policy Outcomes." *American Economic Review*, 94 (1), 25-45。Persson, T. and G. Tabellini (2005). *The Economic Effects of Constitutions*. Cambridge, Massachusetts: The MIT Press.

＊103 濃いグレーが多数代表制、薄いのが比例代表制ないしその混合です。もとの文献ではこれらの違いも分析されています。これらの違いに関しては、本書の第5章を参照してください。

＊104 文献の中では、操作変数法を使って因果効果を識別する試みもなされていますが、後にAcemoglu, D. (2005). "Constitutions, Politics and Economics: A Review Essay on Persson and Tabellini's *The Economic Effects of Constitutions*." *Journal of Economic Literature*, 43 (4), 1025-1048 の中で批判されています。

Column 5

若い人たちの投票率が上がると？

日本の有権者を年代ごとに分けると、より年代が若くなるほど投票率が下がる傾向があります。この傾向は何も今始まったものではなく、戦後ほとんど変わりません。また、例えばアメリカでも同じ傾向が見られます。つまり、「今の」「日本の」若い人たちが問題なのではないと思います。

それよりも、私にとっては近年、どの年代でも全体的に投票率が下がっているほうが気がかりです。これは、民主主義にとってはピンチかもしれません。しかし、若い世代にとってはチャンスだと思います。今は上の世代の投票率も昔より低いので、例えば20代の投票率がぐんと上がり、若い政治家がより選ばれるようになれば、若い人たちの声がより政策に活かされる可能性があります。もちろん人口的には高齢者の割合が多いですが、人口の性別比に対して極端に女性議員が少ないという例もありますし、人口と議員の年代別の割合が同じになる必然性はないはずです。

さて、それでは、若い人たちの投票率が上がるとどうなるでしょうか。ここでは、アメリカの例をご紹介します。

すでにお話ししたように、アメリカの有権者を年代ごとに分けると、若い人たちの投票率が最も低いです。例えば、２０１６年の大統領選挙では、65歳以上の投票率は7割を超えていましたが、18～29歳の投票率は5割に達していませんでした。

日本では18歳を迎えると自動的に投票権を得ますが、アメリカでは登録しなければ投票できません。投票できるのは18歳からですが、州によっては、その年齢に達する前に登録することができます。例えば、カリフォルニア州では、２００９年から、このような事前登録（preregistration）が可能になりました。今では、15の州とワシントンD.C.で、16歳から登録することができます。

研究者たちがこの制度導入の効果を分析したところ、事前登録ができるようになったことで、若い人たち（18～24歳）がより投票するようになったことがわかりました。一方、25歳以上には影響がありませんでした。つまり、投票における年代差が縮まったと言えます。また、その結果、高等教育への一人当たり政府支出額が増えたこともわかりました。若い人たちの声がより政策に活かされるようになったからではないかと考えられます。

もちろんアメリカの例をそのまま当てはめることは難しいですが、日本でも若い人たちの投票率が上がれば、政策が変わる可能性があります。さらに、その受け皿となる若者党（仮）が登場したら、若い人たちの票を、ごっそり獲得できるかもしれません。

参考文献　Bertocchi, G., A. Dimico, F. Lancia, and A. Russo (2020). "Youth Enfranchisement, Political Responsiveness, and Education Expenditure: Evidence from the US." *American Economic Journal: Economic Policy*, 12 (3), 76-106.

第10章

民主主義におけるメディア報道

この章の要約

・より報道されるほど、政治家は有権者のために働く。
・偏った報道には需要側と供給側の要因がある。
・報道は、有権者の考え方や投票行動に影響を及ぼす。

キーワード

報道の量と報道の偏り
メディアの取り込み
均衡と抑制
メディアによる説き伏せ

第3章から第9章にかけて、政治経済学の基本的なモデルと実証研究を学んできましたが、本章では、これまで学んだことの理解をさらに深めるためのトピックを紹介します。取り上げるのは、政治経済学の中で比較的新しく、また、近年急速に研究が進んでいるメディアと政治の話です。[105] このトピックについては代表的なモデルがないため、以下では実証研究を中心に紹介します。

メディアと政治家、有権者の関係

そもそもメディアと政治にはどのような関係があるのでしょうか。そのことを考えるために、第7章で取り上げたブラジルの例を思い出してください。研究からわかったのは、くじ引きによって選挙前に会計監査が入り、なおかつ汚職点数の高かった自治体では、現職が選挙で落選

＊105 本章のテーマについてより知りたい方は、Prat, A. and D. Strömberg (2013). “The Political Economy of Mass Media.” In: *Advances in Economics and Econometrics*. Cambridge: Cambridge University Press、Strömberg, D. (2015). “Media and Politics.” *Annual Review of Economics*, 7, 173-205 や、Elsevier 社から出ている *Handbook of Media Economics*, Volume 1BのPart III: The Political Economy of Mass Media に所収されている論文を参照してください。この分野の第一人者であるデービッド・ストロームベリイは、私が卒業したストックホルム大学の教授です。同大学は政治経済学研究の中心地の一つであり、他には私の指導教員であるトシュテン・パーションらがいます。

図10-1

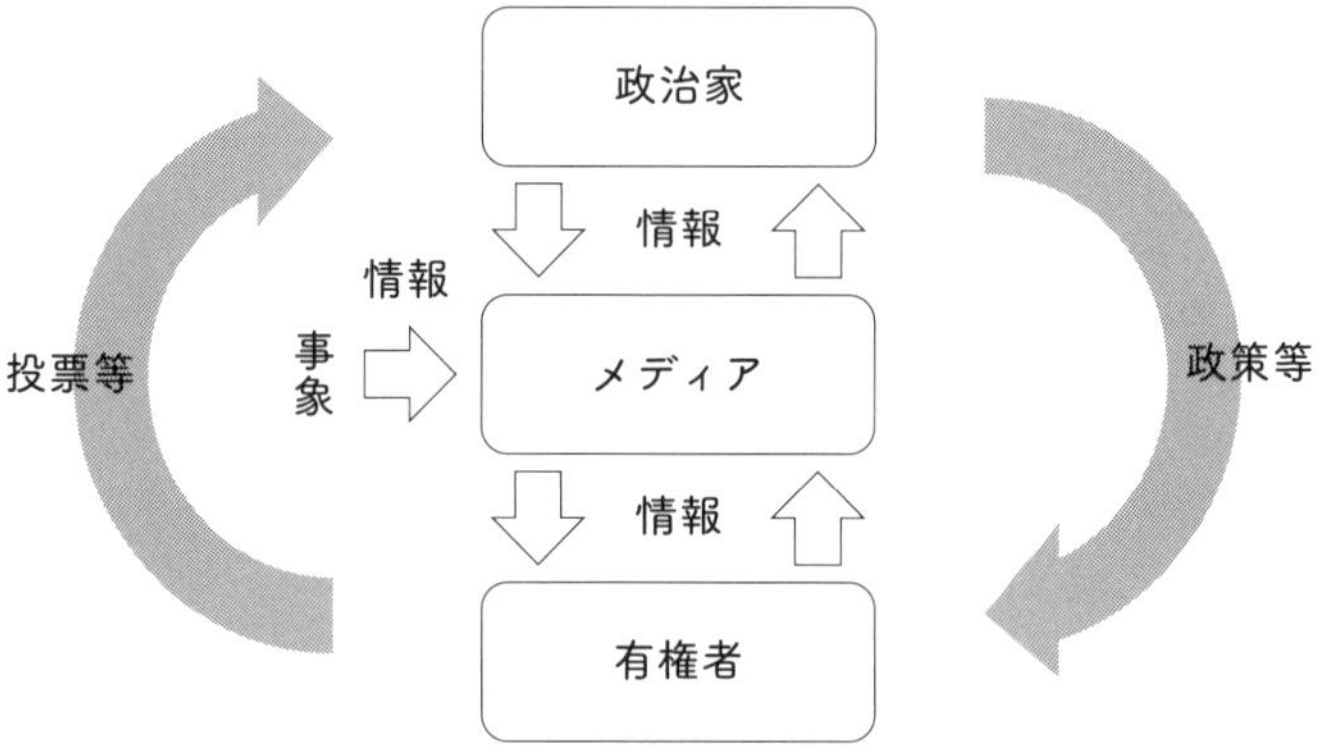

する傾向があるということでした。さらに、その影響はAMラジオ局のある自治体で大きかったこともわかりました。この例から、まず政治家と有権者がいて、その間にAMラジオというメディアがあり、一定数の有権者は、そこから流れてくる情報を踏まえた上で投票していることがわかります。

この関係を図示すると、図10-1のようになります。メディアは、政治や政治家に関する情報（ブラジルの例では、会計監査の結果に関する情報）を有権者に届け、有権者はそれを参考にして投票します。逆に、政治家は世論調査などを通じて有権者の情報を得ます。また、これらに加えて、テロ事件や自然災害などさまざまな事象がメディアによって集められ、報道されています。[106]

これまでの章、特に第3章から第8章では、これらメディアの存在と情報の流れを明確にせず、政治家・候補者と有権者との関係に着目していました。周知のごとくメディアには、ラジオの他にも、新聞やテレビやインターネットなどが含まれ、情報にもさまざまなものがあります。メディアは、その名の通り、情報の媒体（＝media, medium、ラテン語で「間にあるもの」の意味）であり、私たち有権者と政治家を繋ぐこともその役割の1つです。しかし、情報の媒体といっても、情報がそのままそっくり私たちのもとに流れてくるわけではなく、実際には新聞社やテレビ局、ラジオ局などが情報を取捨選択し、形成して流しています。このため、報道される内容が限られ（全情報のうち、実際に報道されるものが限定される）、また、報道が偏る（情報が偏って報道される）可能性があります。

　本章では、民主主義におけるメディアの役割について、以下の3つの疑問について考えてみたいと思います。

・メディア報道は政治家の行動を変えるのか。
・メディア報道は有権者の考え方や投票行動を変えるのか。
・メディア報道はなぜ偏るのか。

＊106　これら以外にも、ある事象について有権者や政治家が直接情報を得ることもあると思いますが、図では省いていいます。

ブラジルの例からも明らかなように、メディアは政治的な情報を有権者に届けるという意味で、第7章で紹介した政治的アカウンタビリティを上手く機能させるために欠かせない要素です。仮にメディアから政治に関する情報がほとんど流れてこなければ、あるいは、流れてくるものが極端に偏ったものであれば、それを上手く機能させることが難しくなります。

報道の量

民主主義におけるメディアの役割について、まず、政治的な**報道の量**（media coverage）、つまり政治についてどれぐらい報道されているかが及ぼす影響を見ていきます。

しかし、この関係を調べるのは簡単なことではありません。例えば、報道量の違いが政府支出（例えば、道路整備のための予算）に及ぼす影響を調べるとします。仮にAとBの2つの選挙区があり、そのうちA区に住む有権者に対しては、政治や政策に関することがよく報道されているが、B区に住む有権者に対しては、ほとんど報道されていないとします。さらに、このときA区とB区で、政府支出額に違いがあることがわかったとします。この事実から、果たして報道量と政策の間に因果関係があると言えるでしょうか。

本書をここまで読まれた方は、おそらくノーと答えるはずです。なぜなら、政策がどれぐら

図10-2

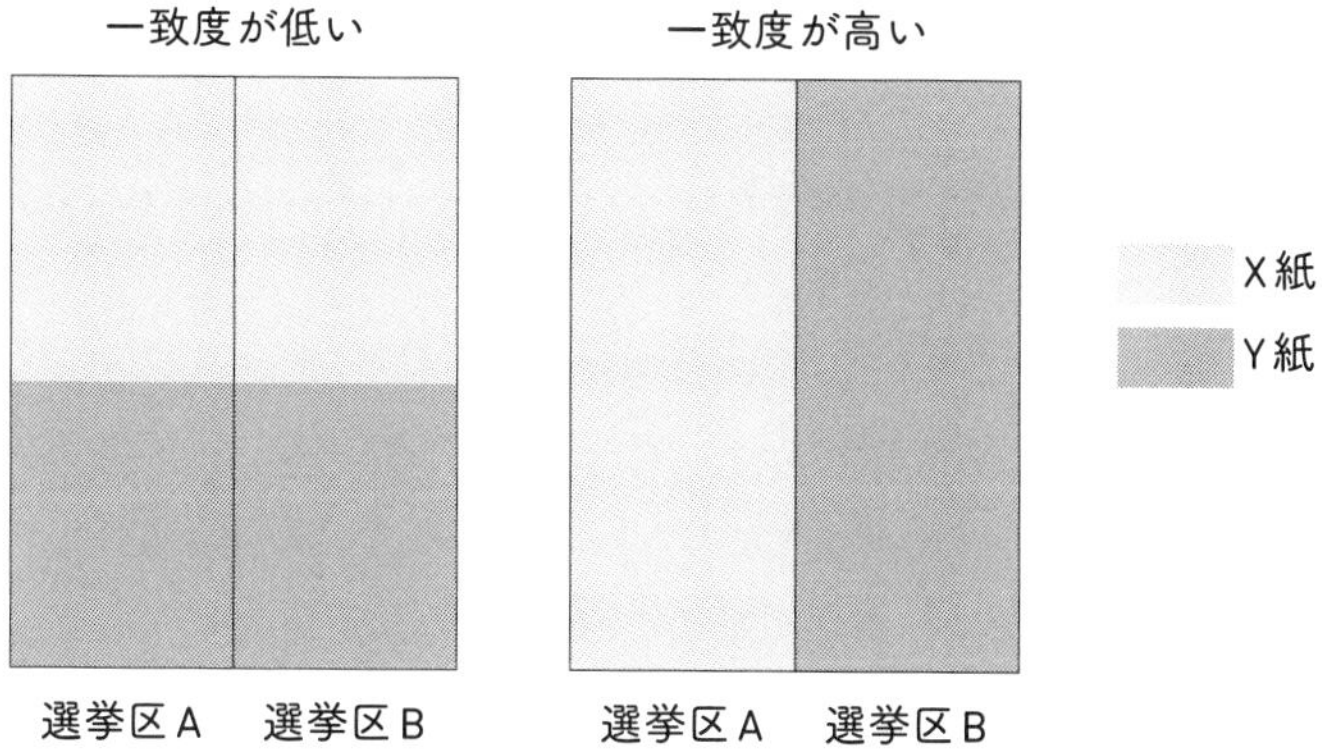

い報道されるかは、往々にして内生的に決まっているからです（内生性については、第2章を参照のこと）。例えば、A区には大きな道路整備プロジェクトがあり、そのために報道量が多くなるという逆因果の可能性があります。一方、知りたいのは、報道量の違いが、道路整備プロジェクトなどの政府支出にどういう影響を及ぼすかという関係です。因果関係に迫るためには、内生性の問題を克服しなければなりません。

こういった内生性の問題に対処し、報道量の違いが及ぼす影響について研究したのが、ジェームズ・シュナイダーとデービッド・ストロームベリイという2人の研究者です。[107]

彼らが着目したのは、アメリカにおけるメディア市場と、下院の選挙区の区割りの関係でした。説明を単純にするため、図10-2に示したように、X紙とY紙という2つの地方紙と、A区とB区という２つの選挙区を考えます。[108] 薄いグレーで表しているのがＸ紙の読者がいる地域、一方、濃いグレーで表しているのが、Ｙ紙の読者がいる地域です。

図の右側のケースでは、Ｘ紙はＡ区のみで読まれ、Ｙ紙はＢ区のみで読まれていることがわかります。言い換えると、Ａ区におけるＸ紙の読者シェアは１００％、Ｙ紙のそれは０％で、Ｂ区においてはその逆になっています。このケースでは、区割りと読者シェアが完全に一致しています。一方、図の左側のケースでは、Ｘ紙とＹ紙の読者シェアはそれぞれの選挙区で半分ずつです。つまり、右側のケースと比べて、区割りと読者シェアがそれほど一致していません。

さて、区割りと読者シェアの一致度は、一体、何を意味しているのでしょうか。まず、一致度の高い右側のケースでは、ある意味、それぞれの新聞が各選挙区の専門紙のようになっています。このため、Ｘ社はＡ区の有権者を対象にその区を代表する政治家について多くの報道ができますし、逆にＹ社はＢ区の有権者を対象に同区の政治家に特化した報道ができます。一方、一致度の低い左側のケースでは、このような報道をすることが難しくなります。なぜなら、どちらの新聞も選挙区をまたいでしまっているからです。つまり、一致度が高い選挙区ほど、その選挙区を代表する政治家に関する報道量が多くなり、有権者は彼・彼女らについてより詳しい情報を得ることができるはずです。

実際、データ分析からわかったのは、そのような関係を裏付けるものでした。研究者らが１９９１年から２００２年までの新聞データを調べたところ、ある選挙区と一致度が高い新聞ほど、その区の下院議員に関する記事数も多いことがわかりました。

このような報道量の違いは、たまたま新聞市場と選挙区の区割りがどれぐらい一致しているかによって決まっているという意味で、ランダムに決まっていると考えられます。[109] つまり、一致度が高い選挙区と低い選挙区を比べることで、報道量の違いが及ぼす因果効果を調べることができます。

分析の結果、まず有権者に関しては、報道量が多くなるほど自分たちの選挙区の下院議員候補について何かしら知っている傾向があることがわかりました。例えば、彼・彼女らの名前を

＊107 Snyder Jr., J. M. and D. Strömberg (2010). "Press Coverage and Political Accountability." *Journal of Political Economy*, 118 (2), 355-408。この他、報道量の影響を分析した研究には、Besley, T. and R. Burgess (2002). "The Political Economy of Government Responsiveness: Theory and Evidence from India." *The Quarterly Journal of Economics*, 117 (4), 1415-1451などがあります。

＊108 論文では、選挙区ではなく、郡（county）が主な分析単位として使われています。このため、ある新聞の選挙区ごとの「読者シェア」（その新聞が発行したもののうち、何割がどの選挙区で読まれているか）を、その新聞の「市場シェア」（その新聞が、ある郡において、他の新聞と比べてどれぐらいのシェアを持っているのか）でウェイト付けしながら各郡に割り振り、それを郡ごとのすべての新聞について足し合わせています。この定義だと、選挙区でよく読まれる新聞の市場シェアが高い郡ほど一致度が高くなります。本文では、説明を単純にするために、選挙区の例を使って解説しています。

＊109 研究者らは、データを使ってこのことを一応確認しています。

覚えている、などです。

さらに、より多く報道されるかどうかは、政治家の行動にも影響を及ぼしていることがわかりました。まず、報道量が多くなるほど、下院議員は、各種委員会の前に開かれる公聴会に、証人として積極的に参加することがわかりました。例えば、予算委員会の公聴会に証人として出席することは、その後の予算配分にも影響を及ぼす可能性があります（アメリカにおける委員会の役割については、第9章を参照）。公聴会に証人として参加することで、自分の選挙区の利益に結びつくように働きかけた可能性があります。

また、議会で投票する際にも、報道量が多くなるほど、自分の所属政党の意向に沿わない投票をする傾向があることもわかりました。というのも、所属政党の意向に沿って投票することが、必ずしも自分の選挙区にとって良い結果を生むとは限らないからです。所属政党の意向と自分の選挙区の利益を秤《はかり》にかけた上で、後者を優先させた可能性があります。

総じて、これらの結果は、（自分の選挙区の有権者に対して）より多く報道される政治家ほど、自分の選挙区のために働いたことを示唆しています。

また、報道量の違いは、最終的に選ばれる政策にも影響を及ぼすことがわかりました。それが多い場所ほど、一人当たりの連邦政府支出額（federal spending）が多かったのです。

より報道されるかどうかが政治家の行動に影響を及ぼすメカニズムとしては、2つ考えられます。まず、第6章の「誰が政治家になるのか?」という話と関連して、より報道されることで、選挙区の声を代弁する、より有能な政治家が選ばれやすくなるという可能性です。これをセレクションの効果（selection effect）と呼びます。セレクションというのは、どういう人が選挙で選ばれるか（セレクションされるか）という意味です。また、第７章の「政治家を働かせるための選挙」という話と関連して、報道されることを意識して、各政治家が自分の選挙区のためにより積極的に働いた可能性もあります。これをインセンティブの効果（incentive effect）と呼びます。

以上をまとめると、より報道されるかどうかは、有権者の知識や政治家の行動、さらに最終的に選ばれる政策にまで影響を及ぼすことがわかりました。政治的な報道は無視できない効果を生んでいるということです。

しかし、注意しなければならないのは、より報道されるほうが社会全体にとって良いこととは必ずしも言えないということです。この例でもそうですが、より報道されるところにより多くの予算が配分される場合、その配分は、社会全体にとって必ずしも最適ではない可能性があります。このようにメディア報道によって作り出される歪みは、これまでの章で見てきた政治的な歪みの一種と考えられます。とはいえ、政治的アカウンタビリティという視点から見れば、有権者のためにきちんと働いてもらうということは、民主主義社会にとって最低限必要なことです。

報道の偏り

さて、以上は報道の量（つまり、報道が多いか少ないか）に関する話でしたが、次に着目するのが**報道の偏り**（media slant）です。例えば放送法第4条には、放送番組の編集に関して、「政治的に公平であること」、「報道は事実をまげないですること」、「意見が対立している問題については、できるだけ多くの角度から論点を明らかにすること」などの点が挙げられています。しかし、同じ情報でも、政治的に右寄り・左寄り、あるいは、特定の政党や政権寄りの報道など、メディアによって報道の仕方に偏りが生まれる場合があります。このような報道の「偏り」を英語で「スラント」と言います。報道量のときは「量」に着目しましたが、以下ではこのような「偏り」に着目します。

さて、報道の偏りを使ってデータ分析をするためには、まずそれを客観的に測る必要があります。そのための方法にはさまざまなものがありますが、近年、経済学や政治学では、テキストを使った分析が脚光を浴びています。この場合のテキストというのは、例えば、新聞記事の文章や、テレビ番組で話される言葉のことです。後者も、字幕のように文字に変換することができます。以下では、このようなテキスト情報を使った研究を紹介します。

マシュー・ジェンツコウとジェシー・シャピロという2人の経済学者は、2005年アメリカ議会での議員の発言記録データを使って、各新聞がどれだけ共和党寄り、あるいは民主党寄りなのかを調べました。[110] 彼らが着目したのは、議員がよく使う「言葉」です。例えば、固定資産税という言葉について、民主党議員は「estate tax（固定資産税）」と呼ぶ傾向があるのに対して、共和党議員は「death tax（死税）」と呼ぶ傾向があるそうです。後者のような感覚的・直感的な呼び方をすることで、富裕層だけでなく、税金を嫌う広い支持層に訴えかけることができます。一般に、共和党候補者のほうが、感性に訴えるような言葉遣いをすることが指摘されています。[111]
ジェンツコウとシャピロが着目したのは、2、3個の英単語で構成される英語のフレーズです。彼らの分析によると、税金に関しては、すでにご紹介した固定資産税の呼び方の違いのほか、民主党議員は「tax breaks」というフレーズを使う傾向がある一方、共和党議員は「tax relief」というフレーズを使う傾向があります。どちらも税控除を意味しますが、breaks には「抜け道」という意味があり、relief には「救済」や「安心」という意味があります。何となく後者のほうが、広い支持層の感性に訴える気がします。また、外交政策に関しても、共和党議

＊110 Gentzkow, M. and J. M. Shapiro. (2010). "What Drives Media Slant? Evidence from U.S. Daily Newspapers." *Econometrica*, 78 (1), 35-71.
＊111 このことを書いている文献には、例えば、Haidt, J. (2012). *The Righteous Mind: Why Good People are Divided by Politics and Religion*. New York: Random House（ジョナサン・ハイト『社会はなぜ左と右にわかれるのか』（紀伊國屋書店）があります。

図10–3

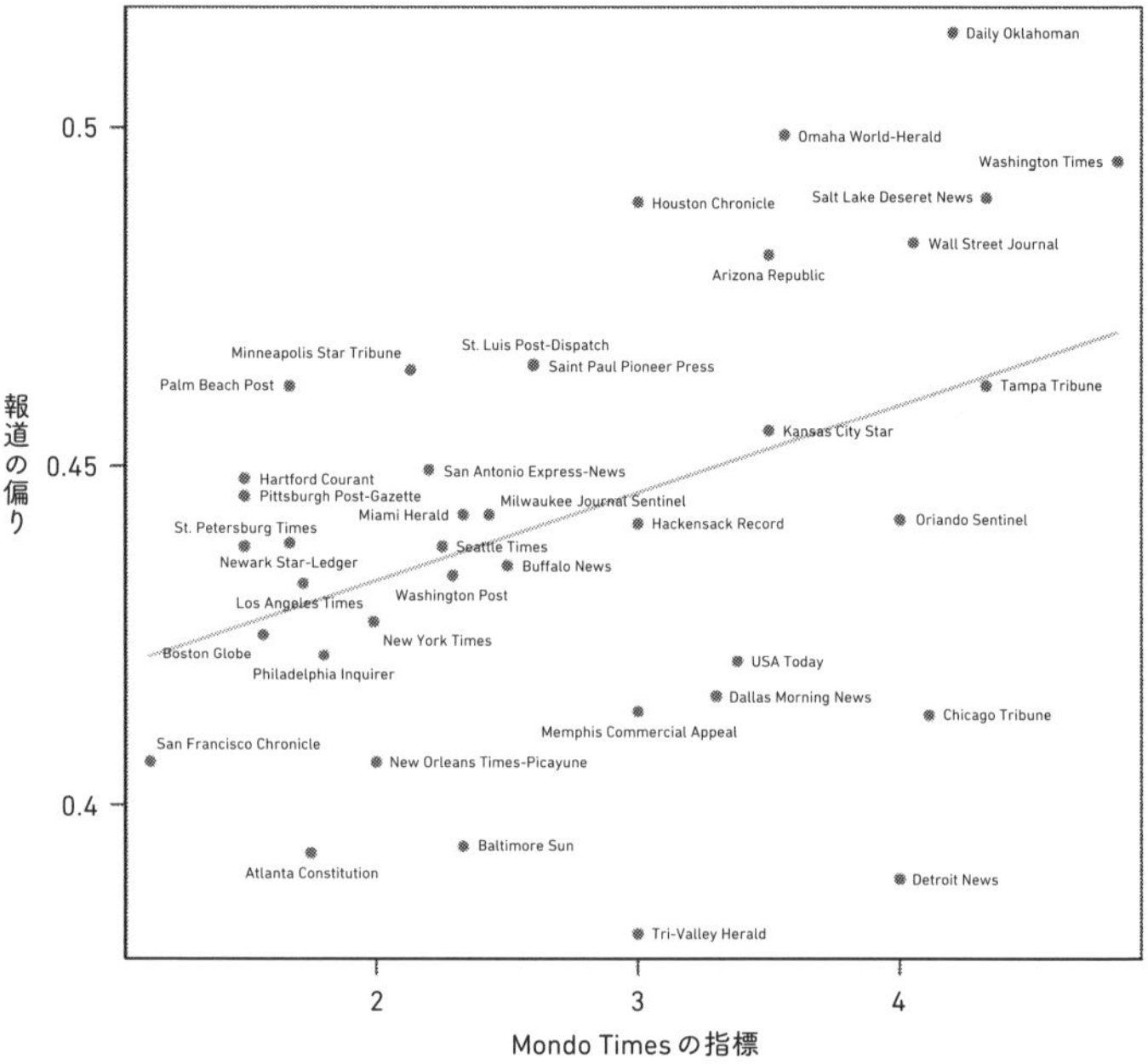

出典：Gentzkow and Shapiro (2010).

員は「global war on terror（地球規模の対テロ戦争）」といったフレーズを使う傾向がある一方、民主党議員は「war in Iraq（イラクでの戦争）」といったフレーズを使う傾向があります。

　このように民主党寄りのフレーズと共和党寄りのフレーズがわかれば、あとは、新聞各紙が、それぞれの政党に特徴的なフレーズをどの程度使っているかを調べれば、各紙の政治的な偏りがわかります。図10-3がその結果を示したものです。

横軸は、Mondo Timesという団体が提供している新聞の保守度の指標を表しています。この指標はユーザーからの回答をもとに作られており、右にいくほど新聞の保守度が高くなります。[112] 一方、縦軸がジェンツコウとシャピロが作成した指標です。上にいくほど共和党寄りになります。そして図の各点は新聞を表しています。

ざっくりとですが、横軸の右のほうにある新聞（つまりMondo Timesのユーザーによって、より保守的とされている新聞）ほど、研究者の指標でも共和党寄りだということがわかります。例えば*Washington Times*は、共和党寄りで保守度も高いですが、*New York Times*や*Washington Post*は、民主党寄りで保守度も低いです。

以上は新聞についてですが、同じことはテレビ番組についても調べることができます。アメリカのケーブル・テレビにはいくつかのニュース専門放送局がありますが、共和党寄りのニュース・チャンネルと、民主党寄りのニュース・チャンネルがあることが知られています。前者の代表格が、FOXニュース（The Fox News Channel、FNC）、後者の代表格が、MSNBCやCNNといわれます。グレゴリー・マーティンとアリ・ユルコグルという2人の研究者は、先に紹介したジェンツコウとシャピロの手法を、FNC、MSNBC、CNNという3つのテレ

*112 https://mondotimes.com/

図10–4

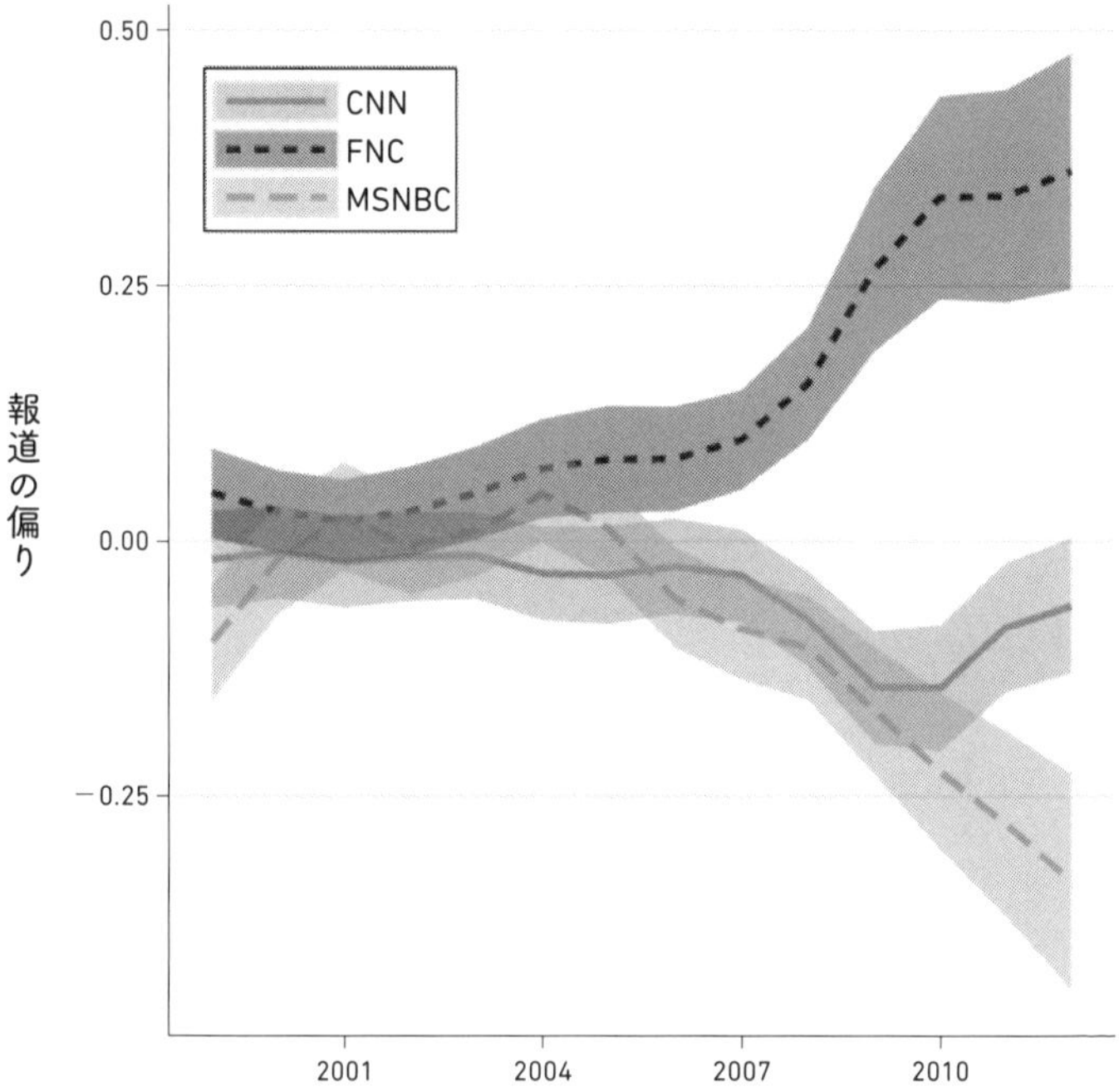

出典：Martin and Yurukoglu (2017).

ビ局に応用し、番組で話された言葉をもとに、報道の偏りについて調べました[113]。

その結果を示したのが図10-4です。横軸は年を表し、縦軸は報道の偏りを表しています。上にいくほど共和党寄りになります。この図から、もともとこれら3つのテレビ局には報道の偏りがあまりありませんでしたが、近年、ＦＮＣが共和党寄り、ＭＳＮＢＣやＣＮＮが民主党寄りになってきているのがわかります。

偏りの原因

さて、このような新聞やテレビ番組の偏りは、何によって引き起こされているのでしょうか。原因は大きく2つ考えられます。

・消費者からの需要（需要側）
・メディアのオーナーや記者・司会者など（供給側）

1つ目は、消費者からの需要によって引き起こされている可能性です。共和党寄りの人たちは共和党寄りのメディアからの情報を得て、民主党寄りの人たちは民主党寄りのメディアから情報を得ているような場合、消費者の政治的な色を反映して、メディア側が差別化を図っている可能性があります。

---

*113 Martin, G. J. and A. Yurukoglu (2017). "Bias in Cable News: Persuasion and Polarization." *American Economic Review*, 107 (9), 2565-2599.

図10-5

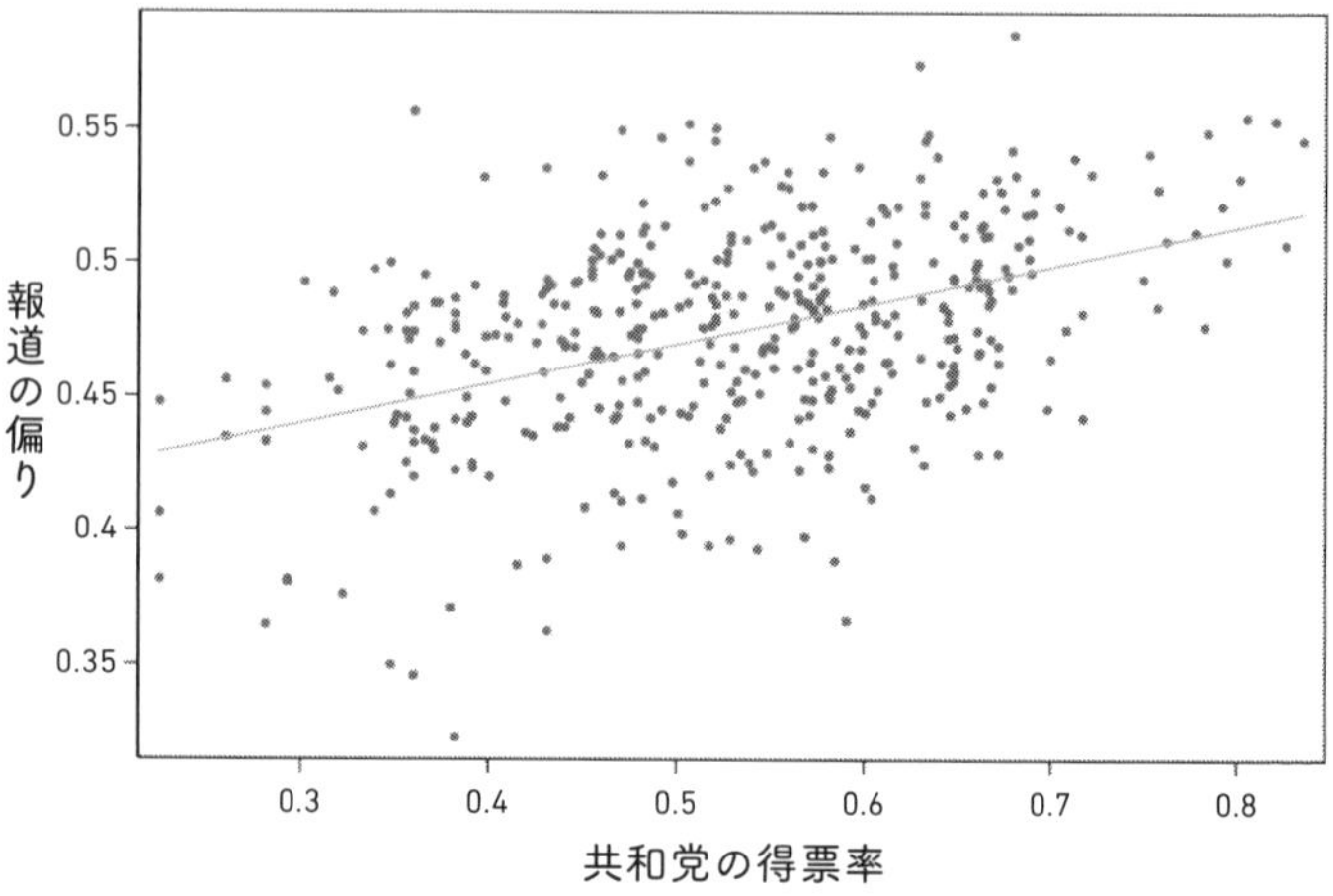

出典：Gentzkow and Shapiro (2010).

実際、ジェンツコウとシャピロの研究によると、アメリカの新聞各紙の報道の偏りは、このような需要側の要因と関係があることがわかりました。

図10-5にその関係を表しました。横軸は、2004年の大統領選挙における共和党候補（ジョージ・W・ブッシュ）の得票率を表しています。右にいくほど共和党候補の得票率が高くなります。一方、縦軸は、報道の偏りの指標を表していて、上にいくほど共和党寄りです。それぞれの点は、都市圏を表しています。図から明らかなように、より共和党寄りの消費者・有権者がいる都市圏では、新聞の偏りもより共和党寄りになっていることがわかります。

そして、報道の偏りを引き起こす2つ

目の原因として考えられるのが、各種メディアのオーナー（政府、政党、政治家、株主）や記者・司会者など、メディア側（＝供給側）によるものです。しかし、少なくともアメリカの新聞に関しては、このような供給側の要因では報道の偏りを説明できないというのがジェンツコウとシャピロの結論です。

一方、供給側の要因で報道の偏りが引き起こされていると指摘されているのが、中国、ロシアなどにおけるメディアです。[114]

一般に、政府や政党、政治家のメディアへの介入を、**メディアの取り込み**（media capture）と言います。以下では、フジモリ大統領下のペルーの例を紹介します。[115]

１９９０年代のフジモリ大統領下のペルーでは、国家情報局の「顧問」であるブラディミロ・モンテシノスが暗躍していました。裏金を使って判事や政治家、メディアを買収していたのです。

モンテシノスは、賄賂を渡す様子をこっそりビデオで撮影していました。あとで裏切られそ

＊114　中国：Qin, B., D. Strömberg, and Y. Wu (2018). "Media Bias in China." *American Economic Review*, 108 (9), 2442-2476。ロシア：Enikolopov, R., M. Petrova, and E. Zhuravskaya (2011). "Media and Political Persuasion: Evidence from Russia." *American Economic Review*, 101(7), 3253-3285.

＊115　McMillan, J. and P. Zoido (2004). "How to Subvert Democracy: Montesinos in Peru." *Journal of Economic Perspectives*, 18 (4), 69-92.

図10–6

出典：McMillan and Zoido (2004).

うになったときに、これを使って脅すのが目的です。[116] 例えば、図10-6は、あるビデオの1シーンです。モンテシノス（右）が、América Televisión というペルーの人気テレビ局の関係者に賄賂を渡している様子が映し出されています。このとき約150万米ドルが手渡されたとされます。政治家や判事に比べ、メディアには特に巨額の賄賂が支払われていました。さまざまなテレビ局に対して、最低でも一カ月当たり合計300万米ドルが支払われていたという報告もあります。

注意しなければならないのは、当時のペルーは、曲がりなりにも大統領が選挙で選ばれる民主主義国家だったということです。このように賄賂という極端な手段が使われないとしても、政府に対する忖度《そんたく》など、程度の差こそあれ、メディアが政府に取り込まれる例は、民主主義国家で往々にして見られます。立法、行政、司法に権力を分立させた上で、互いに権力行使を監視・抑制させ、均衡を保つ仕組みを**抑制と均衡**（checks and balances、三権分立とも）と言いますが、メディアは、それらに加わる第四の権力として挙げられることもあります。そのように本来は独立し、他の権力の監視を期待されているメディアが、仮に政府に取り込まれてしまえば、権力抑制の機能の1つが上手く機能しなくなります。

有権者への影響

それでは、メディアの偏った報道は、有権者にどのような影響を及ぼすのでしょうか。次にこのことを見ていきましょう。メディアの報道が有権者の考え方や投票行動などに与える影響のことを、**説き伏せ**（persuasion）と言います。日常生活で、私たちがメディアの影響を受けていると自覚することはあまりないと思いますが、データを見ると、有権者が少なからずそのような影響を受けていることがわかります。

先ほど取り上げたマーティンとユルコグルは、共和党寄りのＦＯＸニュースをより見ること

＊116　あとでこのビデオが発覚したことがきっかけでフジモリ大統領は退陣に追い込まれます。

図10-7

が、大統領選挙における共和党候補への投票にどのような影響を及ぼすかを調べました。

これまでの章を読まれてきた読者の皆さんは、このような因果関係を調べるのはそう簡単なことではないと思われるかもしれません。第2章で取り上げた豚まんキャンペーンの例では、気温など、背後にある別の要素が考慮されていないために、因果効果を識別するのが難しいという話をしました。同じことはこの例についても考えられます。この場合の背後にある要素としては、図10-7に示したように、共和党支持者に共通の特徴（年齢や性別、職業など）が考えられます。そもそも共和党支持者は、FOXニュースをより見るでしょうし、共和党候補に投票する傾向もあるでしょう。このような背後にある要素がきちんと取り除かれていない場合、FOXニュースの視聴が投票に与える因果効果を識別することが難しくなります。

メディアの報道の因果効果を識別するためには、何かしらの方法で、FOXニュースの視聴をランダムにする必要があります。そこで彼らが着目したのは、テレビのチャンネルです。アメリカの

図10-8

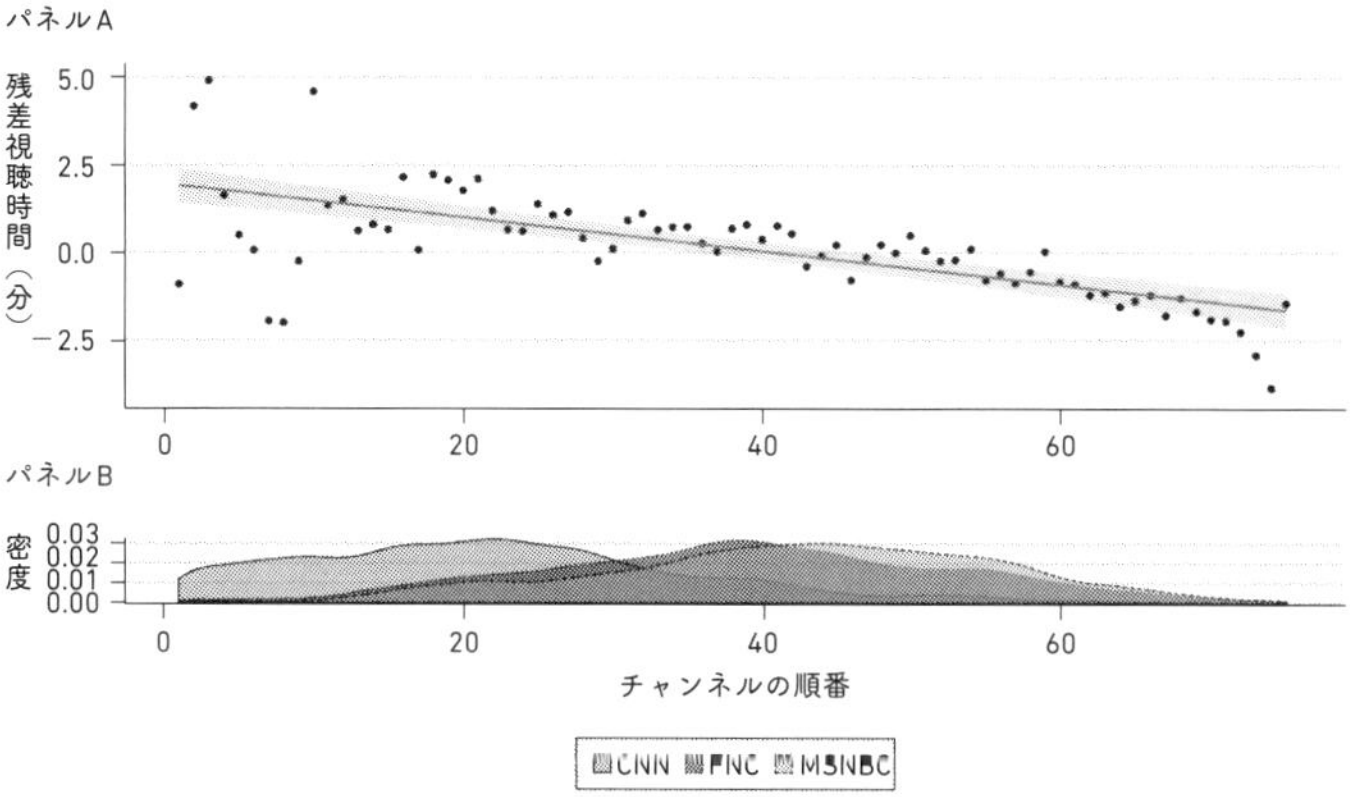

出典：Martin and Yurukoglu (2017).

ケーブルテレビには非常にたくさんのチャンネルがあります。さらに、ある放送局がどのチャンネルになるかは地域ごとに違っています。彼らが立てた予想は、チャンネルの順番が小さいテレビ局ほど（例えば、1チャン）、それが大きいテレビ局（例えば、60チャン）に比べて平均視聴時間がより長くなるだろうというものでした。

結果はそれを裏付けるものでした。図10-8の上の図の横軸は、小さいほうから数えたチャンネルの順番を表し、縦軸は、残差視聴時間（分）を表しています。そして、それぞれの点は、チャンネルごとの平均値を表しています。[117] 例えば、小さいほうから数えて10番目のチャンネルでも、地域により、そのチャンネルに該当する放送局が違いますので、それらの視聴時間の平均値を表しています。この図から、チャンネルの順番が大きくなるほど、視聴時間が短くなる傾向があるのがわかります。

次に図10-8の下の図は、それぞれのチャンネル（CNN、FOXニュース、MSNBC）が、地域ごとにどのチャンネルになる傾向があるのかを表しています。例えばFOXニュース（FNC）については、大体小さいほうから数えて40番目当たりに山の頂点があるのがわかります。これは、FOXニュースが40番目ぐらいのチャンネルになる地域が多いことを意味しています。FOXニュースやMSNBCは、1990年代以降に参入した比較的新しい放送局ですので、図でいう真ん中あたりのチャンネルになる傾向があります。

ある放送局のチャンネルの場所は、すでに存在している他の放送局との関係など、さまざまな要因によって決まりますので、ランダムになっていると考えられます。[118] したがって、たまたまFOXニュースのチャンネルの順番が小さい地域と、たまたまそれが大きい地域を比べることで、FOXニュースの視聴時間を介して、共和党候補への投票に及ぼす因果効果を調べることができます。

実際の分析で使われた手法は、因果推論の四天王のうち、IVです。IVについては、第4章で紹介しましたが、このうちZにあたるのがチャンネルの順番です。このチャンネルの順番Zが、FOXニュースの視聴時間というXを介して、共和党候補に投票する確率Yに与える影響を調べます。

分析の結果、まず、すでに見たように、FOXニュースのチャンネルの順番が大きくなるほど、それを見る視聴時間が短くなることがわかりました。さらに、視聴時間が短くなったことで、共和党候補に投票する確率も下がることがわかりました。効果の大きさとしては、仮にＦＯＸニュースの視聴時間が１週間当たり１時間減ると、共和党候補に投票する確率が約７％下がるという大きさです。[119]

以上、偏った報道が有権者に及ぼす影響について見てきました。本章ではアメリカの例を取り上げましたが、メディア報道の影響は他の国でも報告されています。[120]

エンタメＴＶの影響

最後に、必ずしも偏った報道というわけではないですが、エンタメＴＶが有権者に長期的に

＊117 １週間当たりの視聴時間から個人の属性などの影響を取り除いたあとの残差を計算し、チャンネルごとにその平均値を表しています。このため、平均値が負になる場合もあります。

＊118 研究者らは、データを使ってこのことを一応確認しています。

＊119 実際はチャンネルの順番が違うだけではそれほど大きく視聴時間は変わらないので（チャンネルの順番が１標準偏差増えると、約２・５分減る）、チャンネルの順番が変わるだけで１週間当たり１時間減らす、というのはなかなか難しいです。

＊120 例えば、ロシア：Enikolopov, et al. (2011)や、中国：Chen, Y. and D. Y. Yang (2019). "The Impact of Media Censorship: 1984 or Brave New World?" *American Economic Review*, 109 (6), 2294-2332 といった例があります。

図10-9

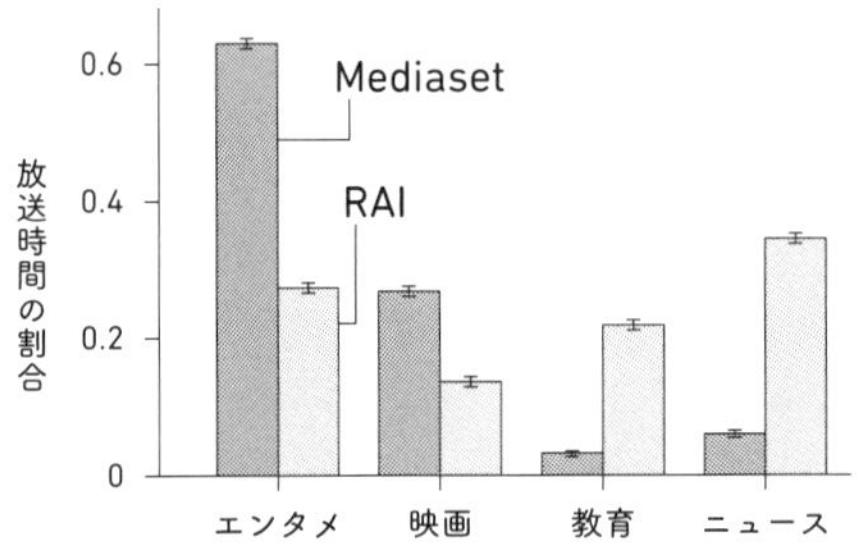

出典：Durante et al. (2019).

与える影響をご紹介します。取り上げるのはイタリアの例です。[121]

イタリアの元首相に、かの有名なシルヴィオ・ベルルスコーニがいます。彼は、政治家になる前は実業家でした。イタリアでは、1976年まで民放の参入が禁止されていましたが、その後、1980年代に入ると、ベルルスコーニ自身がオーナーを務めるMediaset（元Fininvest）というメディア企業が、イタリア全土に徐々に民放ネットワークを拡大させていきます。

このMediasetが所有するチャンネルは、初期のころ、主にエンタメ番組や映画を放送していました。図10-9に示した通り、1984年から87年にかけて放送された番組を見てみると、国営放送であるRAIの場合は、ニュースや教育番組の割合が多い一方、Mediasetの場合は、エンタメ番組や映画の割合が多いことがわかります。

ルーベン・デュランテら研究者が分析したのは、このようなエンタメTVがベルルスコーニの政党であるForza

Italia（フォルツァ・イタリア）や、その後のポピュリスト政党であるFive Star Movement（M5S、五つ星運動）への投票にどのような影響を及ぼしたかです。ちなみにベルルスコーニが初めて政界に進出したのは、１９９４年でした。

アメリカのＦＯＸニュースの例と同じように、エンタメＴＶの視聴が投票に及ぼした因果効果を識別するためには、エンタメＴＶの視聴がランダムである必要があります。

そこで研究者らが着目したのは、地域ごとの放送電波の強さの違いでした。放送電波は送信塔を経由して各家庭に送られてきますが、仮に、その間に高い山や建物などの障害物があると、電波が弱くなります。つまり、電波塔の位置と障害物の有無によって、各家庭が、どれぐらい強い電波を受信できるかに差が出てきます。そして、このような電波の強弱はランダムに決まっていると考えられます。つまり、Mediasetの電波の強弱が地域ごとに違うことを利用すれば、その視聴がポピュリスト政党への投票に及ぼした影響を調べることができます。

彼らの分析によると、１９８５年時点でMediasetの番組がより視聴できた地域ほど、１９９４年以降の選挙で、Forza Italiaの得票率がより上がることがわかりました。そして、この効果は、１９９６、２００１、２００６、２００８年の選挙でも観察できました。一方、

＊121 Durante, R., P. Pinotti, and A. Tesei (2019). “The Political Legacy of Entertainment TV.” *American Economic Review*, 109 (7), 2497-2530.

2013年の選挙では効果は観察できなくなりましたが、その代わり、この選挙で新たに台頭した別のポピュリスト政党であるM5Sの得票率が上がりました。

それでは、どうしてエンタメTVをより視聴することが、ポピュリスト政党の得票率を上げたのでしょうか。

まず、当時の主な視聴者は、子供や定年後の世代でした。そして、十数年後の選挙でポピュリスト政党へ投票したのも、（十数年後の）彼・彼女だったこともわかりました。このうち、子供への影響に着目した上で彼らが立てた仮説は、小さいころにエンタメTVによりさらされることで、彼・彼女らの発育に影響が出たのではないかというものでした。

実際にデータを使って分析したところ、1985年の時点で7～12歳だった人たちのうち、電波の強弱の影響でエンタメTVによりさらされた人たちは、同じ時期にあまりさらされなかった人たちと比べ、大人になったとき（18歳ごろ）の認知能力が低いことがわかりました。さらに、そのような人たちは、政治への関心が低く、ボランティア団体へ参加する傾向が低いなど、社会参加への関心が低いこともわかりました。これらの効果は、エンタメTVを視聴したことの因果効果と考えられます。

以上、メディア報道の量と偏り、そしてエンタメTVの有権者への影響を見てきました。これらの結果は、メディアは、政治家のみならず、有権者に少なからぬ影響を及ぼしていることを示しています。日常生活の中でなかなか自覚することは難しいですが、少なくともこのようなことに自覚的であるのとないのとでは、報道に左右される程度に違いが出てくるのではないでしょうか。

あとがき

私の住む大阪北部には、ロマンチック街道と呼ばれる街道があります。飲食店や喫茶店が道沿いに立ち並び、地元市民の生活の場になっています。本書は、その街道にある小さな喫茶店で、時間のある週末のみを使って少しずつ書きました。

私のような終身雇用資格をまだ持っていない「若手」の研究者は、そのような資格を得るために、研究で成果を上げる必要があります。これは、欧米基準で考えれば、国際的な学術誌に論文を掲載することを意味します。一方、日本語で一般向けの本を出版することはほとんど業績になりません。それでも本書を書こうと思ったのには、大きく2つの「思い」があります。

1つ目は、日本社会に対する思いです。

日々、社会は目まぐるしく変わり、巷は情報であふれ返っています。あまりに情報が多すぎて、それら一つ一つについてじっくり考える余裕もなく、メディアから流れてくるものや、他人の意見に流されがちな気がしています。

そのような時代に少し腰を落ち着けて、民主主義社会や政治を見つめ直すような本が書けないかとずっと考えていました。そのような本があれば、表層的な情報にあまり惑わされずに、背後にあるものまでも含めて、社会を客観的に見ることができるのではないかと考えたからです。

作家の三島由紀夫は、『宴のあと』という作品の中で、日本の非政治的な風土を的確に描写しています。ともすると政治的な理想ではなく、現実的な感覚がもてはやされる雰囲気は、今も昔も変わらず残っていると思います。政治はお上が決めるもの。家庭や学校、職場で政治を語ることはタブー。本来は密接に関係しているはずの「政治」と「生活」が、どこか切り離されてしまっている印象を受けます。

一方、私が長い年月を過ごしたスウェーデンでは、政治や政策に関する話が日常生活にあふれています。例えば、ある政策に関する考えを友人や知人に求めても、大抵はそれぞれのしっかりとした意見が聞けます。メディアを通じた公開討論も多くあり、国民全体で社会を作っている印象を受けます。日本だと、政治に興味がある人とない人が大きく分かれると思いますが、スウェーデンには、そもそも「政治に興味がない人」がほとんどいない印象を受けます。

私が日本に帰国したのは5年ほど前ですが、そのときに強く感じたことの一つが、このような政治的風土の違いです。もしかすると日本の投票率が低いのも、このあたりに原因があるのかもしれません。政治と生活を近づける方法はいくつも考えられると思いますが、個人的には、特に教育（特に義務教育）の重要性を感じています。本書がこういったことを社会全体で考える一つのきっかけになってくれれば嬉しいです。

そして2つ目は、学問的な思いです。「はじめに」でも書きましたが、政治経済学は新しい分野であるためか、日本ではまだあまり知られていません。例えば、本書ではほとんど日本の研究を紹介できていません。その理由としては、まず、因果推論ができる状況が限られているという事情があります。例えば、本書の第7章で取り上げたブラジルの例で見たように、会計監査される自治体がルーレットで選ばれるという「理想的な」状況は、世界各国見渡してもほとんどありません。

しかし、理由はそれだけではなく、政治経済学を専門とする研究者が日本に少ないのも一因である気がします。本書をきっかけに、政治的な事象を経済学的に分析してみたいと思う人たちが少しでも増えてくれたら嬉しいです。

その意味で、特に将来の進路を考えている若い方向けに、私自身の経歴を少し書いておきます。

私が社会問題に興味を持ったのは、中学生のときです。そのとき読んだ新聞の特集で、アジアの児童買春と貧困の関係について知り、それがきっかけで発展途上国における貧困問題に興味を持ちました。それからというもの、どうしたら貧困を緩和し、途上国の発展を促すことができるのかということを考えてきました。

学部は立命館大学国際関係学部というところを卒業し、東京大学大学院農学生命科学研究科を中退後、東北大学大学院経済学研究科で修士号を取りました。スウェーデンと出会ったのは、学部生のときに入っていた多国籍音楽サークルで、同国のフォーク音楽（伝統音楽）に出会ったことがきっかけです（北欧フォークについては、私の個人ウェブサイトでも紹介しています）。それ以来、この国にはまり込んでしまい、学部と修士、そして博士のときに留学しました。私が政治経済学と出会ったのは、博士過程で留学しているときです。今振り返ると不思議な縁を感じます。

私自身、もともとは研究者志望ではなく、国連などの国際機関で働くことを目指していました。その理由は、なるべく貧困・経済発展の問題に実践的に関わりたかったからです。それでも、最終的に研究者の道を選んだのには理由があります。

最近の経済学の実証研究では、ある社会問題を解決するために、直接社会に働きかけます。例えば、途上国における子供の不登校を減らすためのアイデアや、マラリアの感染率を減らすためのアイデアを、フィールド実験という方法を使って実際に社会で試します。そのような研究を通じて、あるアイデアが本当に効果的なのかを調べることができます。本書のコラムでも書きましたが、効果的な政策を見つけるためには、アイデアを試してその効果を測るということを繰り返す必要があります。

その意味で、最近の経済学は、「攻めの学問」だと思います。研究の成果が実際の政策に活かされるケースも増えています。言い換えると、学問世界と現実世界は、以前よりもずっと近くなっていると思います。これが、私が研究者の道を選んだ理由です。もし経済学が実践からもっと遠い学問だったら、この道は選んでいなかったと思います。

もしこの本の読者の中に、自分のアイデアを実際に試してコツコツと知見を積み重ねながら、社会をより良くしたいと考えている人がいたら、経済学の研究者を目指すのはありかもしれません。

最後に謝辞を述べます。

この本は、さまざまな方のサポートがなければ書き上げることはできませんでした。

私が大学院時代を過ごしたストックホルム大学国際経済研究所のトシュテン・パーション氏、ヤコブ・スベンソン氏、ハーバード大学政治学部（当時）のジェームズ・ロビンソン氏、ハーバード大学歴史学部のアンドリュー・ゴードン氏、ロチェスター大学アレン・ワリス政治経済研究所のローレンス・ローゼンバーグ氏、ＬＳＥ経済学部（当時）のジェラルド・パドロ・イ・ミケル氏、イェール大学経済学部（当時）のナンシー・チャン氏の指導がなければ、今日の研究者としての私はなかったと思います。また、大学院時代に受講したパーション氏とデービッド・ストロームベリイ氏の授業、及びそこでのＴＡの経験がなければ、政治経済学の面白さを知ることはなかったと思います。

本書の執筆過程でも多くの方にサポートしていただきました。大阪大学大学院国際公共政策研究科の瀧井克也氏と松林哲也氏、早稲田大学政治経済学術院政治経済学部の浅古泰史氏、I社広報の井澤由利子氏には、本書の内容について多くの建設的なコメントをいただきました。院生の千馬あさひさんには、データ整理を手伝っていただきました。そして、イェール大学経済学部の伊神満氏、MIT政治学部の山本鉄平氏には、素敵な推薦文を書いていただきました。

日経BPの黒沢正俊氏には、本書の構想段階からサポートしていただきました。Twitter上で声をかけてくださらなければ、本書はこの世に誕生しなかったと思います。また、装幀新井の新井大輔氏は、本書を読みやすく美しいデザインに仕上げてくださり、アーティストのカワイハルナ氏は、本書のために素敵な装画を描いてくださいました。

最後に、私の自由奔放な生き方を尊重し、在学中・留学中もずっとサポートしてくれた父・和平、母・ふみ子、そして姉・朋美と妹・亜也佳に日頃の感謝の意を込めて本書を捧げます。

2022年10月
秋の気配を感じる澄み切った青空の下

北村周平

付録

この付録では、本文で省略したモデルの解法について補足します。

第4章

ある国には、政府があり、国民がN人います。彼・彼女らは、全員が選挙で投票するとします。そのうちのある国民 i の効用を以下で表します。

$$c_i + \mathrm{V}(G) \tag{A-1}$$

このうち、c_i は個人消費から得る効用、V(G)は政府支出から得る効用です。また、国民 i の予算制約式は、

$$c_i = (1-t) \times y_i \tag{A-2}$$

と書けるとします。このうち、t は税率、y_i は国民 i の所得です。この式の右辺は税引き後の可処分所得を表し、それが全額個人消費に使われます。他の人も同様に書けるとします。

この国の政府は、国民から税金を集め、それを政府支出として使います。政府の予算制約式は、以下のように書けます。

$$t \times (y_1 + y_2 + \cdots + y_N) = t \times Y = G \tag{A-3}$$

ただし、Yは国民全員の所得を足し合わせた国内総所得（あるい

は、GDP）です。この式の一番左と真ん中は税収を、一番右は政府支出を表しています。

（A-2）式と（A-3）式を使うと、（A-1）式を、

$$(Y-G)\times\frac{y_i}{Y}+V(G) \tag{A-1)'$$

と書き直せます。さらに、これを国民全員分足し合わせると、

$$(Y-G)+N\times V(G) \qquad \text{(A-4)}$$

と書けます。以下では、これを社会効用と呼びます。また、以下では、V(G)は自然対数で表されると仮定します。

$$(Y-G)+N\times ln(G) \qquad \text{(A-4)'}$$

次に、この（A-4）'式で表された社会効用を最大にするような政府支出額Gを求めます。そのようなGを導くためには、この式をGについて微分します。微分したものは、第4章の図4-2に表した山の、それぞれの地点における「傾き」になります。そして、社会効用が最大になる政府支出額というのは、山の頂点となる場所のGですので、傾きがゼロ（頂点では傾きがゼロです）となるときのGを求めます。つまり、

$$(-1)+N\times\frac{1}{G}=0 \qquad \text{(A-5)}$$

で表されるGが社会的に最適な政府支出額です。この式の左辺は（A-

4)′式を微分したものなので傾きを表し、それがゼロと等しくなっています。（A-5）式を書き換えると、

$$G^* = N \qquad \text{(A-5)}'$$

となります。さらに、両辺を国民の数で割ると、

$$\frac{G^*}{N} = g^* = 1 \qquad \text{(A-6)}$$

と書き直すことができます。このg^*は、社会的に最適な国民一人当たりの政府支出額です。

次に、選挙で選ばれる値とこの値を比べます。本文の脚注にも書きましたが、この効用の仮定のもとでは、中位投票者の定理が成り立ちます。この場合、選挙で中位投票者の至福点が選ばれます。中位投票者の至福点は、中位投票者の効用（(A-1)′式を中位投票者に関して表したもの)、

$$(Y - G) \times \frac{y_{中位置}}{Y} + ln(G) \qquad \text{(A-1)}''$$

を最大にするGです。このうち$y_{中位置}$は、中位投票者の所得を表しています。先ほどは社会効用を微分して、社会的に最適な政府支出額を求めましたが、今回は、この（A-1)″式を微分して、中位投票者にとって最適な政府支出額を求めます。

（A-1)″式を微分し、傾きがゼロとすると、

$$(-1) \times \frac{y_{中位置}}{Y} + \frac{1}{G} = 0$$

$$G^{**} = \frac{Y}{y_{中位置}} \quad \text{(A-7)}$$

となり、さらにこれを国民の数Nで割ると、

$$\frac{G^{**}}{N} = g^{**} = \frac{y_{平均値}}{y_{中位置}} \quad \text{(A-8)}$$

と書けます。ただし、$y_{平均値}(=Y/N)$ は、国民の平均所得です。このg^{**}は、中位投票者にとって最適な一人当たり政府支出額です。すでに本文で見たように、所得分布の仮定から、このg^{**}は、g^{*}よりも値が大きくなります。

第5章

ある国の国民を、所得に応じてP, M, Rという3つのグループに分け、それぞれのグループの人口の割合を a_P, a_M, a_R と表します。その全てを足し合わせると、1と等しくなります（$a_P + a_M + a_R = 1$）。この1は、(標準化した）この国の人口です。

また、各グループ内の個人の所得は、グループ内で全員同じで、なおかつ、グループごとの所得には、

$$y_P < y_M < y_R \quad \text{(A-9)}$$

という関係があるとします。

次に、この国には選挙があり、ポコとルルという2人の候補者が争っているとします。また、この国の人たちは全員投票すると仮定します。

Rグループ内のある個人iは、

$$W_R(g_{ポコ}) > W_R(g_{ルル}) + r_{Ri} + d$$

（A-10）

という関係が成り立っているとき、ポコに投票します。ただし、$W_R(g_{ポコ})$と$W_R(g_{ルル})$は、それぞれ、ポコとルルが公約で掲げる政策が実行されたときに得られる効用、r_{Ri}はi個人のルル推し度、dは国民全体のルル推し度です。Rグループの個人のルル推し度は、

$$\left[-\frac{1}{2b_R}, \frac{1}{2b_R}\right]$$

の範囲で一様分布しているとし、MグループとPグループについても同じように定義できるとします（その場合、添字をMとPに変えてください）。また、国民全体のルル推し度は、

$$\left[-\frac{1}{2e}, \frac{1}{2e}\right]$$

の範囲で一様分布しているとします。

ポコに投票することと、ルルに投票することが無差別になる人、すなわち浮動投票者の推し度は、それぞれのグループに関して以下のように書けます。

$$r_{R浮動} = W_R(g_{ポコ}) - W_R(g_{ルル}) - d$$
$$r_{M浮動} = W_M(g_{ポコ}) - W_M(g_{ルル}) - d$$
$$r_{P浮動} = W_P(g_{ポコ}) - W_P(g_{ルル}) - d$$

（A-11）

本文の図5-3より、ポコに投票するのは、このような無差別な人々よりも左側に位置している人たちです。このうち、Rグループ内で

ポコに投票する人の割合は、図5-3の$r_{R浮動}$よりも左側の四角形の面積を計算すれば求めることができます。同様に、MグループとPグループについても計算ができます。

これらをまとめると、各グループのうちポコに投票する人の割合は、

$$b_R \times r_{R浮動} + \frac{1}{2}$$

$$b_M \times r_{M浮動} + \frac{1}{2}$$

$$b_P \times r_{P浮動} + \frac{1}{2} \tag{A-12}$$

となることがわかります。これらに、各グループの人口の割合をそれぞれ掛け算し、足し合わせると、

$$\begin{aligned} & a_P \times \left(b_P \times r_{P浮動} + \frac{1}{2}\right) + a_M \times \left(b_M \times r_{M浮動} + \frac{1}{2}\right) + a_R \times \left(b_R \times r_{R浮動} + \frac{1}{2}\right) \\ & = \frac{1}{2} + a_P \times (b_P \times r_{P浮動}) + a_M \times (b_M \times r_{M浮動}) + a_R \times (b_R \times r_{R浮動}) \\ & = \pi \end{aligned} \tag{A-13}$$

と表せます。このπが、ポコの得票率です。

次に、この得票率を使って、今度はポコの当選確率を計算します。ポコが当選する確率は、得票率が半分以上になる確率として計算することができます。これを数式で表すと、

$$Prob\left(\pi \geq \frac{1}{2}\right) \tag{A-14}$$

と書けます。このπ に（A-13）式を代入し、さらに（$r_{P浮動}$, $r_{M浮動}$, $r_{R浮動}$）に（A-11）式を代入すると、

$$Prob(a_P \times (b_P \times r_{P浮動}) + a_M \times (b_M \times r_{M浮動}) + a_R \times (b_R \times r_{R浮動}) \geq 0)$$

$$= Prob(a_P \times b_P \times (W_P(g_{ポコ}) - W_P(g_{ルル}) - d)$$

$$+ a_M \times b_M \times (W_M(g_{ポコ}) - W_M(g_{ルル}) - d)$$

$$+ a_R \times b_R \times (W_R(g_{ポコ}) - W_R(g_{ルル}) - d) \geq 0)$$

$$= Prob\Bigg(\frac{1}{b} \times ((a_P \times b_P \times (W_P(g_{ポコ}) - W_P(g_{ルル}))$$

$$+ a_M \times b_M \times (W_M(g_{ポコ}) - W_M(g_{ルル}))$$

$$+ a_R \times b_R \times (W_R(g_{ポコ}) - W_R(g_{ルル})))) \geq d\Bigg) \qquad \text{(A-15)}$$

と書き直すことができます。ただし、$b = a_P \times b_P + a_M \times b_M + a_R \times b_R$は、確率密度の平均値です。さらに、国民全体のルル推し度の分布の仮定から、（A-15）式は、一様分布の累積分布関数[1]を使って書き直すことができ、

$$\frac{\dfrac{1}{b} \times \begin{pmatrix} a_P \times b_P \times (W_P(g_{ポコ}) - W_P(g_{ルル})) \\ + a_M \times b_M \times (W_M(g_{ポコ}) - W_M(g_{ルル})) \\ + a_R \times b_R \times (W_R(g_{ポコ}) - W_R(g_{ルル})) \end{pmatrix} + \dfrac{1}{2e}}{\dfrac{1}{2e} + \dfrac{1}{2e}}$$

$$= \frac{1}{2} + \frac{e}{b} \times \begin{pmatrix} a_P \times b_P \times (W_P(g_{ポコ}) - W_P(g_{ルル})) \\ + a_M \times b_M \times (W_M(g_{ポコ}) - W_M(g_{ルル})) \\ + a_R \times b_R \times (W_R(g_{ポコ}) - W_R(g_{ルル})) \end{pmatrix}$$

(A-16)

と書けます。ポコは、この当選確率を最大にするような $g_{ポコ}$ の値を選びます。ただし、実際に値を計算するためには、有権者の効用を定義しないといけません。

以下、Rグループ内のある個人の効用を、次のように定義します。

$$W_R(g_{ポコ}) = c_R + ln(g_{ポコ})$$

(A-17)

ただし、第4章で考えたモデルと同様に、c_R は個人の消費から得られる効用を表し、$ln(g_{ポコ})$ は（ポコの掲げる）政府支出額から得られる効用を表します。PグループとMグループについても同じように定義できるとします（その場合は、添字をPやMに変えます）。また、ルルの政策についても同じように定義できるとします（その場合は、添字をルルに変えます）。

消費者の予算制約式は、

---

*1　推し度dが［a, b］上に(連続で)一様分布している場合の累積分布関数は、

$$Prob(x \geq d) = F(x) = \begin{cases} 0 & (x < a) \\ \dfrac{x-a}{b-a} & (a \leq x \leq b) \\ 1 & (x > b) \end{cases}$$

と書けます。$(x-a)/(b-a)$ のうち、推し度dの分布の仮定を使って、aとbの値を代入し、(A-15)式を使って、xの値を代入すると、(A-16)式が導けます。

$$c_R = (1 - t_{ポコ}) \times y_R \tag{A-18}$$

と書け、政府の予算制約式は、

$$g_{ポコ} \times (a_P + a_M + a_R) = g_{ポコ} = t_{ポコ} \times y \tag{A-19}$$

と書けます。ただし、$t_{ポコ}$はポコの掲げる税率を表し、$y = a_P \times y_P + a_M \times y_M + a_R \times y_R$です。

これらを使うと、(A-17)式は、以下のように書き換えることができます。

$$W_R(g_{ポコ}) = c_R + ln(g_{ポコ}) = \left(1 - \frac{g_{ポコ}}{y}\right) \times y_R + ln(g_{ポコ}) \tag{A-17}'$$

同様にして、PグループとMグループは、それぞれ、

$$W_P(g_{ポコ}) = \left(1 - \frac{g_{ポコ}}{y}\right) \times y_P + ln(g_{ポコ}) \tag{A-20}$$

と、

$$W_M(g_{ポコ}) = \left(1 - \frac{g_{ポコ}}{y}\right) \times y_M + ln(g_{ポコ}) \tag{A-21}$$

と書き換えることができます。あとは、(A-16)式の$W_P(g_{ポコ})$、$W_M(g_{ポコ})$、$W_R(g_{ポコ})$に(A-17)'、(A-20)、(A-21)を代入した上で、$g_{ポコ}$について微分し、それがゼロと等しくなるようにすると、g^{***}を導くことができます。計算自体は、第4章のモデルと同じようにで

きますので、興味のある方は、ぜひ計算してみてください。

上級編：多数代表制と比例代表制の違い

P、M、Rという3つの選挙区を考えます。それぞれの選挙区の人口を1に標準化します。

次に、この国には選挙があり、AとBという2つの政党が争っているとします。また、この国の人たちは、全員投票するとします。

R選挙区のある個人iは、

$$W_R(g_A) > W_R(g_B) + r_{Ri} + d \tag{A-22}$$

という関係が成り立っているとき、政党Aに投票します。ただし、$W_R(g_A)$と$W_R(g_B)$は、それぞれ、政党Aと政党Bが公約に掲げる政策が実行されたときに得られる効用、r_{Ri}はi個人のB政党推し度、dは国民全体のB政党推し度を表します。

本文で書いたように、R選挙区の個人が政策から得る効用は、

$$W_R(g) = 1 - T + f_R + V(g) \tag{A-23}$$

で表されるとします。また、M選挙区とP選挙区の個人に関しても、

$$W_M(g) = 1 - T + f_M + V(g) \tag{A-24}$$

と、

$$W_P(g)=1-T+f_P+V(g) \tag{A-25}$$

と書けるとします。

また、政府の予算制約式は、

$$f_P+f_M+f_R+g=f+g=3\times T \tag{A-26}$$

と書けるとします。ただし、$f=f_P+f_M+f_R$ です。

R選挙区の個人のルル推し度は、

$$\left[\bar{r}_R-\frac{1}{2b_R},\bar{r}_R+\frac{1}{2b_R}\right]$$

の範囲で一様分布しているとし、M選挙区とP選挙区については、それぞれ、

$$\left[\bar{r}_M-\frac{1}{2b_M},\bar{r}_M+\frac{1}{2b_M}\right]$$

と、

$$\left[\bar{r}_P-\frac{1}{2b_P},\bar{r}_P+\frac{1}{2b_P}\right]$$

の範囲で一様分布しているとします。分布に関して、以下では、$\bar{r}_R>0$、$\bar{r}_M=0$、$\bar{r}_P<0$と仮定します。つまり、本文の図5-6に表したように、M選挙区のある個人のB政党推し度はゼロを中心に分布し、R選挙区のある個人のそれは正の値に偏って（つまり、B政党推しに偏って）分布し、P選挙区のある個人のそれは負の値に偏って（つまり、A政党推しに偏って）分布していると仮定します。さらに、簡

略化のために、$b_R \times \bar{r}_{\mathrm{R}} + b_P \times \bar{r}_{\mathrm{P}} = 0$と仮定します。

また、国民全体のB政党推し度は、

$$\left[-\frac{1}{2e}, \frac{1}{2e}\right]$$

の範囲で一様分布しているとします。

政党Aに投票することと、政党Bに投票することが無差別になる人、すなわち浮動投票者の推し度は、それぞれの選挙区に関して以下のように書けます。

$$\begin{aligned} r_{R浮動} &= W_R\,(g_A) - W_R\,(g_B) - d \\ r_{M浮動} &= W_M(g_A) - W_M\,(g_B) - d \\ r_{P浮動} &= W_P\,(g_A) - W_P\,(g_B) - d \end{aligned}$$

（A-27）

本文の図5-6より、M選挙区においてA政党に投票する人の割合は、浮動投票者よりも左側の四角形の面積を計算すれば求まります。したがって、

$$b_M \times \left(r_{M浮動} - \left(\bar{r}_M - \frac{1}{2b_M}\right)\right) = b_M \times (r_{M浮動} - \bar{r}_M) + \frac{1}{2} = \pi_{A,M}$$

（A-28）

と計算できます。また、他の選挙区に関しても同じように計算ができて、それぞれ、

$$b_P \times (r_{P浮動} - \bar{r}_P) + \frac{1}{2} = \pi_{A,P}$$

（A-29）

と、

$$b_R \times (r_{R浮動} - \bar{r}_R) + \frac{1}{2} = \pi_{A,R} \quad \text{(A-30)}$$

と書けます。ただし、$\pi_{A,R}$などは、各選挙区におけるA政党の得票率です。

比例代表制

それでは、まず、比例代表制から見ていきます。

この制度のもとでは、A政党は、得票率が全体的に半分以上になる確率、つまり、

$$Prob\left(\frac{1}{3} \times (\pi_{A,P} + \pi_{A,M} + \pi_{A,R}) \geq \frac{1}{2}\right) \quad \text{(A-31)}$$

を最大にするように、政策（T, f_P, f_M, f_R, g）を決めます。この（A-31)式に、(A-28)式から（A-30)式を代入し、さらに、(A-27)式を使うと、

$$Prob\left(\frac{1}{3} \times (\pi_{A,P} + \pi_{A,M} + \pi_{A,R}) \geq \frac{1}{2}\right)$$

$$= Prob\left(\frac{1}{3} \times (b_P \times r_{P浮動} + b_M \times r_{M浮動} + b_R \times r_{R浮動}) \geq 0\right)$$

$$= Prob\left(\frac{1}{3} \times (b_P \times (W_P(g_A) - W_P(g_B) - d)\right.$$

$$+ b_M \times (W_M(g_A) - W_M(g_B) - d)$$

$$\left. + b_R \times (W_R(g_A) - W_R(g_B) - d)) \geq 0\right)$$

$$
= Prob\left(\frac{1}{3 \times \tilde{b}} \times (b_P \times (W_P(g_A) - W_P(g_B)) \right.
$$

$$
+ b_M \times (W_M(g_A) - W_M(g_B))
$$

$$
\left. + b_R \times (W_R(g_A) - W_R(g_B))) \geq d \right) \tag{A-31}'
$$

と書き換えることができます。ただし、$\tilde{b} = \frac{1}{3} \times (b_P + b_M + b_R)$ です。

国民全体のB政党推し度の分布の仮定から、(A-31)′式は、一様分布の累積分布関数を使って書き直すことができ、

$$
\frac{\frac{1}{3 \times \tilde{b}} \times \begin{pmatrix} b_P \times (W_P(g_A) - W_P(g_B)) + b_M \times (W_M(g_A) - W_M(g_B)) \\ + b_R \times (W_R(g_A) - W_R(g_B)) \end{pmatrix} + \frac{1}{2e}}{\frac{1}{2e} + \frac{1}{2e}}
$$

$$
= \frac{1}{2} + \frac{e}{3 \times \tilde{b}} \times \begin{pmatrix} b_P \times (W_P(g_A) - W_P(g_B)) \\ + b_M \times (W_M(g_A) - W_M(g_B)) \\ + b_R \times (W_R(g_A) - W_R(g_B)) \end{pmatrix} \tag{A-32}
$$

と書けます。B政党の行動は所与として考えられますので、以下では、$(W_P(g_B), W_M(g_B), W_R(g_B))$ を無視します。したがって、(A-32)式は、

$$
\frac{1}{2} + \frac{e}{3 \times \tilde{b}} \times (b_P \times W_P(g_A) + b_M \times W_M(g_A) + b_R \times W_R(g_A)) \tag{A-32}'
$$

と書き換えられます。

次に、この式に、(A-23)式から(A-25)式を代入し、$V(g)$ に自然対数を仮定した上で、(A-26)式をgに代入すると、

$$\frac{1}{2}+\frac{e}{3\times\tilde{b}}\times(b_P\times(1-T+f_P+ln(3\times T-f))$$
$$+b_M\times(1-T+f_M+ln(3\times T-f))$$
$$+b_R\times(1-T+f_R+ln(3\times T-f)))$$

(A-32)″

と書き直すことができます。

さて、仮定よりM選挙区の浮動投票者が最も多いため、どちらの政党もこの選挙区をターゲットにします。したがって、f_P、f_R はどちらもゼロにし、f_M だけ正の値を取ります。

次に、当選確率を最大にするような政策を決めるために、(A-32)″式を f_M について微分し、ゼロと等しいとします。

$$b_M\times 1-(b_P+b_M+b_R)\times\frac{1}{g_A}=0$$
$$b_M\times 1=(b_P+b_M+b_R)\times\frac{1}{g_A} \quad \text{(A-33)}$$

このうち左辺は、f_Mを1単位増やすことでM選挙区から得られる票を表し(「ベネフィット」の部分)、右辺は、それに伴いg_Aを減らすことで各選挙区から得られなくなってしまう票を表しています(「コスト」の部分)。これは、

$$g_A^{PR}=\frac{3\times\tilde{b}}{b_M} \quad \text{(A-33)}'$$

と書き換えることができます。これが、比例代表制における最適な政府支出額です。B政党も同じように書けますので、以下では、Aという添字を外してg^{PR}と表記します。また、政府の予算制約式より、$f_M^{PR}=3\times T-g^{PR}$ということもわかります。

最後に税額ですが、税額を各選挙区で1単位上げると、その分、M選挙区への支出が $3\times f_M$ 増えます。この場合、税額の増加に伴い、各選挙区から合計で $b_P+b_M+b_R$ の票を失いますが（「コスト」の部分）、一方、M選挙区では $3\times b_M$の票を得ます（「ベネフィット」の部分）。このとき、M選挙区の浮動投票者が最も多いという仮定から、$b_P+b_M+b_R$ よりも、$3\times b_M$のほうが大きいことがわかります。したがって、政党は、なるべく票を獲得しようと税額を最大にします。標準化した所得は1でしたので、$T^{PR}=1$になります。

以上をまとめると、

$$g^{PR}=\frac{3\times\tilde{b}}{b_M},\ f_P^{PR}=f_R^{PR}=0, f_M^{PR}=3-g^{PR}, T^{PR}=1$$

（A-34）

というのが、比例代表制の場合に選ばれる政策です。

多数代表制

続いて、多数代表制に移ります。各選挙区の議席数は1とし、選挙区ごとに、各政党から1人ずつ立候補しているとします。

この制度のもとでは、仮にP選挙区とR選挙区の政党支持が十分に偏っていれば、各政党がそれぞれの選挙区で問題なく勝ちます。したがって、A政党は残ったM選挙区における得票率が半分以上になる確率、つまり、

$$Prob\left(\pi_{A,M} \geq \frac{1}{2}\right) \tag{A-35}$$

を最大にするように、最適な政策（T, f_P, f_M, f_R, g）を決めます。

まず、M選挙区のみがターゲットになるため、比例代表制と同じく、f_P、f_R はどちらもゼロになり、f_M だけ正の値を取ります。

次に、比例代表制のときと同じように計算すると、この確率は、

$$\frac{1}{2} + e \times (W_M(g_A) - W_M(g_B)) \tag{A-36}$$

とシンプルに書き換えることができます。さらに、$W_M(g_B)$を無視した上で、（A-24）式を$W_M(g_A)$に代入し、さらに、$V(g)$に自然対数を仮定した上で、（A-26）式をgに代入すると、

$$\frac{1}{2} + e \times (1 - T + f_M + ln(3 \times T - f)) \tag{A-37}$$

と書けます。この式をf_Mについて微分し、ゼロと等しいとすると、

$$1 - \frac{1}{g_A} = 0$$

$$g_A^{MAJ} = 1 \tag{A-38}$$

と書けます。これが、多数代表制における最適な政府支出額です。また、上の式の両辺にb_Mを掛けると本文の（5-24）式が導けます。B政党も同じように書けますので、以下では、Aという添字を外して、g^{MAJ}と表します。また、政府の予算制約式より、$f_M^{MAJ} = 3 \times T - g^{MAJ}$ということもわかります。

最後に税額ですが、比例代表制と同じく、税額を各選挙区で1単位上げることのベネフィットとコストを考える必要があります。コストに関しては、政党支持が十分に偏っていれば、R選挙区やP選挙区から被るコストを考慮する必要がありません。一方、ベネフィットは比例代表制と変わりません。したがって、多数代表制の場合は、比例代表制の場合に比べて、コストのほうをそれほど懸念しなくてもよくなります。このため、多数代表制の場合も、税額は最大になります。標準化した所得は1でしたので、$T^{MAJ}=1$になります。

以上をまとめると、

$$g^{MAJ}=1,\ f_P^{MAJ}=f_R^{MAJ}=0,\ f_M^{MAJ}=3-g^{MAJ},\ T^{MAJ}=1$$

（A-39）

というのが、多数代表制の場合に選ばれる政策です。

比例代表制の政策（(A-34)式）と多数代表制の政策（(A-39)式）を比べると、

多数代表制では、特定の選挙区・グループへの支出が多くなり、比例代表制では、より広い地域・グループへの支出が多くなる。

と言うことができます。

第8章

現職、対抗馬と有権者がいる2期間のモデルを考えます。有権者の数は1に標準化し、彼・彼女らは全員投票するとします。また、有権者の所得は全員同じと仮定します。

まず、ある有権者の1期目と2期目の効用を、それぞれ、

$$(1-t)\times y+g_1$$
（A-40）

$$(1-t)\times y+g_2$$
（A-41）

と表します。t は固定された税率、y は所得で、これらは2期間とも同じ値をとると仮定します。一方、g_1 と g_2 はそれぞれの期の政府支出額（あるいはそれらから得られる効用）です。

次に、1期目と2期目の政府の予算制約式を、

$$g_1=h\times(t\times y-r_1)$$
（A-42）

$$g_2=h\times(t\times y-r_2)$$
（A-43）

と表します。hは現職の能力を表し、有権者は、その正確な値を知ることができないとします。また、現職自身も、初期段階では、自分の能力を知らないとします。

一方、hは、

$$\left[1-\frac{1}{2b}, 1+\frac{1}{2b}\right]$$

の範囲で一様分布しているとし、現職も有権者も、その分布については知っているとします。

次に、r_1 と r_2 は各期のレントを表します。以下では、その最大値$\bar{r}$（$<t\times y$）を設定し、レントはこの値よりも大きくならないとします。

以下では、現職の政治家をモモとします。彼女の効用は、

$$r_1+p\times(R+r_2)+(1-p)\times 0$$
（A-44）

と書けます。ただし、pはモモが選挙で再選する確率、Rは仕事を続けることから得られる効用です。

なお、有権者から見れば、対抗馬も現職と全く同じとします。つまり、このモデルで有権者が現職に投票しないことがあるならば、その理由は、現職に対して懲罰を与えるためだと解釈できます。

このモデルでは、以下のようなタイミングを考えます。

1：現職がレントr_1を決める。
2：現職にだけ、hの値が判明する。(A-42)式をもとに、g_1の値が決まる。有権者には、現職の能力hも、現職が中抜きしたレントr_1も、具体的な数字がわからないが、唯一、それらを踏まえて計算された政府支出額g_1だけがわかる。
3：選挙。有権者は、自分の予想する政治家の能力をもとに、現職に投票するか対抗馬に投票するかを決める。
4：選挙で勝ったほうが、レントr_2を決める。(A-43)式をもとに、g_2の値が決まる。

これらのうち、1、2、3は1期目（選挙前）に起こり、4だけ2期目（選挙後）に起こります。タイミング4から後ろ向きに解いていきます。

まず、タイミング4から始めます。このモデルでは、2期目以降、選挙はありませんので、2期目の政治家は、2期目のレントを最大にします。つまり、$r_2=\bar{r}$です。すると（A-43)式から、

$$g_2=h\times(t\times y-\bar{r}) \tag{A-43'}$$

と書け、g_2の値が決まります。

続いてタイミング3に移ります。有権者は、政治家の能力をもとに投票しますが、その値を直接知ることができないため、得られる

情報から能力を予想します。予想するためには、1期目の政府の予算制約式である（A-42）式を使います。この式は、

$$\tilde{h} = \frac{g_1}{t \times y - \tilde{r}_1} \qquad \text{(A-42)}'$$

と書き直すことができます。$\tilde{h}$は政治家の能力の予想値です。右辺の値がわかれば予想値を計算できますが、唯一右辺の分母にある1期目のレントだけ、有権者は知ることができません。したがって、有権者はこの値も予想しなければいけません。$\tilde{r}_1$は、1期目のレントの予想値を表しています。

有権者は、政治家の能力が平均値か、あるいはそれよりも高ければ、現職に投票するとします。能力の平均値は1ですので、政治家の能力の予想値が$\tilde{h} \geq 1$ならば、有権者は現職に投票し、$\tilde{h} < 1$ならば、対抗馬に投票します。つまり、$\tilde{h} \geq 1$となる確率が、現職が再選する確率です。この確率は、（A-42）′式と（A-42）式を使うと、

$$\begin{aligned} Prob(\tilde{h} \geq 1) &= Prob\left(\frac{g_1}{t \times y - \tilde{r}_1} \geq 1\right) \\ &= Prob\left(\frac{h \times (t \times y - r_1)}{t \times y - \tilde{r}_1} \geq 1\right) \\ &= Prob\left(h \geq \frac{t \times y - \tilde{r}_1}{t \times y - r_1}\right) \\ &= 1 - Prob\left(h < \frac{t \times y - \tilde{r}_1}{t \times y - r_1}\right) \end{aligned} \qquad \text{(A-45)}$$

と書き換えられます。このうち最後の式は、hがある値以上に大きくなる確率は、1から、hがある値より小さくなる確率を引いたものと等しくなる、という性質を使って導きました。

hの分布を利用すると、この最後の式は、一様分布の累積分布関

数を使って書き直すことができ、

$$1-\frac{\dfrac{t\times y-\tilde{r}_1}{t\times y-r_1}-\left(1-\dfrac{1}{2b}\right)}{\left(1+\dfrac{1}{2b}\right)-\left(1-\dfrac{1}{2b}\right)}$$

$$=1-\left(\frac{1}{2}+b\times\left(-1+\frac{t\times y-\tilde{r}_1}{t\times y-r_1}\right)\right)$$

$$=\frac{1}{2}+b\times\left(1-\frac{t\times y-\tilde{r}_1}{t\times y-r_1}\right) \qquad \text{(A-46)}$$

と書けます。これが現職であるエエが再選する確率pです。

(A-46)式を、モモの効用である(A-44)式に代入すると、

$$r_1+\left(\frac{1}{2}+b\times\left(1-\frac{t\times y-\tilde{r}_1}{t\times y-r_1}\right)\right)\times(R+\bar{r}) \qquad \text{(A-44)'}$$

と書くことができます。モモはこれを最大にするようにr_1の値を決めます。

(A-44)'式をr_1について微分し、その値がゼロと等しくなるとした上で、さらに、均衡では、$\tilde{r}_1$がr_1と等しくなるとすると、

$$1+\left(-b\times\frac{-(t\times y-\tilde{r}_1)\times(-1)}{(t\times y-r_1)^2}\right)\times(R+\bar{r})=0$$

$$1+\left(-b\times\frac{1}{t\times y-r_1}\right)\times(R+\bar{r})=0$$

$$b\times(R+\bar{r})=t\times y-r_1$$

$$r_1=t\times y-b\times(R+\bar{r}) \qquad \text{(A-47)}$$

と書けます。

以上をまとめると、このモデルの均衡におけるレントは、

$$r_1 = t \times y - b \times (R + \bar{r})$$
$$r_2 = \bar{r} \qquad \text{(A-48)}$$

と書けます。選挙のない2期目のレントは増える傾向があり、選挙直前の1期目のレントは、再選のために抑えられる傾向があります。

著者略歴

北村周平 Shuhei Kitamura

大阪大学感染症総合教育研究拠点特任准教授（常勤）。1984年、千葉県生まれ。ストックホルム大学国際経済研究所Ph.D.（経済学）。専門は政治経済学、経済発展論。ストックホルム大学在学中、ハーバード大学、イェール大学、LSEに留学。卒業後は、ロチェスター大学ワリス政治経済研究所ポスドク、大阪大学大学院国際公共政策研究科講師、准教授を経て現職。

民主主義の経済学

社会変革のための思考法

2022年12月12日　第1版第1刷発行

著者……北村周平

発行者……村上広樹

発行……株式会社日経BP

発売……株式会社日経BPマーケティング

〒105-8308　東京都港区虎ノ門4-3-12

https://bookplus.nikkei.com/

装丁……新井大輔

装画……カワイハルナ

製作……マーリンクレイン

印刷・製本……中央精版印刷

ISBN978-4-296-00134-7

本書に関するお問い合わせ、ご質問は左記にて承ります。

https://nkbp.jp/booksQA